北京教育科学研究院学术著作出版资助项目

|光明社科文库|

面向课程育人的校本课程群开发与实施

以故宫课程群为例

占德杰◎著

光明日报出版社

图书在版编目（CIP）数据

面向课程育人的校本课程群开发与实施：以故宫课程群为例 / 占德杰著 . -- 北京：光明日报出版社，2023.5

ISBN 978 - 7 - 5194 - 7214 - 6

Ⅰ.①面… Ⅱ.①占… Ⅲ.①课程—教学研究 Ⅳ.①G423

中国国家版本馆 CIP 数据核字（2023）第 078101 号

面向课程育人的校本课程群开发与实施：以故宫课程群为例
MIANXIANG KECHENG YUREN DE XIAOBEN KECHENGQUN KAIFA
YU SHISHI：YI GUGONG KECHENGQUN WEILI

著　　者：占德杰

责任编辑：刘兴华　　　　　　　　责任校对：宋　悦　李　兵
封面设计：中联华文　　　　　　　责任印制：曹　净

出版发行：光明日报出版社
地　　址：北京市西城区永安路 106 号，100050
电　　话：010-63169890（咨询），010-63131930（邮购）
传　　真：010-63131930
网　　址：http：// book. gmw. cn
E - mail：gmrbcbs@ gmw. cn

法律顾问：北京市兰台律师事务所龚柳方律师

印　　刷：三河市华东印刷有限公司
装　　订：三河市华东印刷有限公司

本书如有破损、缺页、装订错误，请与本社联系调换，电话：010-63131930

开　　本：170mm×240mm
字　　数：342 千字　　　　　　　印　　张：18.5
版　　次：2023 年 5 月第 1 版　　 印　　次：2023 年 5 月第 1 次印刷
书　　号：ISBN 978 - 7 - 5194 - 7214 - 6
定　　价：98.00 元

内容简介

　　本书在北京市教育科学"十二五"规划一般课题"故宫系列校本课程开发的实践研究"的成果基础上，从课程开发与实施的视角，通过对故宫文化资源的挖掘和转化，系统总结提炼了故宫课程群开发与实施的研究成果，帮助学校、教师和家长带领孩子们走进故宫、了解故宫、研究故宫。

　　全书共分为九章。分别从开展故宫课程群开发与实施的研究背景和价值，故宫与故宫文化、故宫课程群的性质和理念、故宫课程群的目标、故宫课程群的结构与内容、故宫课程群的实施、故宫课程群的评价、故宫课程群领导、故宫课程群的反思与展望九大部分，论述故宫课程群的开发与实施的全过程。故宫课程群开发以课程论为指导，坚持课程改革新理念，强调人的全面发展，更加突出课程的育人功能，注重以素养为导向，引导儿童青少年树立正确的价值观、培育必备的品格和关键能力，注重教育与生活相联系，学、思、行相统一。在发挥评价甄别功能的基础上，关注评价的诊断、激励，促进人全面而有个性发展等方面的积极作用。学生通过故宫课程的学习，在学会学习、健康生活、人文底蕴、科学精神、责任担当、实践创新等核心素养方面都可以获得进一步的发展。形成故宫文化记忆，增进对故宫文化的理解，提升故宫文化自信，传承和弘扬以故宫文化为代表的中华优秀传统文化。

　　故宫课程群的开发与实施对儿童青少年坚定文化自信、推动教育改革、服务首都发展都具有重要的教育价值，为广大学校和教师开展中华优秀传统文化教育提供了一种模式、一个指南和一个案例。故宫课程群的开发与实施必将吸引更多关心和热爱故宫文化的人士来从事故宫文化的教育研究和传播，从而推动中华优秀传统文化的创造性转化和创新性发展。

前　言

提起北京故宫，你会想到什么？

金銮殿，皇家建筑，历史人物，封建等级，文化遗产，博物馆……

的确，历经600余年的紫禁城依然光鲜亮丽，是中国人民，也是世界人民的文化瑰宝。特别是透过其红墙黄瓦、奇珍异宝、书画古籍等散发出的中华优秀传统文化魅力吸引着人们去探索、发现、思考和弘扬其蕴含的历史价值、文化价值和教育价值。

儿童青少年是国家和民族的未来。如何向他们讲好故宫的故事？他们又该如何认识和理解故宫的文化？这些问题不仅是故宫作为博物馆发挥其教育功能的重大问题，也是儿童青少年传统文化教育要回答的问题。

呈现在你面前的这本《面向课程育人的校本课程群开发与实施：以故宫课程群为例》正是在学校教育中通过课程开发与实施，带领儿童青少年走进故宫、了解故宫、热爱故宫，这既是对故宫文化的一次挖掘和传播，也是学校落实课程育人的生动实践。

全书共分为九章，第一章绪论，主要论述了开展故宫课程群开发与实施的研究背景和价值。本研究是回应文化复兴的时代呼唤，是人才培养的重要内容，是教育改革的必然要求。同时，故宫课程群将对儿童青少年坚定文化自信，推动教育改革，服务首都发展都具有重要而独特的教育价值。

第二章故宫与故宫文化，主要是介绍了紫禁城和故宫博物院的历史，对故宫研究进行了综述，并提出故宫文化三层次结构模型和故宫文化具有的三大特征。由此得出故宫文化的教育价值在于：故宫文化是教育的重要内容，故宫文化可以促进人全面而有个性的发展，故宫文化可以促进家校社教育协同。

第三章阐述故宫课程群的性质和理念。故宫课程群开发以课程论为指导，坚持课程改革新理念，强调人的全面发展，更加突出课程的育人功能，注重以素养为导向，引导儿童青少年树立正确的价值观、培育必备品格和关键能力，注重教育与生活相联系，学、思、行相统一。在发挥评价甄别功能的基础上，关注评价的诊断、激励，促进人全面而有个性的发展等方面的积极作用。

　　第四章探讨故宫课程群的目标制定的依据和具体目标。学生通过故宫课程的学习，在学会学习、健康生活、人文底蕴、科学精神、责任担当、实践创新等核心素养方面都获得进一步的发展。形成故宫文化记忆，增进对故宫文化的理解，提升故宫文化自信，传承和弘扬以故宫文化为代表的中华优秀传统文化。

　　第五章研究故宫课程群的结构与内容。课程组织是课程的内容、结构以及呈现方式等。故宫课程群的组织结构依据学生实际和学科知识逻辑以及社会发展需求，对课程的内容进行科学合理的架构。故宫课程群的"三层次四领域"课程架构，体现了课程组织的时代性、基础性、选择性、关联性。

　　第六章介绍故宫课程群的实施，包括故宫课程群的教学设计，故宫游学设计与实施，故宫项目式学习设计与实施，故宫网络在线课程的设计与实施等。课程实施是课程从静态的文本变成动态的课堂教学设计与活动，这是课程开发的重要环节，也是最能体现课程创新的地方。故宫课程群的实施在故宫课堂教学设计、教与学方式创新上大胆探索，既很好地进行了知识的传递，又培养了学生的文化自信。

　　第七章论述故宫课程群的评价理念、评价体系、评价过程和评价案例。课程评价的目标模式和过程模式对故宫课程群的评价都具有重要的指导意义。就故宫课程群的评价理念而言，坚持以学生为本，既要对学生是否实现预期教育目标进行评估，也要对课程结构、内容与实施过程等进行全方位的评估，促进课程本身改进，使得课程各要素与课程既定目标相一致。

　　第八章探讨故宫课程群领导的基本理论、主要任务和成效。课程开发与实施是一个系统工程，由原来的"课程管理"思维转向"课程领导"思维。课程开发与实施需要有条件保障，包括组织保障、师资保障和制度保障等。故宫课程群的开发与实施过程也是逐渐明晰课程领导内涵、层次、角色与功能的过程。

　　第九章故宫课程群的反思与展望。从博物馆课程资源开发思路与策略，课程开发为提升教师课程领导力赋权增能，融合信息技术的传统文化教育路径与策略、校本课程群的育人价值及策略等方面对故宫课程群开发与实施进行了反思，同时对故宫课程群的未来进行了展望。儿童立场，讲好故宫故事；育人为本，担当教育使命；开放胸怀，推动共建共享；全球视野，坚定文化自信。

　　当前首都教育正在迈向高水平现代化阶段，首都教育与首都城市发展正在深度融合。故宫课程群的开发与实施对弘扬和传承北京古都文化、建设全国文化中心、开展世界文化遗产教育、发挥博物馆教育功能等方面都具有重要现实意义。故宫课程群的开发与实施为学校提供了依托首都丰富的教育资源来开发特色课程的解决方案，这既是课程改革的新鲜经验，又是首都教育高质量发展的典型案例。总之，故宫课程群的开发与实施对儿童青少年坚定文化自信、推动教育改革、服务首都发展具有重要的教育价值，为广大学校和教师开展中华优秀传统文化教育提供了一种模式、一个指南和一个案例。故宫课程群的开发与实施必将吸引更多关心和热爱故宫文化的人士从事故宫文化的教育研究和传播，从而推动中华优秀传统文化的创造性转化和创新性发展。

目 录
CONTENTS

第一章

绪　　论

北京故宫，这座举世闻名的建筑群，是中华文明的象征。北京故宫博物院，这座世界上最大的博物馆，是中华优秀传统文化的宝库。历经 600 年风雨沧桑的故宫见证了这片土地上 600 年的兴衰荣辱，也正在注视着如今的一切，中华文化即将迎来一个新的时代——有着悠久历史的文明古国正在实现伟大复兴。人们对故宫越来越感兴趣，故宫也越来越成为人们关注的热点。开展故宫课程群开发与实施研究，是回应文化复兴的时代呼唤，是人才培养的重要内容，是教育改革的必然要求，更是以理性心态和专业视角对故宫文化的解构和阐释，对故宫文化的创造性转化和创新性发展。故宫课程群将对儿童青少年坚定文化自信、推动教育改革、服务首都发展具有重要而独特的教育价值。

第一节　研究背景

一、文化复兴的时代呼唤

（一）文化发展进入一个新的历史阶段

从人类文化发展看，多元文化交融正在发生深刻变化。公元前 800 年至公元前 200 年之间，人类历史出现了一个神奇的现象：在古希腊、以色列、印度和中国几乎同时出现了伟大的思想家，例如，古希腊的苏格拉底、柏拉图，中国的老子、孔子，印度的释迦牟尼，他们都对人类关切的终极问题提出了独到的看法。这一前后 600 年的时间被德国哲学家雅斯贝尔斯（Karl Jaspers，1883—1969）称为"轴心时代"。这是人类社会文化发展的第一次高潮，直到今天，轴心时代的思想文化还在深刻地影响着人类社会生活的方方面面。每一次文化的飞跃和进步，都在回顾这一时期，并希望从中找到思想灵感。欧洲的文艺复兴、中国的宋明理学都是如此。汤一介先生认为，当今世界多种文化的发展，很可能是对 2000 多年前"轴心时代"的又一次新的飞跃，正在或即将进入一个新的"轴心时代"①。当今世界正在经历百年未有之大变局，各种文化相互激荡，人类文化多元发展面临新的机遇和挑战。因此，如何认识、学习、传承和发展本民族文化，成为当今世界各国共同的重要课题。

从中华文化发展来看，中华文化的伟大复兴进入了不可逆转的历史进程。中华文化源远流长，从距今 10 000 年前至距今 7000 年前的贾湖文化到距今 4500 年左右新石器时代晚期的三星堆文化，从三皇五帝的神话传说到夏商西周的宗法制度，从百家争鸣到独尊儒术，等等，这些中国史前文化、先秦文化和秦汉文化奠定了中华文化的基础。魏晋隋唐的民族交流、宗教艺术、文学瑰宝至今耳熟能详。宋元明清的理学、心学、科学以及西学东渐等，展现出中华文化的多元色彩。近代以来，中华文化在反思中前行，中国共产党的成立使得中华文化发展进入一个新的历史阶段，中华文化在蜕变中新生，在传承中创新。习近平总书记在中国共产党第十九次全国代表大会上的报告指出："文化是一个国家、一个民族的灵魂。文化兴国运兴，文化强民族强。没有高度的文化自信，没有文化的繁荣兴盛，就没有中华民族伟大复兴。"在庆祝中国共产党成立 100 周年大会上，习近平总书记向世界庄严宣告："中华民族迎来了从站起来、富起来到强起来的伟大飞跃，实现中华民族伟大复兴进入了不可逆转的历史进程！"这表明，中华文化伟大复兴也进入了不可逆转的历史进程。寻找中华文化伟大复兴的源头活水与文化精神，为中华文化伟大复兴提供精神源泉——中华优秀传统文化，就成为文化复兴的内在要求。

（二）我国文化发展亟须加强传统文化研究

文化复兴是民族复兴的重要内容和标志。5000 多年的悠久文明和灿烂文化是我国文化复兴的重要基础和力量源泉。党的十八大以来，文化建设成为"五位一体"总体布局的重要内容，坚定文化自信，建设文化强国成为文化复兴的时代要求。2017 年，中共中央办公厅、国务院办公厅印发了《关于实施中华优秀传统文化传承发展工程的意见》，要求各地区各部门结合实际认真贯彻落实。以中央文件形式专题阐述中华优秀传统文化传承发展工作，这是第一次。这是建设社会主义文化强国的重大战略任务，对于延续中华文脉、全面提升人民群众文化素养、维护国家文化安全、增强国家文化软实力、推进国家治理体系和治理能力现代化，都具有重要意义②。文化复兴成为国家战略。

但应看到，文化复兴之路并不平坦，还存在诸多问题。随着我国经济社

---

① 汤一介.论新轴心时代的文化建设［J］.探索与争鸣，2004（01）：1-3.
② 中共中央办公厅，国务院办公厅.关于实施中华优秀传统文化传承发展工程的意见［J］.中华优秀传统文化研究，2019（00）：3-13.

会的深刻变革、对外开放日益扩大、互联网技术和新媒体快速发展，各种思想文化交流交融交锋更加频繁，儿童青少年正处于价值观形成的关键期，容易在多元文化浪潮中迷失方向，盲目崇拜外来文化。部分影视和文化作品对中国历史、文化传统，包括故宫有关的内容进行"戏说"，这些无形当中给儿童青少年传递了错误的历史文化知识，扰乱了中小学生对历史和文化的正确认知和理解。文化自信教育中传统文化教育不到位，导致学生对传统文化的认知和理解上出现空白。因此，从学校到家庭和社会都迫切需要深化对中华优秀传统文化重要性的认识，进一步增强文化自觉和文化自信。我国传统文化资源丰富，但对传统文化资源的开发利用与人们对传统文化的需求形成矛盾，一方面宣传阐释传统文化的作品数量不够，另一方面对传统文化的创造性转化能够被广大儿童青少年喜爱和接受的作品良莠不齐，这些都迫切需要深入挖掘中华优秀传统文化的价值内涵，进一步激发中华优秀传统文化的生机与活力。

二、人才培养的重要内容

（一）文化自信是未来人才的基本素质

实现中华民族伟大复兴要靠高素质人才，这就要求我国必须从人力资源大国转变为人力资源强国。未来人才需要具备多种素质，其中文化自信是基本素质。文化自信是一个国家或民族对自身文化价值的充分肯定和积极践行，是自身文化生命力的坚定信念，是一个国家、一个民族在发展中更基本、更深沉、更持久的力量。2021年4月19日，习近平在清华大学考察时强调，广大青年要爱国爱民，从党史学习中激发信仰、获得启发、汲取力量，不断坚定"四个自信"，不断增强做中国人的志气、骨气、底气，树立为祖国为人民永久奋斗、赤诚奉献的坚定理想。文化自信不仅是人才成长的必备素质，也是合格人才的标准之一。这种文化自信就是对中华民族文化有比较深刻的认知，能够在多元文化中用开放包容又自信坚定的立场来审视和反思我们的民族文化，同时也善于吸收外来优秀文化，成为有人文底蕴和世界眼光的未来人才。这一点在中国学生发展核心素养中有明确的要求，就是"培养什么人，如何培养人，为谁培养人"中的培养什么人的具体要求，作为中国学生来说，要具备三个方面六大核心素养，即文化基础方面的人文底蕴和科学精神，自主发展方面的学会学习和健康生活，社会参与方面的责任担当和实践创新。其中人文底蕴主要是学生在学习、理解、运用人文领域知识和技能等方面所形成的基本能力、情感态度和价值取向。具体包括人文积淀、人文情怀和审美情趣等基本要点。① 因此，无论是国家对未来人才的需求内涵还是学生发展的核心素养，都在强调文化自信对于人才培养的重要意义。

（二）传统文化是文化自信的源头活水

如何培养中学生的文化自信？学术界认为要在中华文化的历史、现实和未来发展中培养文化自信，要在世界文化的交流互鉴中培养中国特色社会主义文化自信。培养文化自信需要深植中华优秀传统文化之底蕴，推动优秀传统文化"活起来""融进去""走出去"。中华优秀传统文化是树立文化自信的根本与源泉，培养文化自信，必须发挥中华优秀传统文化的正能量和积极作用，必须要将传统文化资源进行开发和利用，故宫作为中华优秀传统文化资源宝库，为传统文化教育，培养儿童青少年文化自信提供丰厚的资源。将故宫博物院的传统文化资源转化为课程资源，研究其教育价值，系统梳理传统文化资源内容，活力其表现形式，变成广大儿童青少年的"必修课"。唯有如此，儿童青少年才能形成对中华优秀传统文化从认知与理解到继承与弘扬再到创新与发展的有序递进，他们的文化自信才能有源头活水和深厚根基。

三、教育改革的必然要求

（一）传统文化教育是教育改革的重要内容

立德树人是教育的根本任务，培养德智体美劳全面发展的社会主义建设者和接班人是教育改革的逻辑起点。加强传统文化教育是教育改革的重要内容。2014 年教育部印发《完善中华优秀传统文化教育指导纲要》明确提出，把中华优秀传统文化教育系统融入课程和教材体系……鼓励各地各学校充分挖掘和利用本地中华优秀传统文化教育资源，开设专题的地方课程和校本课程；着力增强中华优秀传统文化教育的多元支撑……构建互为补充、相互协作的中华优秀传统文化教育格局。充分利用博物馆、纪念馆、文化馆（站）、图书馆、美术馆、音乐厅、剧院、故居旧址、名胜古迹、文化遗产、具有历史文化风貌的街区等，组织学生进行实地考察和现场教学，建立中小学生定期参观博物馆、纪念馆、遗址等公共文化机构的长效机制。② 这表明传统文化教育既要与学校教育中的课程教材内容相联系，积极开发传统文化教育的校本课程，又要将课堂教学与课外活动、社会实践，校内教育与校外教育有机结合，发挥教育合力。为此，2020 年，教育部、国家文物局联合印发《关于利用博物馆资源开展中小学教育教学的意见》，对中小学利用博物馆资源开展教育教学提出明确指导意见，进一步健全博物馆与中小学的合作机制，促进

---

① 核心素养研究课题组. 中国学生发展核心素养 ［J］. 中国教育学刊, 2016 (10)：1-3.
② 完善中华优秀传统文化教育指导纲要 ［N］. 中国教育报, 2014-04-02 (003).

博物馆资源融入教育体系，提升中小学生利用博物馆的学习效果。2021年，教育部印发了《中华优秀传统文化进中小学课程教材指南》，重点围绕中华优秀传统文化在中小学课程教材中"进什么、进多少、如何进"的问题进行了顶层设计，并提出了各科的具体要求。可以看出，传统文化教育政策体系逐渐完善，不仅引导传统文化教育向着正确的方向前行，而且为传统文化教育提供了有力的制度保障。

（二）传统文化教育存在的一些问题

虽然许多学校在传统文化教育上进行了积极探索，但还存在一些不容忽视的问题。一是重形式，轻内容。综观各学校在中华优秀传统文化教育方面的开展情况，有些学校过于追求形式，热衷于组织一些大型的活动，学生"表演"成分太多，"内化于心，外化于行"的少。学校层面也缺乏对传统文化中蕴含的民族精神、道德情操、人文涵养进行深入挖掘和整理。二是重局部，轻整体。很多学校对传统文化教育的理念认识不到位，以为开设了书法、经典吟诵等课程就是开展了传统文化教育，缺乏对教育内容的系统规划和对教学环节的整体设计，也没有将学校所有的课程资源进行很好的统筹与建构。三是重教材，轻教师。有些学校非常注重课程的开发与校本教材的编写，但学校从事传统文化教育教学的师资力量不足。传统的语文、历史、政治等学科老师在教授传统文化时各有短板，而学校也没有花精力来培训教师和进行传统文化教育教师队伍的建设。四是重开发，轻评估。在当前"国学热"的社会大环境下，许多学校都或多或少开设了与传统文化相关的一些校本课程。但在如何评估其实施效果、如何判断学校在哪些方面还存有不足等方面的研究还不够。除了在中高考试题中渗透中华优秀传统文化教育内容外，并未形成一套科学合理、行之有效的评估机制。

解决这些问题，需要学校一线教师在实践层面给出切实可行的办法，每个学校在自己原有开展中华优秀传统文化教育的基础上进行重新思考和顶层设计，真正实现让优秀传统文化教育落地。

首先，要真正弄清楚中华优秀传统文化教育的内涵。学校教育本质上都是文化教育，但为什么强调中华优秀传统文化教育，这是因为我们现在缺乏这方面的教育，用《完善中华优秀传统文化教育指导纲要》里的话来说就是缺乏以"天下兴亡、匹夫有责"为重点的家国情怀教育，缺乏以"仁爱共济、立己达人"为重点的社会关爱教育，缺乏以"正心笃志、崇德弘毅"为重点的人格修养教育。这些正是中华优秀传统文化教育的内涵。按照这样的要求，如果我们简单地要求学生去背诵《三字经》就认为是在做中华优秀传统文化教育，那就太片面了。

其次，要把中华优秀传统文化教育融入学校教育的各方面。中华优秀传统文化教育是学校教育的有机组成部分，当我们在强调中华优秀传统文化教育的时候，不是说我们就要专门开展这方面的教育，而是在教育的过程和内容上融入中华优秀传统文化教育，也就是要在课程建设、学校活动、课堂教学等方方面面有意识地加强这方面的教育，而不是仅仅独立地开设这样一门课程。从课程建设上来讲就是要将传统文化教育内容纳入学校课程建设整体，做一体化设计。

再次，要把教师对中华优秀传统文化的理解放在重要位置。中华优秀传统文化内容丰富、思想深邃，学校教师实际上在这些方面也存在诸多不足，即使是语文、历史、政治等学科教师也还需要进一步学习理解。每一位老师既要去阅读中华优秀传统文化的经典著作，又要结合当代实际做出正确的理解，并最终形成自己的内涵修养，这样在自己的课堂上才既能给学生讲出中华优秀传统文化的"知识"，又能在无形中给学生以"熏陶"。

最后，要把"内化于心，外化于行"作为开展中华优秀传统文化教育成效的标准。开展中华优秀传统文化教育的最终目的是立德树人，是为了培养社会主义建设者和接班人，既需要知道中华优秀传统文化的"知识"，还需要体会到中华优秀传统文化所蕴含的"精神"，更需要的是把"知识"和"精神"内化为自己的"文化自信"，表现在自己的"言谈举止"上。

依托故宫博物院丰富的传统文化资源开发故宫课程群，就是将校内与校外、课内与课外紧密结合起来，开展传统文化教育的实践探索。在这一过程中，可以发挥学校、博物馆以及全社会的教育合力。故宫课程群是学校教师、故宫专家、课程专家等多方面共同努力的成果。

第二节　研究价值

一、坚定文化自信

故宫不仅是"中国最大的文化艺术博物馆"，而且是世界上极少数同时具备艺术博物馆、建筑博物馆、历史博物馆、宫廷文化博物馆等特色且符合国际公认的"原址保护""原状陈列"基本原则的博物院和文化遗产，是一座博大精深的中国历史文化宝库[①]。作为博物馆和文化遗产的故宫，既是儿童青少年学习传统文化知识的场所，又是开展文化遗产保护行动的场所。依托故宫博物院开发故宫课程，开展故宫文化教育，将是对中华优秀传统文化深入

① 郑欣淼. 故宫的价值与故宫博物院的内涵［J］. 故宫博物院院刊，2003（04）：1-8.

学习的一个过程，更是对故宫价值认识的一个过程。在此过程中，开发人员和学习者的文化自豪感、自信心将会油然而生。

就故宫博物院而言，课程开发是对故宫文化再发掘、再认识的过程。故宫博物院的建筑、藏品和宫廷历史都承载着中华民族厚重的文化历史和文化精神，既有有形的器物、书画、珍宝，又有无形的非物质文化遗产，如古代官式建筑技艺、宫廷文物修复技艺等。这些珍贵的文化遗产，如果没有人去挖掘其中的历史价值、文化价值、艺术价值和教育价值，那么这些有形和无形的遗产随着时间的流逝终究会湮灭。故宫课程的开发就是从教育的角度挖掘其中蕴含的教育价值和教育内涵，将其中代表中华优秀传统文化的建筑、藏品、历史故事等转化为儿童青少年易于接受和理解的教育资源。可以说，这是故宫文化的教育阐释，让藏在故宫博物院的文物"活"起来，走进儿童青少年的心中，发挥故宫的教育价值。

就参与课程的人员而言，儿童青少年和课程开发人员都与故宫课程的开发密切相关。他们在开发的过程中，既要对故宫文物的前世今生，又要对相关的学科知识进行全方位的了解和考证，使得故宫里的文化资源能够合理地转化为教育资源，能够与学校学科课程内容相衔接、相融合。因此，无论是开发者还是学习者，在这一过程中都加深了对故宫文化的理解，增进了对传统文化的亲近感、认同感和自豪感。文化自信正是在这样一种近距离欣赏故宫文物、实地探查历史故事的发生地、探究故宫文化的真正内涵的体验和感悟中获得的，并且将会越来越坚定。

二、推动教育改革

开发故宫课程是传统文化教育的需要，也是教育改革的需要。故宫课程的开发将对传统文化教育，学校特色发展，提升学生人文底蕴，教与学方式改革以及家庭、学校和社会教育协同等多方面产生积极作用。

（一）为传统文化资源开发与利用提供了一个模式

故宫课程的开发与实施是建立在对故宫文化资源的开发与利用基础上。如何开发与利用故宫文化资源，故宫课程开发人员经过多年的探索实践和总结提炼，形成了传统文化教育中对传统文化资源开发与利用的一套标准。

传统文化资源的开发与利用研究主要集中在两大领域：一是在经济建设文化产业领域，二是在社会精神文明建设教育领域。故宫课程的开发与实施是在教育领域对传统文化资源开发与利用，这种开发与利用需要挖掘传统文化资源的教育内涵，按照教育规律和方法转化为学生学习传统文化的课程资源。

传统文化教育是落实立德树人根本任务的重要途径，传统文化资源是传

7

统文化教育内容的重要来源。传统文化资源具有重要的教育价值，具体体现在以下三方面。其一，丰富学校课程教材传统文化教育内容。中学各学科课程教材内容中都有传统文化教育内容的渗透，但有些与学生的生活实际联系不紧密，也不可能都能联系到学生当地的传统文化资源。作为全国文化中心的首都北京有着极其丰富的传统文化资源，这些资源转化成课程资源，极大地丰富了传统文化教育内容。其二，改进学校传统文化教育的教与学方式。传统文化资源依据其形态可以分为有形与无形两种。① 比如，故宫博物院里的建筑、藏品等都是有形的文化资源，从教育来看，故宫博物院是一个与学校、教室不同的教育空间，把课堂搬进故宫学习传统文化，师生身临其境，书本上的文字和图画变成触手可及的实物，教与学更加生动。其三，促进家庭、学校、社会三方形成教育合力。博物馆、美术馆、纪念馆等是传统文化资源聚集的地方，它们正在成为联系家庭、学校、社会三方教育的桥梁和纽带。传统文化教育不仅要充分发掘校内资源，而且要有效组织和利用社会资源，探寻、发现本地历史遗迹、文献档案，整理、总结本地民间文学、民风民俗，增强本地物质文化遗产传承人、传统文化研究者的影响力和传播力②。以故宫博物院丰富的传统文化资源为依托，通过研发故宫课程群，提炼出传统文化资源开发与利用的四条策略：一是研究传统文化资源教育价值，明确课程目标；二是梳理传统文化资源不同内容，融入课程体系；三是活化传统文化资源表现形式，创新学习方式；四是提升传统文化资源利用效益，实施课程评价。

在对故宫博物院传统文化资源开发与利用的过程中，学校积极与故宫博物院合作，形成良性互动，发挥学校教育和博物馆教育的各自优势：故宫博物院的专家对文物和历史有专业的研究，具有深厚的文化积淀和理解力；学校教师对学生的需求和学习规律有清楚的了解，能够将故宫内容与学校课程内容有机融合；课程专家对学科课程内容有专业的把握。学校教师与故宫专家定期召开联合教研活动，分享各自在传统文化资源转化为课程资源进行课程研发的成果与经验。因此，故宫课程群的研发为传统文化资源开发与利用提供了一个典型案例，也深化了对传统文化资源开发与利用研究的认识，从而形成传统文化资源研发模式。

总之，以课程建设为抓手进行传统文化资源的开发与利用，首先要分析研究传统文化资源的教育价值，明确课程目标；其次系统梳理传统文化资源

---

① 王志标. 传统文化资源产业化的路径分析［J］. 河南大学学报（社会科学版），2012，52（02）：26-34.

② 陈野. 试论传统文化资源的当代产业转化——以浙江为案例的分析研究［J］. 浙江学刊，2012（01）：203-209.

的不同内容，找准课程内容的结合点并融入课程体系之中；再次活化传统文化资源表现形式，创新学习方式；最后提升传统文化资源利用效益，科学评价课程实施效果。因此，依托博物馆等传统文化资源研发课程将会大大提升将传统文化资源转化为课程资源效益的速度，为传统文化教育增添活力。

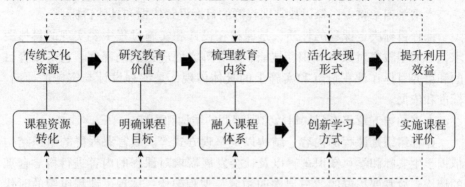

图1-1　传统文化资源开发与利用模式

（二）为传统文化教育的校本课程开发提供了一个指南

学校如何落实传统文化教育，除了在国家课程的"必选动作"上开展传统文化教育，还可以结合学校实际，组织教师和专家开发具有学校特色的传统文化教育内容的校本课程。故宫课程群的开发依据校本课程开发理论，依托故宫文化资源，成功地探索出了一条开发路径。具体来说，课程开发从需求分析到方案设计，从课程目标制定到课程框架设计，从课程内容筛选到课程实施，再到课程评价，从而形成课程开发与实施的一个完整的循环过程。在这一过程中，始终以学生为本，抓住传统文化教育这条主线，将内容与形式、方法与目标有机统一起来，既突出校本课程的特色，又与国家课程深度融合。

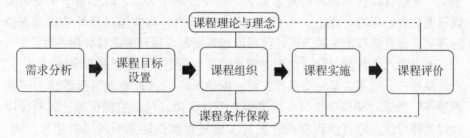

图1-2　故宫课程群开发过程

本书第三章将专门探讨故宫课程群的性质和理念。

故宫课程群开发以课程论为指导，坚持课程改革新理念，强调人的全面发展，更加突出课程的育人功能，注重以素养为导向，引导儿童青少年树立正确的价值观，培育其必备品格和关键能力，注重教育与生活相联系，学、思、行相统一。在发挥评价的甄别功能的基础上，关注评价的诊断、激励，促进人全面而有个性的发展等方面的积极作用。

本书第四章将专门探讨故宫课程群的目标设置依据和具体目标。

课程目标决定课程的性质，是课程在设计和实施过程中要实现的具体要求，是期望教育对象在知识、技能、素养等方面应达到的程度。它是教育目的和培养目标在课程设计和实施上的具体体现，是课程设计与实施的导向、标准和依据。

本书的第五章将专门探讨故宫课程群的结构和内容。

课程组织是课程的内容、结构以及呈现方式等。故宫课程群的组织结构依据学生实际和学科知识逻辑以及社会发展需求对课程的内容进行科学合理的架构。故宫课程群的"三层次四领域"课程架构，体现了课程组织的时代性、基础性、选择性、关联性。

本书第六章将探讨故宫课程群的实施，包括故宫课程群的教学设计、故宫游学设计与实施、故宫项目式学习设计与实施、故宫网络在线课程的设计与实施等。

课程实施是课程从静态的文本变成动态的课堂教学设计与活动，这是课程开发的重要环节，也是最能体现课程创新的地方。故宫课程群的实施在故宫课堂教学设计和教与学方式创新上大胆探索，既很好地进行了知识的传递，又培养了学生的文化自信。

本书第七章将探讨故宫课程群的评价理念、评价体系、评价过程和典型案例。

课程评价的目标模式和过程模式对故宫课程群的评价都具有重要的指导意义。就故宫课程群的评价理念而言，坚持以学生为本，既要对学生是否实现预期教育目标进行评估，也要对课程结构、内容与实施过程等进行全方位的评估，促进课程本身的改进，使得课程各要素与课程既定目标相一致。

本书第八章将探讨故宫课程群领导的基本理论、主要任务和成效。

课程开发与实施是一个系统工程，由原来的"课程管理"思维转向"课程领导"思维。课程开发与实施需要有条件保障，包括组织保障、师资保障和制度保障等。故宫课程群的开发与实施过程也是逐渐明晰课程领导内涵、层次、角色与功能的过程。

综上所述，故宫课程群的开发过程是一个基于课程理论，在课程改革新理念的引领下，从学校实际出发，依托故宫文化资源，开展传统文化教育的过程。这些具体做法有很强的可操作性，能够被复制和推广，所以希望这些经验和做法能够被中小学和广大教师以及参与故宫文化教育的工作者用来学习和借鉴。

（三）为传统文化创造性转化和创新性发展提供了一个案例

将故宫课程群置于传统文化发展和故宫文化教育的大背景下，可以发现，它所涉及的内容只是冰山一角。由于故宫课程群是面向儿童青少年群体，要结合中小学学科课程内容，所以它涉及故宫文化的广度、深度都是有限的。从这个角度看，故宫课程群仅是传统文化发展中的一个案例。当然，这个案例不是简单地将故宫文化照搬到儿童青少年传统文化教育中，而是从教育专业的视角，对故宫文化进行了筛选、加工和改造，也就是将文化资源转化成为课程资源，挖掘了故宫文物的教育价值，阐释了其中的文化内涵和教育内涵，使得传统文化在新时代的教育中有了新的意义和价值。因此，这个案例就具有了对传统文化进行转化和发展的意义。

三、服务首都发展

故宫是古都北京的象征。故宫不仅为全国文化中心的首都北京增添了浓厚的文化氛围，也为儿童青少年开展传统文化教育提供了得天独厚的条件。故宫课程群的开发正是基于北京浓郁的古都文化，为首都文化的繁荣发展做出贡献。

2017年发布的《北京城市总体规划（2016年—2035年）》明确提出"北京城市战略定位是全国政治中心、文化中心、国际交往中心、科技创新中心"。《首都教育现代化2035》提出："首都教育举足轻重，至关重要，贯穿于首都城市战略定位之中，是全国政治中心功能建设的重要阵地，是文化中心功能建设的重要载体，是国际交往中心功能建设的重要窗口，是科技创新中心功能建设的重要支撑。"由此可见，首都教育与首都城市发展密不可分，首都基础教育对首都人才培养具有基础性、导向性作用。作为文化中心功能建设的重要载体，故宫课程群首先是为首都儿童青少年服务的。通过故宫课程群的学习，首都儿童青少年将增进对首都的历史和文化、故宫的历史和文化的认知与理解，坚定文化自信，树立为首都城市发展贡献力量的信念。对于全国儿童青少年而言，北京和故宫是大家向往的地方，故宫课程群的开发与实施将会对全国儿童青少年学习研究故宫文化具有重要的意义，也会增进他们对首都北京的热爱之情，进而更加热爱国家和中华优秀传统文化。对于全世界儿童青少年来说，故宫课程群的开发与实施，立足北京，面向世界，其中有文化交流和国际理解的内容，既可以让全世界的儿童青少年学习故宫文化，又为首都儿童青少年提供了一个向全世界讲好故宫故事、传播故宫文化的平台。

　　总之，故宫课程群的开发与实施将为儿童青少年坚定文化自信、推动教育改革、服务首都发展发挥其独特的教育价值，为传统文化教育提供一种模式、一个指南和一个案例。

第二章

故宫与故宫文化

故宫为什么这么吸引人？个人以为，主要是因为故宫文化之美吸引了大家。那么故宫文化之美主要体现在哪里？首先是它的建筑之美。这是故宫给我们最直观的感受，故宫建筑的布局、造型、装饰、色彩、陈设等散发出的大气厚重、壮观绝伦给人以美的享受。其次是故宫藏品之美。故宫博物院有186万余件藏品，如果一个人每天看5件藏品的话，他需要看上1000年的时间。故宫博物院这些精美的藏品，不仅数量多，而且等级高。最后是故宫历史之美。故宫历史之美体现在故宫历经600多年的历史，明、清两朝无数的人和事都值得我们去探究，更重要的是其中蕴含的中华优秀传统文化值得广大青少年走进故宫、了解故宫，进而热爱故宫。

第一节　故宫的前世今生

一、紫禁城的历史概述

《广雅·释天》记载"天宫谓之紫宫"，意思是天帝居住的宫殿叫作紫宫。于是古人将天帝的儿子，就是人间皇帝居住的皇宫比喻为天上的紫宫。皇宫又戒备森严，平民百姓很难进入和靠近，因此人们就称皇宫为紫禁城。《晋书》里也有记载"紫微垣十五星，一曰紫微，天帝之座也，天子之所居"。紫微是北极星，位于中天，明亮并且有群星环绕，有"紫微正中"的说法，所以明代把皇宫建在当时北京城的中心，而且在建筑布局和宫殿的命名上都仿照紫微天宫的形式，以此象征皇帝作为天子的崇高和威严。

谈到紫禁城的历史，就要谈到为什么紫禁城建在北京，这就涉及北京城的历史。

（一）燕都蓟城

北京城的历史要上溯到商代，当时有一小诸侯国叫作"蓟"，位于今天北京市广安门地区。到了西周，武王褒封"帝尧之后于蓟"，就是蓟国受到周武王分封，重新建国。同时，周武王封召公奭（shì）于燕，位于今房山区琉璃河镇董家林村。侯仁之先生《论北京建城之始》认为，蓟、燕两地的原始聚落到了正式建立诸侯国的时候，就完全具备了城市的功能，因此也就可以认为是建城的开始。① 据夏商周断代工程得出的结果，人们一般把"武王伐纣"之年视为燕国与蓟国的开端，是在周武王十一年即公元前1046年。1995年为纪念北京建城3040周年，在滨河公园建立了蓟城纪念柱，上面镌刻着历史地理学家侯仁之先生拟定的铭文："北京城区，肇始斯地。其时惟周，其名曰蓟。"② 春秋时期，燕国吞并了蓟国，并将都城迁

图2-1 蓟城纪念柱

到了蓟城。虽然学界对北京城建城的确切时间还没有定论，但从现有的考古和文献证据看，北京城的历史从3000多年前的燕都蓟城开始是没有疑问的。

（二）汉唐幽州治所和辽国南京

秦灭燕国后，在北京地区设立蓟县。汉、魏、晋、唐代都曾设置过幽州，治所均在北京一带。在这段历史时期，北京地区一直作为北方的军事重镇。我们今天比较熟悉的有：隋炀帝下令修建了抵达蓟城南郊的运河，这就是京杭大运河的前身。再如，始建于唐贞观十九年（公元645年）的悯忠寺，即今位于西城区菜市口附近的法源寺的前身，现有悯忠寺故址，它是唐太宗为缅怀远征高丽的阵亡将士而修建的寺庙。五代后唐清泰三年（公元936年），河东节度使石敬瑭以割让幽、蓟等十六州（俗称"燕云十六州"）为条件，在契丹的扶植下建立后晋政权。辽会同元年（公元938年），契丹把幽州提升为陪都之一，称为南京或燕京，辽南京城建立在幽州治所，有府城和皇城，由此拉开了历史上的北京从北方军事中心转变为国家政治中心的序幕。

---

① 侯仁之. 论北京建城之始 [J]. 北京社会科学，1990（03）：42-44.
② 孙冬虎. 从燕都蓟城到人民首都 [J]. 前线，2017（02）：101-103.

（三）金中都

北京正式建都的历史是从贞元元年（公元1153年）金代的海陵王完颜亮将都城迁到当时称为燕京的北京，并改名为中都开始的。[1] 金中都的营建仿照北宋都城开封，有外城、皇城和宫城。外城是在辽南京城旧址上，分别向东、南、西三面扩建而成，周长约19千米，四面共设城门13座。其中，现在地名中的丽泽、会城都是其中的城门名称。皇城位于城中央偏西南，基址位于今天广安门南滨河路一带。东西窄，南北长，周围1.5千米，共有四座城门。皇城中有宫城，中心是大安殿，为朝会庆典之所，后殿为仁政殿。值得一提的是，南北方向的外城城门、皇城城门和宫城城门在同一中轴线上，这一城市布局，为元大都、明清北京城的城市规划奠定了思想基础，是对中国传统城市规划思想的传承。金章宗在位时期（公元1190—1208年）修建了今天大家非常熟悉的卢沟桥、太液池、琼华岛、玉泉山等名胜古迹。也正是在这一时期开始有"燕山八景"之名，到宋末元初有"燕京八景"这个明确的景点组合。虽然后经元、明、清到民国，"燕京八景"的具体景点组合和名称有所变化，但上述名胜都在其中。可见，金中都为我们留下了宝贵的文化遗产，也为北京城的发展起到了重要的作用，这些对于我们今天研究紫禁城的历史和北京城的历史都具有重要的意义和价值。

（四）元大都

元大都开始兴建于至元四年（公元1267年），格局宏大，规划整齐，是当时世界著名的大城市之一。[2] 元大都的都城平面呈南北略长的长方形，周长约28.6千米。大都北面的城墙遗迹现已成为元大都城垣遗址公园，至今仍可以见到高达十余米的城墙遗迹，俗称"土城"。大都共有城门11座，比如北京地铁10号线的安贞门、健德门就

图2-2 大都鼎盛雕塑园

---

[1] 李肇豪. 北京的建都开端——关于金中都定都的历史考察 [J]. 文物鉴定与鉴赏, 2019 (12)：70-71.

[2] 元大都的勘查和发掘 [J]. 考古, 1972 (01)：19-28, 72-74.

是大都北面的两个城门的位置，地铁 13 号线的光熙门就是都城东面的一个城门的位置。大都东西两面城墙的南端与明清北京城的东西墙一致，南面城墙的位置在现在东西长安街的南侧。大都的皇城位于全城南部的中央地区，东墙在今南北河沿的西侧，西墙在今西皇城根，北墙在今地安门南，南墙在今东、西华门大街以南。宫城偏在皇城的东部。宫城的南门约在今故宫太和殿的位置，北门在今景山公园寿皇殿附近，东、西两垣约在今故宫的东、西两垣附近。因此，元大都的建筑格局为明清北京城格局奠定了基础，是明清北京城的前身。意大利人马可波罗在《马可波罗游记》中赞美元大都"划线整齐""有如棋盘"，实际勘察结果也是如此，如今北京城内的街道依然反映出元大都街道布局的遗迹。其中，"胡同"二字就是源于蒙古语，一般认为是水井的意思，水井成为居民聚居区的代称进而成为街道的代称，由此产生了胡同一词。在元大都的建设上有两个历史人物值得记住，一个是刘秉忠，另一个是郭守敬。前者不仅建议忽必烈取《易经》"大哉乾元"之意，将蒙古更名为"大元"，而且主持设计了元大都。他依据大都的地理形势规划了都城、

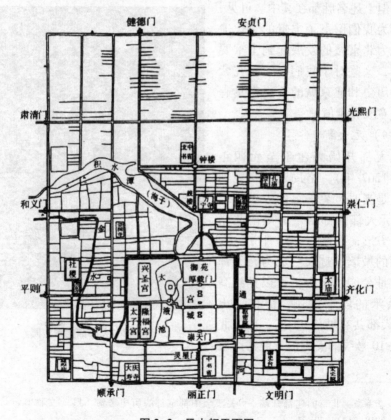

图 2-3　元大都平面图

皇城和宫城的相对位置，确定了延续到明清的北京城的中轴线，奠定了北京的城市雏形。后者是大都水系的规划设计者，他不仅巧妙地开凿出了金口河运输西山的木材石料，最卓越的贡献在于根据城市周边的河湖水系特点，从昌平白浮泉开始，把西山的泉水引来接济漕运，将积水潭与通州京杭大运河贯通，这就是今天的通惠河。漕运畅通既保障了大都以粮食为主的物资供应，也促进了城市政治、经济、文化的高度繁荣。今天在北京西海有郭守敬纪念馆，以此纪念郭守敬在天文历法、数学、和水利等方面做出的杰出贡献。

（五）明清都城

明初建都南京，洪武元年（公元1368年）大举北伐，攻下元大都，改称北平。明朝驻军为了便于防守，遂将大都城内比较空旷的北部放弃，并在其南五里另筑新墙，仍然只设两个北门，东边叫作安定，西边叫作德胜门。同时又分别改称东墙的崇仁门与西墙的和义门为东直门与西直门。① 到了永乐元年（公元1403年），改北平为北京，永乐四年（公元1406年）着手营建北京宫殿城池。永乐十八年（公元1420年）宫阙告成，次年正式迁都北京。在此前一年，又把北京南城墙向南推移了二里，仍开三门，名称如旧。正统元年（公元1436年）开始修建九门城楼，正统四年（公元1439年）完工，遂改称丽正门为正阳门、文明门为崇文门、顺承门为宣武门。同时又把东西城墙的齐化门与平则门分别改称为朝阳门与阜成门。九门名称保留至今，这就是旧日所说的北京内城。到了明朝中叶，由于蒙古族的骑兵多次南下，甚至迫近北京城郊，进行扰掠，所以嘉靖四十三年（公元1564年），筑成了包围南郊一面的外城，也就是旧日所说的北京外城。皇城沿用元大都的皇城旧址并向南、北、东三面扩展，皇城有城墙，正南是承天门，清代改为天安门，东边是东安门，北边是北安门，清代改为地安门，西边是西安门。上面所述的城门情况，就是通常所说的"内九外七皇城四"。

皇城之内才是宫城，明代称为紫禁城。紫禁城南北长960米，东西宽760米。正南面是午门，北面是玄武门，康熙年间因避玄烨名讳，改为神武门，东边有东华门，西边有西华门。

紫禁城的营建，至少是在元大都皇宫、凤阳中都和南京明故宫三个基础之上。永乐帝朱棣于永乐四年（公元1046年）下令营建北京宫殿，直到永乐十八年（公元1420年）建成，永乐十九年（公元1421年）正月初一正式迁都北京，紫禁城宫殿正式启用。

实际上，从朱棣决定迁都北平算起，北京城池宫殿的营建前后经历了18

---

① 侯仁之. 元大都城与明清北京城［J］. 故宫博物院刊，1979（03）：3-21，38.

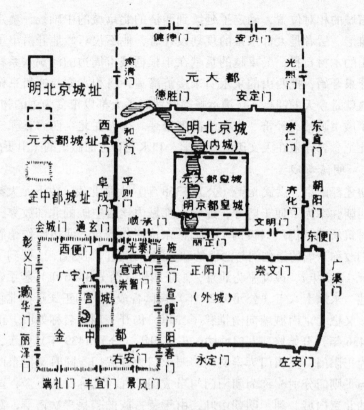

图 2-4　金、元、明城址变迁示意图①

年的时间。北京城与世界上其他国家的城市相比，有一个显著的特点，就是
有一条从南到北贯穿北京城的中轴线，明清北京城的中轴线北至钟鼓楼，南
至永定门，直线距离长约 7.8 千米。这条中轴线是北京城的脊梁，产生出北
京独有的壮美秩序。据考证，元大都的中轴线在今天故宫武英殿东边的断虹
桥上，与现在故宫的中轴线，也就是北京城的中轴线相距 150 米，明代北京
城借鉴了元大都的中轴线，并且改变了元大都皇宫的布局，将主要宫殿依次
排列在中轴线上，不仅扩大了皇城的范围，而且突出了紫禁城的居中地位，
显得更为紧凑和壮观。如今，北京中轴线正在准备申报世界文化遗产，力争
在 2030 年基本达到申遗要求，确保到 2035 年内实现申遗目标。

明中都在安徽凤阳，洪武二年（公元 1369 年）九月朱元璋诏建，至洪武
八年（公元 1375 年）四月罢建，营建时间前后五年有余。明中都有三重城
垣：内为宫城，面积约 84 万平方米；中为禁垣，面积约 3.8 平方千米；外为
郭城，面积约 50 平方千米。明中都是明清时代第一座真正体现京师之制的都

---

① 王灿炽．谈元大都的城墙和城门［J］．故宫博物院院刊，1984（04）：49-57.

城。其规划受到了明初营建的"吴王新宫"（南京明故宫前身）的一定影响，但反过来更深刻地影响了之后南京宫城的改造和北京都城的建设①。

南京明故宫始建于元至正二十六年（公元 1366 年），朱元璋命令刘基重新选址建吴王新宫，刘基等人在城东紫金山余脉——富贵山南麓、燕雀湖一带寻得风水宝地，并填平大部分燕雀湖，建立新宫，此后历经 20 多年，3 次改建，直到朱元璋晚年的洪武二十六年（公元 1393 年），才完善了皇城的建制。南京明故宫和之后以其为模板所建的北京故宫一样，分内外两重。外城即皇城，围有上覆琉璃瓦的红色宫墙，洪武时期的皇城东西长约 1.5 千米，南北深 1.8~2 千米。内城称宫城，又称紫禁城，围绕着 10 多米高的青色砖石城墙，据遗址测量来看，宫城东西长 790 米左右，南北深 750~800 米，形状近正方形。② 对比明中都皇宫、南京明故宫和明代北京紫禁城发现，它们的建筑布局，甚至宫殿、城门的名称都几乎一致，这些都表明，北京紫禁城的营建参照了前两座皇宫，具有一脉相承的关系。同时，紫禁城的营建也是对"择中建都"、中轴线规制等明代以前都城建设理念的传承与发展。

图 2-5 从景山俯瞰紫禁城

1420 年，紫禁城建成。不幸的是，1421 年四月初八，三大殿遭雷击着火，当时无力重建，直到正统元年（公元 1436 年），朱祁镇登基才开始修缮，又用了 10 年时间才将三大殿重新建成。后来到了嘉靖三十六年（公元 1557 年）三大殿又遭火灾，整个前朝化为灰烬，然后又陆续重建。万历二十五年（公元 1597 年），三大殿又发生了火灾，天启七年（公元 1627 年）才完成修复。明末崇祯十七年（公元 1644 年）三月十九李自成攻入北京，四月二十九日，在武英殿举行皇帝登基大典，放火焚烧部分城楼，撤离北京。

同年，五月初二，清摄政王多尔衮率领清军占领北京，入主紫禁城。十月初一，顺治帝在紫禁城皇极门举行登基大典，从此，迁都北京，开启了 268

① 马荣瑞，常河，郭如亮. 未启用的都城 不断裂的变迁 [N]. 光明日报，2022-04-08（009）.

② 李文彬. 南都旧阙今犹在 南京明故宫遗址 [J]. 大众考古，2016（06）：74-81.

年的清朝历史。顺治二年（公元1645年），顺治帝对紫禁城三大殿进行修缮，将皇极殿、中极殿、建极殿分别改为太和殿、中和殿、保和殿，突出一个"和"字。随后又重修皇城城门，将承天门、地载门分别改为天安门、地安门，再加上东安门、西安门，突出一个"安"字。当然，在清朝的历史上，紫禁城的建筑也多次遭遇火灾，可谓多灾多难。今天大家见到的太和殿是康熙三十四年（公元1695年）重建后的形制，乾清宫是嘉庆三年（公元1798年）重建后的形制。

综上所述，明代北京城有外城、内城、皇城、宫城四重城池，是当时世界上最大的城池。清代继承明代北京城，城市总体格局没有发生变化，直到清朝灭亡，紫禁城一直是帝制王朝的中枢。从1420年到1912年紫禁城作为帝国中心，共有明朝14位皇帝、清朝10位皇帝居住在此。可以说，紫禁城历史是明清历史的重要组成部分，也是北京城历史的重要组成部分，对于我们了解和研究北京城市的历史文化、中华优秀传统文化都具有重要的意义。

二、故宫博物院的历史概述

1911年辛亥革命爆发，推翻了清朝政府，结束了在中国延续几千年的君主专制制度，近代以来中国发生的深刻社会变革由此拉开了序幕。1912年1月，中华民国成立，2月，末代皇帝溥仪颁发退位诏书，标志着中国帝制王朝结束，紫禁城也结束了它作为帝王宫殿和帝国权力中心的历史地位。同年2月，在紫禁城前庭成立古物陈列所，后宫仍为皇家禁地。1924年11月5日，溥仪等清皇室成员搬离紫禁城。1925年10月10日，故宫博物院成立。

故宫博物院的成立实现了从皇宫到博物馆的转变。这在世界历史和博物馆发展的历史上也是有先例的。例如，法国1789年爆发资产阶级革命，1793年将皇宫卢浮宫改为共和国博物馆；1917年俄国十月革命，1922年将沙皇皇宫冬宫改为艾尔米塔什博物馆。故宫博物院的成立不仅是我国博物馆发展史上的一件大事，而且也是我国民主革命胜利的一个成果。[①] 皇宫变成博物院，不只是重大的历史变革，还具有用新文化的思想审视、研究传统文化的意义。[②] 紫禁城从皇宫到博物馆的演变，是历史发展和社会变革的反映，经历了一个艰难的过程，有着复杂的历史和文化原因。当时，将故宫及其文物收归国有虽然成为文化界的基本共识，但由于军阀混战、民族危难，故宫博物院的发展及其文物保护历经坎坷。幸运的是，在当时一批有着对中华文化和中华民族深沉热爱的有识之士的艰苦努力下，故宫博物院这一象征着中华文明

---

① 于坚. 故宫博物院的历史和发展 [J]. 故宫博物院院刊, 1986 (01)：5-6.

② 郑欣淼. 故宫博物院80年 [J]. 故宫博物院院刊, 2005 (06)：6-20, 154.

的宝贵遗产被较为完整地保留了下来。

特别值得记住的是，1931年"九一八事变"后，中华民族到了最危险的时候，1933年故宫博物院开始将文物南迁。1.3万余箱文物先是迁到上海、南京，1937年南京告急，文物又被迫迁往贵州、四川。抗战结束后，1947年这些文物重返南京。1948年年底至1949年年初，南京国民政府将这些文物中的2972箱运往台湾。后来这些文物进入1965年成立的台北故宫博物院。故宫文物南迁是故宫博物院发展史上的重大事件，也是中国近代文化史上的重大事件，具有重要的历史意义和深远的影响。正如故宫博物院前院长郑欣淼所言："故宫文物南迁是人类保护文化遗产的壮举，其历时之久、迁徙地域之广、任务之艰巨均为世界罕见。故宫南迁，文物得以完整保存，是中国抗日战争在文化领域的一大胜利，其艰辛的搬迁历程也使故宫文物与国家命运、民族精神紧密联系。故宫博物院与其他文化机构共同开展的文物清点、典籍校抄、公开展览等工作对西南诸省的文化事业产生了重大影响。故宫先贤奋力守护故宫文物、积极举办文物展览、严格制定规章制度等多项工作，不仅保证了故宫文物在战时的安全典藏，而且培育了视国宝为生命的典守精神。故宫文物南迁也形成了一个故宫两个博物院的局面。"① 由此，今天走进故宫，我们不仅要为辉煌灿烂的中华文明感到骄傲和自豪，还要对这些故宫里的文物葆有一份敬畏之心、感恩之心，不要忘记那些为保护文物守住中华民族根与魂的无数的有名和无名英雄，学习这些先辈的民族精神，担当起守护国宝、弘扬中华优秀传统文化的历史使命。

中华人民共和国成立后，故宫博物院走上了新的发展道路，年久失修的古建筑得到了修缮，清宫旧藏文物和物品得到了全面整理和妥善保管。党的十一届三中全会以后，博物馆功能逐渐得到发挥，展出展览日渐丰富，对外交往日益频繁，故宫参观人数年年攀升，研究、出版等工作快速发展。

1987年，故宫被列入世界文化遗产名录，是我国第一批进入《世界遗产名录》的世界文化遗产。联合国教科文组织通过的《保护世界文化和自然遗产公约》对世界文化遗产进行了界定，其中故宫是"从历史、艺术和科学观点来看具有突出的普遍价值的建筑物、碑雕和碑画，具有考古性质成分或结构、铭文、窟洞以及联合体"。而列入世界文化遗产的条件有四个：一是具有突出的普遍价值，二是有充足的法律依据，三是历史比较久远，四是现状保护较好。世界遗产委员会在对故宫的评价中写道："紫禁城是中国五个多世纪以来的最高权力中心，它以园林景观和容纳了家具及工艺品的九千个房间的

---

① 郑欣淼. 故宫文物南迁及其意义 [J]. 华中师范大学学报（人文社会科学版），2010，49（05）：1-13.

庞大建筑群，成为明清时代中国文明无价的历史见证。"此外，故宫博物院还有"古字画装裱修复技艺""官式古建筑营造技艺""青铜器修复及复制技艺""古书画临摹复制技艺""古代钟表修复技艺"五项国家级非物质文化遗产项目和一批国家级非遗传承人。故宫在世界文化遗产史上具有重要的历史意义和现实意义。首先，故宫能够成为世界文化遗产既表明它满足这些条件，也说明故宫博物院为故宫的保护和对外交流得到了国际社会的认可。其次，故宫成为世界文化遗产促进了政府和全社会包括学术界对故宫文物、故宫价值认识的深化，促使人们更加自觉地关注和保护这份人类的文化遗产。最后，故宫成为世界文化遗产，标志着故宫不仅属于中国，也属于世界。故宫从此放进了人类文化的坐标系，故宫就成了人类共同的财富。通过故宫这一载体和平台，可以促进不同文明的交流互鉴。

　　进入 21 世纪，故宫博物院的发展进入快车道。2002 年故宫博物院启动了故宫百年以来最大规模的古建筑修缮工程。工程历时 18 年，2020 年全面完成古建筑内外环境整治和整体保护工作。2013 年启动"平安故宫"工程，目的是解决故宫存在的各种安全隐患，更好地落实"保护为主"的理念，真实完整地保护好故宫这份人类共有的文化遗产。故宫博物院一直以学术立命，定位于学术机构，从建院伊始，就有一大批学界名流开展故宫学术研究，在文物整理和学术研究上成果丰硕。研究队伍的壮大、学术平台的搭建、出版传播工作的发展，"学术故宫"成为故宫博物院发展的核心力量。随着信息技术的飞速发展，"数字文物"概念应运而生，故宫博物院正在建设"数字故宫"，这是信息社会实现传统文化与科技深度融合的具体体现，也是文化创新的重要方式。"让文物活起来""故宫跑""把故宫文化带回家"等丰富多彩的故宫文创活动使得故宫文化更加亲民，更加被儿童青少年所喜爱。故宫博物院通过举办展览、开发文创、编辑出版物以及举办各种文化活动，完善博物馆功能，增加博物馆活力，达成了"活力故宫"的建设目标。正如故宫博物院院长王旭东在故宫博物院成立 95 周年之际所说："回顾不同历史时期，一代又一代的故宫人通过艰辛努力，对故宫所承载的优秀传统文化进行界定和弘扬，对博物馆发展道路的不断探索，最终形成了平安故宫、学术故宫、数字故宫、活力故宫的'四个故宫'建设体系。"①

　　总之，故宫博物院的发展历程艰难曲折，它已经融入中华民族伟大复兴和中华文化伟大复兴的历史进程之中，我们能够深刻地体会到一个民族的文化血脉对于民族的发展何其重要。故宫是我们的精神文化家园，是中华民族

---

①　王旭东 . 使命与担当——故宫博物院 95 年的回顾与展望［J］. 故宫博物院院刊，2020（10）：5-16，342.

的文脉所在，是世界文化遗产，也是世界五大博物馆之首，这是我们文化自信的重要根基。

三、故宫相关研究综述

故宫研究从故宫博物院成立之初就已开始。1924 年，清室善后委员会成立后就开始对故宫文物进行清点、整理和研究。当时就有学者对故宫的学术资源、文化价值和学术价值开展研究，并于 1929 年在古物、文献、图书三馆之下设立专门委员会，推动故宫学术研究。1933 年又依据文物分类设立专门委员会，包括书画、陶瓷、铜器、美术品、图书、史料、戏曲乐器、建筑物保存设计、宗教经像法器等。新中国成立后，故宫博物院在文物研究、文物鉴定、文物修复、古建保护等领域研究成果丰富。特别是故宫博物院前院长郑欣淼 2003 年提出"故宫学"这个学术概念后，对故宫的相关研究向着更高水平迈进。由于故宫相关研究涉及的领域太多，很难对所有领域和内容进行综述，现主要对与本书研究内容相关的内容进行简要概括主要有以下几方面。

（一）故宫文化与价值的研究

故宫的定位由皇宫转变为博物馆，其中势必涉及如何认识故宫的价值。要想确定故宫博物院的发展定位，也必然要对故宫的价值进行深入研究。因此，对故宫文化与价值的讨论与研究一直是故宫研究中的一个热点。早在 1928 年，张继认为："一代文化，每有一代之背景，背景之遗留，除文字以外，皆寄于残余文物之中，大者至于建筑，小者至于陈设。虽一物之微，莫不足供后人研究之价值。明清两代，海航初兴，西化传来，东风不变，结五千年之旧史，开未来之新局，故其文化，实有世界价值。而其所寄托者，除文字外，实结晶于故宫及其所藏品。近来欧美人士来游北平，莫不叹为列入世界博物院之首。"① 这段话表明故宫具有历史价值、文化价值和学术价值。随着经济社会的发展，专家学者对故宫文物的认识发生了变化，由原来认为文物是古玩、古物、古董等，到逐渐认识到文物既是珍贵稀有的古物，也是反映人类历史文化的遗存。故宫文物就不仅有那些稀世珍宝，还有明清宫廷遗留下的普通的遗物，如托盘、木匣等。对故宫文物认识的深化，反映了对故宫价值的认识的深化，也表明对故宫价值的研究更加深入。此外，学者们认为故宫的古建筑不只是各场所，其本身就有重要的历史价值和文化价值。对宫廷历史的认识更加客观理性，坚持历史唯物主义和辩证法，一方面深刻认识到宫廷历史封建专制的性质和本质，另一方面要也要看到其中蕴含的中华优秀传统文化的核心思想理念、中华传统美德和中华人文精神等。除了对

---

① 郑欣淼. 故宫与故宫学［M］. 北京：紫禁城出版社，2009：192.

有形文化遗产的研究外，还有对故宫非物质文化遗产的研究。

值得关注的是，2003年郑欣淼院长提出"故宫学"这个学术概念，并着力构建这一学科体系。故宫学是以故宫及其历史文化内涵为研究对象，集整理、研究、保护与展示为一体的综合性学问和学科，它的研究对象包括故宫（紫禁城）、故宫文物和故宫博物院，三者相互依存，构成一个文化整体。① 其研究领域主要有紫禁城宫殿建筑群、文物典藏、宫廷历史文化遗存、明清档案、清宫典籍、故宫博物院历史六个方面，具有价值的独有性、整体性、累积性以及典制类文物的集大成性四个特点。② 故宫学自成一套知识体系，可细分为古遗址、古建筑、古器物、文献档案与图书典籍等方面，又涉及宗教学、民族学、文学、艺术学、考古学、历史学、建筑学、管理学、图书馆学、档案学、博物馆学等领域。故宫学强调多重论据法，要求综合运用古建筑、文物藏品、图书典籍和档案文献等资料，实现以物证史、以物论史、以物鉴物、以史论物的研究目标。③ 故宫学的提出是故宫博物院学术研究由自发阶段走向自觉阶段的必然选择，其最大的学术意义在于可使故宫丰富的文化内涵得到探讨和挖掘。④ 故宫学逐渐被学术界和文化界所关注，部分高校和科研院所参与研究，产出了研究成果，形成了广泛影响，加深了人们对故宫文化与价值的认识。

故宫文化与价值研究的最终目的都是服务于人的发展。对故宫价值的研究必须要与当代文化相结合，也必须要服务于现代文化的发展。换句话说，无论是对故宫文化的深刻解读，还是对故宫文物的考证研究等，都必须落实到如何为现代人的生活提供精神动力。从这一点看，故宫文化与价值的研究要与实际生活相联系，要搭建专家学者研究产生的成果与现实生活需要之间的一座桥梁，让专家学者的研究成果转化为人民需要的、可接受的精神食粮。也就是说，故宫专家学者的研究成果不仅仅是研究论文和著作，而且是大众喜闻乐见、寓教于乐的文化产品。因此，今天特别需要加强对故宫文化与价值转化的研究，将理论与实践紧密结合，加强对故宫文化，特别是对故宫文物中蕴含的教育价值的挖掘、阐释和应用等研究。

（二）故宫文物的研究

故宫文化与价值研究主要侧重于对故宫的宏观研究，故宫文物研究相对

---

① 郑欣淼. 关于故宫学的概念与对象［J］. 江南大学学报（人文社会科学版），2017，16（01）：5-15.
② 郑欣淼. 国学新视野与故宫学［J］. 故宫学刊，2013（02）：8-22.
③ 郑欣淼. 故宫学的学科体系［J］. 故宫学刊，2017（01）：8-36.
④ 郑欣淼. 谈谈故宫学的学术要素［J］. 辽宁大学学报（哲学社会科学版），2016，44（03）：1-6.

于故宫文化与价值研究而言，就是具体和微观的研究。故宫的价值集中体现在故宫的建筑和186万余件藏品上。这些都是故宫的文物，或者说是故宫文化遗产，包括有形和无形的。对这些文物的研究是故宫研究的主要内容。1990年以来，故宫研究者的研究重点从最初的文物点查、整理、刊布逐步转向文物保管、研究与展示等方面，再逐步转向文化遗产保护与利用等综合方面，并且在研究过程中逐渐自成体系，形成独具特色的"故宫学派"①。截至2022年3月，故宫研究院下设1室20所，即研究室及故宫学研究所、考古研究所、古文献研究所、明清宫廷历史档案研究所、古建筑研究所、宫廷戏曲研究所、明清宫廷制作技艺研究所、文博法治研究所、书画研究所、陶瓷研究所、藏传佛教文物研究所、中外文化交流研究所、中国画法研究所、宫廷园艺研究所、中国书法研究所、钟表研究所、宫廷原状陈列研究所、故宫文物南迁研究所、世界文明古国研究所、影视研究所。由此可见，故宫文物的研究体系之庞大，研究内容之丰富、研究领域之广泛。

（三）故宫教育功能的研究

故宫博物院从成立之初，就对公众开放了紫禁城，通过陈列展览实现博物馆的宣传教育职能。随着社会的发展，故宫博物院如何面对人们日益增长的文化需求，如何让陈列在故宫中的文物"活"起来、走进大众日常生活，故宫博物院教育功能的研究就尤为重要。

从教育对象看，博物馆教育可以分为成人教育和儿童教育。故宫博物院研究馆员果美侠结合多年博物馆教育实践，从博物馆儿童教育之方式、成效和情境创设等问题入手，提出教育者要善于利用教育资源，创设适合儿童学习的教育情境，通过调动儿童参与、促进儿童与展品互动、吸引家长关注、激发儿童想象力以及教育人员通盘谋划等方式，全面提升博物馆儿童教育品质，激发儿童在博物馆学习的兴趣，促进博物馆儿童教育之发展。② 博物馆的成人教育则主要是通过非正式教育的方式开展的。

从教育途径和方式看，有学者认为，精美陈列与展览是发挥教育功能的基础，高质量的讲解和讲座是促进教育功能发挥的有效方法，迅速兴起的数字化管理方式使博物馆的教育功能得以无限延伸，良好的公众形象是促进教育功能发挥的重要因素。③ 由此可见，博物馆教育功能的发挥主要是通过陈列展览、讲解讲座、数字化传播等。此外，还有博物馆与学校教育、社会教育

---

① 郑欣淼.故宫学的活力［J］.故宫学刊，2021（01）：8-17.

② 果美侠.方式决定成效：情境创设下的博物馆儿童教育［J］.东南文化，2012（05）：115-121.

③ 陈俊旗，朱鸿文.浅论博物馆教育功能的发挥［J］.故宫博物院院刊，2001（03）：88-91.

的合作，博物馆文化创意产品设计与制作，图书出版，等。故宫博物院从2004年3月1日起，每周二（不含法定节假日）对全国中小学生开放免费集体参观预约。2016年，故宫博物院教育中心成立，整合故宫博物院教育资源，更好地发挥博物馆的教育功能，开展了故宫知识课堂、藏品阅读、八旗娃、穿朝珠、手绘龙袍、石子画、集字、堆秀、结彩、包粽子、传拓等体验活动。同时，还向北京市民、京外民众举办讲座，面向中学校长开设中华传统高级研修班，开展面向中小学书法教师的培训，与中小学开展馆校合作，等等。

随着我国各级教育的普及，博物馆与学校教育合作也越来越密切，国家多个部门也陆续出台鼓励博物馆与学校合作的政策文件。这表明馆校合作成为博物馆教育功能发挥的一个新的重要途径。有学者认为，馆校合作是正式教育，是作为非正式教育机构的博物馆参与学校正式教育的行为。[1] 近年来，故宫博物院开展了多种形式的学校教育项目，主要包括：与学校合作组织学生到故宫进行主题参观，如"陶瓷馆里的龙"；开发主题课程，这类主题课程不依赖特定的展馆环境，而是依据特定主题文物和主题，组织学生在故宫或学校开展体验式的学习活动；实施系列课程，故宫与中小学联合开发故宫系列课程，这些课程是以学校校本选修课的形式在学校开设，根据课程内容和教学实际既可以在学校教室上课，也可以把课堂搬进故宫；开展课程派送活动，故宫教育"出馆进校"，有的是故宫教育部门的专业人员到校开设故宫课程，有的是派送故宫课程的相关课件和学习材料等。这些不同形式的馆校合作极大地发挥了故宫博物院的教育功能，满足了儿童青少年故宫教育的需求，成为学校教育的有益补充，也为传统文化教育做出了贡献。

在数字化传播、图书出版故宫文创等方面，故宫博物院也开展了大量实践研究。比如，故宫博物院联合人民日报客户端、新华社、腾讯新闻等网络平台开展"安静的故宫，春日的美好"等网络直播活动，带领观众通过网络感受故宫文化之美。《故宫100》《我在故宫修文物》《上新了·故宫》等影视作品既提高了故宫影响力，又弘扬了故宫文化。2021年，故宫博物院启动"故宫学校在线教育项目"，将故宫文化教育与信息技术融合，实现传统文化创新发展。在图书出版方面，《故宫日历》《谜宫·如意琳琅图籍》《哇！故宫的二十四节气》《我要去故宫》《了不起的故宫宝贝》等图书和绘本发挥了故宫的教育功能，既传播了故宫文化，又弘扬了中华优秀传统文化。近些年面向儿童青少年卡通系列的故宫文创更是受到大家的热捧，如宫廷娃娃、故宫胶带、"奉旨旅行"行李牌等。

---

① 果美侠. 馆校合作之审视与反思：理念、实践及第三方［J］. 博物院，2021（01）：52-57.

但是也应该看到，故宫博物院教育功能还有很多值得研究的内容。首先是故宫文化与教育价值的研究。这一问题与故宫价值研究有关，故宫及其文物不仅具有文化价值、艺术价值和历史价值，而且还具有丰厚的教育价值，如何挖掘和阐述故宫的教育价值是开展故宫教育研究的前提和基础。其次是挖掘和开发故宫博物院的教育资源。这既是一个理论问题，也是一个实践问题。因为对故宫文化及其教育价值的研究还需要更加深入，从前文的论述中可知，故宫及其文物的文化价值、艺术价值和历史价值都有大量的学者专家进行论述和研究，但是对其教育价值的研究和阐述还比较欠缺。说它是一个实践问题，原因在于故宫及其文物的知识不能原封不动地作为儿童青少年传统文化教育的素材，而是需要进行科学的转化，通过教育加工和处理，使之成为符合学生年龄特点和认识规律的教育资源。再次是博物馆教育功能发挥的途径和手段还需要改进和创新。这一问题与围绕故宫开展的活动是否具有教育属性密切相关。实际上，在公众对故宫教育需求越来越多的今天，线上线下、故宫内外，打着故宫旗号的各类教育活动层出不穷，但是这些活动的教育价值和教育属性是没有保障的，原因在于这些只是通常意义上的活动，没有附加教育的价值，也就是没有运用教育的途径和方法。最后是故宫博物院教育体系尚未形成。故宫教育属于博物馆教育，是社会教育，不属于学校教育。但是学校、家庭、社会都可以利用故宫文化资源开展故宫教育，并且能够形成三方协同的局面，这里就涉及馆校合作、馆家合作（博物馆与家庭合作）、馆社合作（博物馆与社会教育机构等合作）的问题。故宫教育内容体系也是一个庞大的系统，正如故宫学的学科体系一样，可以说，故宫学的研究领域、学科体系有多大，故宫教育的内容就有多广。此外，还有故宫教育的保障体系、评估体系等都是值得研究的重大问题。

第二节　故宫文化的内涵与特征

一、故宫文化的内涵

近些年来，故宫博物院的博物馆功能逐渐增强，人们对故宫的了解也越来越深入，不仅仅把它看成景点，而且把它看成了解中华优秀传统文化的一个窗口。"网红"故宫文创等进入了人们的生活，围绕故宫开展的活动也越来越多，这表明故宫与大众之间的距离越来越近。因此，科学正确地解读故宫文化，并将其与当代文化有机结合，使之融入人们的日常生活中，引导大众形成正确的故宫文化认知就十分必要和迫切。

　　何谓故宫文化？有学者认为，"故宫文化是以皇帝、皇宫、皇权为核心的帝王、皇家文化（或宫廷文化），具有独特性、丰富性、整体性和象征性等特点"①。毫无疑问，故宫文化最大的特点是与明清两代皇家文化密不可分。故宫文化是特定时间和空间上的文化，从时间上看，主要是指从 1420 年紫禁城建成到 1912 年清朝灭亡这段时间所形成和发展的文化，所以故宫文化属于传统文化。从空间上看，主要是指在紫禁城或与紫禁城紧密相关的区域发生和形成的文化。当然，文化不是封闭的、静止的，故宫文化也是如此，虽然故宫文化主要是明清两代在紫禁城形成的文化，但它与明清以前的中华优秀传统文化、当时的西方文化等也都有紧密的联系，不可能完全分割开来。从文化的主体看，主要是指明清两代皇帝和皇家的主要人物，也包括直接与紫禁城相关的人物。

　　文化结构分为三个层次：第一层是物质层；第三层是心理层，即文化心理状态，包括价值观念、思维方式、表达方式、信仰等；第二个层面是二者的统一，即物化了的心理或意识化了的物质，包括理论、制度、行为。② 按照这一文化结构层次，故宫文化的结构可以分为这样三个层次。最外层是物质层，那就是故宫里能够直观看到的物质，如故宫的各种建筑、故宫的藏品等。中间层是心物层，介于物质和心理之间，包括宫廷历史、礼仪、典章、制度等。最里层是故宫文化心理层，包括故宫文化体现出的核心思想理念、人文精神、价值观念等。因此，我们可以从故宫文化的三层结构来理解故宫文化的内涵。

　　故宫文化物质层是故宫文化的最外层结构，是最直观的，且易于理解、复制和传播。故宫的建筑和园林，它们的造型、结构、布局、色彩以及附属的楹联等都承载着古人的思想理念和皇家的价值追求等。故宫中 186 余万件藏品，其中 87% 来自清宫旧藏，代表着皇家审美的收藏标准，也是中华文化艺术的最高典范，这些都是物以载道、器以载道的具体体现。可以说，故宫文化的内涵就蕴藏在这些器物之中。因此，通过故宫文化物质层的这些外在物质的形状、结构、特点、功能等来研究故宫文化的内涵，是阐释故宫文化并将其与当代文化相结合进行创新发展的重要途径。这一点在现实当中也能得到验证，比如各地都有仿照故宫建筑样式的建筑、根据故宫藏品设计开发的文化创新作品等。这些都是在故宫文化的物质层上进行传播和弘扬，实际上这些都是故宫文化的一种形象或一种符号化的表达。

　　故宫文化的心理层是故宫文化的最里层结构，是最抽象的，不易理解，

---

① 郑欣淼. 故宫、故宫文化与故宫学 ［J］. 故宫学刊，2006（01）：8-15.

② 庞朴. 三生万物庞朴自选集 ［M］. 北京：首都师范大学出版社，2011：224

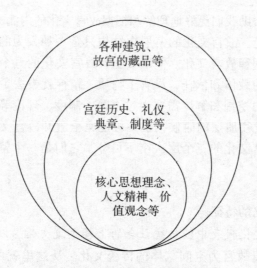

各种建筑、
故宫的藏品等

宫廷历史、礼仪、
典章、制度等

核心思想理念、
人文精神、价
值观念等

图 2-6 故宫文化三层次结构图

也不易复制和传播。它与故宫文化的物质层正好处在两个极端：物质层外显，大家一看就知道它代表着故宫；心理层深藏，不容易看到，也不容易理解。当我们普通人走进故宫珍宝馆，我们看到那些稀世珍宝，感叹的是它的外表华丽，但不一定能透过外表看到其蕴含的美学精神、古人的审美情趣等，而后者正是故宫文化心理层面的内容。故宫文化心理层的内容需要借助对物质层的分析和挖掘，只有对中华优秀传统文化有深入的了解，才能对其心理内容有更准确的把握。这样故宫文化的核心层反映出的文化心理、人文精神、价值理念等才能被科学地阐释，被大众所理解，人们才能客观理性地看待故宫文化与当代文化之间的关系，故宫文化也才能被当代文化所用，进而能够创造性转化和创新性发展。这是理解和把握故宫内涵最难的部分，也是最关键的部分。

在故宫文化最外层和核心层之间还有一层，它是介于心理和物质之间，可以称为故宫文化的心物层。它是将物质和心理联通起来的桥梁，是心理化的一种物质，也是物质化的一种心理。对于一般的文化而言，文字其实就发挥了这种桥梁的作用，因为文字是外显的，只要认识字的人，都能认得文字，文字不仅是外显的，而且可以表达一定的思想和观念，当众多的文字组织在一起的时候，就成为一篇有思想内涵的文章，这就是文字背后反映文化心理层的内容了。故宫文化里处于中间层的内容很多，其中宫廷历史是重要组成部分。宫廷历史大多记载在明清历史档案、各种文献之中，通过这些文献就能将故宫中的人、物、事串联起来，进而探求人的文化心理、思想精神、价值追求、审美情趣、内心活动等。明、清典章制度、文献古籍，还有与建筑、藏品等相关的理论、技艺等属于故宫文化心物层的内容，这些都能将物质与精神联系起来，帮助我们更好地理解和把握故宫文化的内涵。

需要指出的是，故宫文化的三层次结构只是一种人为的划分，有助于我们更好地理解和阐释故宫文化。但事实上，故宫文化的三个层次是相互渗透的，物质是精神的载体和依托，没有了物质，精神就失去了它的表现形式和外在意象。精神的挖掘和解读需要通过书籍、制度、理论等中介。同时，当我们在谈故宫文化物质层的时候，也不可能完全避开故宫文化的其他两个层次，也就是说故宫文化的三个层次密不可分，它们是一个整体，统称为故宫文化。

二、故宫文化的特征

（一）故宫文化代表中国传统社会的上层主流文化，以皇家文化为主

故宫文化是以故宫为空间载体的传统文化。从这里就可以看出，帝王、皇家、宫廷是故宫文化最大的，也是最明显区别于其他文化的特点。由于故宫是帝制国家政治中心和文化中心，故宫是皇权的集中代表，所以从故宫文化的物质层到心物层，再到心理层都反映着封建统治阶级和上流社会的价值观和文化心理。从紫禁城的布局设计到宫殿的名称寓意，从皇家礼仪制度到日常生活起居，从皇家收藏的文物典籍到生活用品，都蕴含着封建社会的上层主流文化，即以儒家文化为主的主流文化。故宫文化让我们最直观感受到的就是其壮美的建筑，下面仅以故宫建筑为例加以说明。

从故宫建筑的整体布局来看，故宫建筑是按照封建礼制要求来规划设计的，体现的是"天人合一"的宇宙观。《周礼·考工记》记载："匠人营国，方九里，旁三门。国中九经九纬，经涂九轨，左祖右社，前朝后市。"这是西周王城营建的规则制度，这个制度从西周开国之初一直沿用到清代。同时，故宫建筑中轴对称，外朝三大殿和内廷三大宫都坐落在中轴线上，其他建筑如众星拱月对称分布于中轴两侧，象征皇权至高无上，体现了儒家贵和持中、天人合一、君权神授的思想和中庸之道。空间规制的稳定性没有因时间流动而改变，给人的感受就是历史的厚重和大气。由此，礼制在建筑上得以一脉相承，仿佛能看见更早些年代时皇宫的样子。比如，"三朝五门"是从周朝起就确立的一项宫殿制度。《周礼》《礼记》《仪礼》中都提出过"天子诸侯皆三朝"的说法。"三朝五门"是指五道门将皇宫分为三个不同的行政区域，"五门"指的是皋门（皇宫最外层的大门）、库门（皇宫仓库之门）、雉门（皇宫的宫门）、应门（治朝之门，取君王应天之命而为人君之意）、路门（燕朝之门，门内即为天子及妃嫔燕居之所）。对应到故宫中的"五门"，在明朝时期为：大明门、承天门（天安门）、端门、午门、奉天门（太和门）。在清朝时期为：天安门、端门、午门、太和门和乾清门。"五门"划分出的三

个行政区域称"三朝",分别是外朝、治朝、燕朝。外朝的主要功能是举办大规模礼仪性朝会,治朝的主要功能是日常议政朝会,燕朝的主要功能是定期朝会。明朝"御门听政"的地点在奉天门(太和门)。清朝入关之初承袭明制,也是在太和门"御门听政"。康熙六年(公元1667年)宣布"御乾清门听政",并令"嗣后日以为常"。自此,清朝"御门听政"的地点就改为了乾清门,这里就成为清王朝的"治朝"之处,而"燕朝"也随之退至乾清门内。虽然每个朝代"三朝五门"的地点有所不同,但总体格局没有变化,始终体现的是儒家礼制对建筑的约束。

从故宫建筑造型来看,故宫建筑造型丰富多样,运用以小衬大、以低衬高等对比手法突出主体,诠释等级制。例如,天安门、午门都用城楼式样,基座高达10余米;太和殿用三层汉白玉须弥座,配有栏杆等构件,显得豪华高贵;而附属建筑的台基就相应简化和降低高度,从而保证主要门殿的突出地位。屋顶则按重檐、庑殿、歇山、攒尖、悬山、硬山的等级次序使用:午门、太和殿用重檐庑殿,天安门、太和门、保和殿用重檐歇山,其余殿宇相应降低级别。这种造型的变化,体现的是儒家礼制思想,这种思想在人们的观念中形成了鲜明的等级制度,成为古代中国传统建筑的等级秩序依据。传统社会上层主流文化正是通过这些故宫建筑的不同造型得以展现。故宫建筑的不同造型,既体现了等级和秩序,也展示了一种变化和灵动。

从故宫建筑的色彩看,红墙黄瓦是其重要的色彩特征。为什么故宫大多数建筑的屋顶是黄色?因为在"阴阳五行说"中黄色属土,而土是东南西北中"五方"的中央方位,所以是万物色彩形成的根基,皇帝位居中央,对应颜色为黄,同时黄色往往会让人联想到光芒、华丽、高贵等。宫墙和立柱用红色,因为在中国传统"五色观"中红色是"正色",象征夏季、太阳、阳气等含义。所以,红色在故宫里展现了庄重、神圣、威严的意义。故宫建筑上还有白色、黑色、绿色等重要颜色。宫殿的基座、栏杆上,其材质多为坚固、纯净的汉白玉,白色象征纯洁、崇高、坚强等意义,而且与红色、黄色形成鲜明对比,具有很强的视觉冲击力。每当白雪覆盖紫禁城,故宫的高大巍峨和美丽色彩都会给人以美的享受。故宫南有三所房子的屋顶是绿色,那是因为这组建筑是皇子们居住的地方,它位于东方,对应青色,在五行生化过程中属"生",因此用绿色象征生长、发展、活力等含义。故宫中还有一些建筑的屋顶是黑色,如神武门、文渊阁、激桶处(清代负责宫内防火的地方)的屋顶都是黑色。原因是神武门在北方,北方属水,而五行中水对应黑色。文渊阁存放古籍图书,需防火,用黑色象征水,以克火。激桶处为了防火也需要水。由此可见,故宫建筑的颜色不仅是一种审美的需要,还有传统社会"阴阳五行说"的依据,实际上这是中国古人"天人合一"思想的体现。同时，普通百姓的民间建筑是不能用红、黄等颜色的，红墙黄瓦成为明清皇家建筑的标志，具有等级含义。因此，故宫建筑的色彩，特别是红、黄两色就成为故宫文化的一种颜色象征。

从故宫建筑的名称看，它们都有特定的含义，是传统社会主流价值观的重要体现。故宫三大殿的名称明永乐时沿用的是南京明故宫三大殿的名称，即奉天殿、华盖殿、谨身殿。"奉天"的意思是根据儒家的天命论，说皇帝奉天之命来统治天下万民，所以皇帝被称为天子，表明皇家文化的天命观。"华盖"是中国天文中的星官之一，属紫微垣，象征孤傲、超然、高不可攀之意，同时华盖殿的造型为四角攒尖顶，形状类似帝王出行时的华盖，因此取名华盖殿。"谨身"是为了体现儒家文化的"修身"，告诫帝王要加强自身修养，因为帝王的一言一行都关乎天下万民的生死，所以必须谨慎处事。嘉靖时期（公元 1522—1566 年），三大殿重修，并改名为皇极殿、中极殿、建极殿。极的本意是房屋正中最高的房梁，后来引申为程度最高的，如极品、极佳。"皇极"意为皇建无极、永远统治天下之意；"中极"是古人所指的北极星，也被定义为帝王之位；"建极"指建立中正之道。通过这些名称突出皇权至高无上、尊贵无比的地位。清顺治时又将三大殿改为太和殿、中和殿、保和殿。"太和"取自《易·乾·彖》："保合大和，乃利贞。""大"通"太"，"大和"即"太和"，指天地万物都能保持其自然规律和谐地运行就能有利于天下，使天道正常地发展。"中和"出于《中庸》："致中和，天地位焉，万物育焉。"即处理任何事要不偏不倚恰到好处，处于和谐，天地万事万物均能兴旺发达。"保和"出自《易经》，意为"志不外驰，恬神守志"，也就是神志得专一，以保持宇宙间万物的和谐。此外还有太和门、熙和门、协和门等。封建统治者认为理想的社会应是君惠臣忠，国泰民安，只有一个和谐的王朝，其统治才会繁荣昌盛，才能江山永固。总之，这些建筑名称中的"和"字，体现的是儒家的"以和为贵""中和为美"的思想观念，实际上，"和"也是社会主流价值观，寄托了统治者对国家长治久安的美好期望。

从故宫建筑的装饰上看，故宫的每一座宫殿都有匾额和楹联，它们都是取自中华传统经典中的名句，是刻在建筑上的典籍，寄托了古人修齐治平的理想。以三大殿的匾额为例，太和殿的"建极绥猷"出自《尚书》，意思是天子要有历史担当，建立国家法则，为民造福，确保江山社稷稳固。中和殿的"允执厥中"出自《尚书》，意思是只有自己一心一意、精诚恳切地秉行中正之心，江山才能长治久安。保和殿的"皇建有极"，出自《洪范》，意思是君王治理国家要公平正义，不偏不倚，走中庸之道。考察这些词语的含义和源头就会发现，这三个词与古人权力来源以及农耕社会辨方正位、立杆测影、掌握时间有关。从中可以体会到中国传统文化从"知识系统"到"价值系统"的演变，从时空观到知识体系，从宇宙观到价值体系的建立过程。外朝的匾额楹联大多与治国平天下有关，而内廷的则多与修身齐家相关。比如，雍正帝题养心殿西暖阁的"惟以一人治天下，岂为天下奉一人"，表达了他要亲力亲为地治理天下，而不是仅仅被天下人所奉养的意愿。康熙帝题养性斋东室的"一室虚生无限白，四时不改总常青"，上联是庄子里虚室生白的典故，用屋子比喻人的心，心无任何杂念，就会悟出"道"来，生出智慧；下联提及四季常青，比喻人要有坚韧的力量，耐得住困苦，忍得住折磨，不改初心。乾隆帝题三希堂的"深心托豪素，怀抱观古今"，上联引的是谢灵运的斋中读书诗，下联引的是南朝颜延之的"向秀甘淡薄，深心托豪素"，抒发自己寄情托兴于文墨，纵观古今之抱负。御花园延晖阁，乾隆帝题"丽日和风春淡荡，花香鸟语物昭苏"，既映衬了御花园的绚丽美景，也反映出了中华文化中追求统一、和谐、四方太平的意愿。

（二）故宫文化代表中国传统社会的精英文化，引领当时社会文化发展

虽然故宫是皇家的宫殿，但它也是国家政权的核心。可以说，明清两代的政治、文化、科技、军事等各方面精英都与故宫有过交集。这些国家精英一方面受传统文化影响，另一方面也在影响、塑造和引领故宫乃至当时社会文化的发展。今天当我们审视故宫文化的时候，这些精英人物留下的文化遗产依然可以在故宫内找寻得到。其次，无论是故宫的建筑，还是宫廷的日常生活用品、皇家收藏等毫无疑问都是当时社会的最高配置、顶级标准，这既是上流社会文化的体现，也是精英文化的体现。这一点从故宫大量精美的藏品所具有的极高的艺术价值中就可以得到验证。

中国书法是中国传统文化的重要内容，是中国汉字特有的一种传统艺术。在书法发展史上，台阁体、馆阁体是明清两代盛行一时的书体。台阁，本意是指亭台楼阁，从东汉至隋唐，台阁是对尚书台（省）的别称。到了北宋，台阁也是御史台官、诸阁职的简称。明代的台阁，一般是指华盖殿、谨身殿、文华殿、武英殿、文渊阁、东阁这"五殿一阁"的六大学士，后世泛指中央朝廷机构。馆阁，意思类似，但一般来讲，馆阁等级要比台阁要低，明清两代把翰林院称为馆阁。

明成祖朱棣是一个喜爱书法的人。当时的诏令文书和宋代一样，分为内制与外制，都要选工书的人来写，尤其内制更要精工。这些工书的人中间最为著名的是沈度，他用工整匀称、平正圆润的楷书为皇帝写公文诏书。他的这种字体深受朱棣的喜爱和推崇，沈度被朱棣誉为"本朝王羲之"，他的这种字体也就被当时以至后来的许多人仿效。由于沈度，还有拥有"太平宰相"之称的"三杨"（杨士奇、杨荣、杨溥）等人都曾做过内阁大学士，他们的书体就被称为"台阁体"。

　　台阁书法在明初已经初见端倪，而其正式成形是因《永乐大典》的抄录。永乐年间（公元 1403—1424 年）的 57 位中书舍人凭借其影响力，使得台阁书法达到了第一个顶峰。沈度便是其中最著名的代表人物，与其弟沈粲并称"二沈"。他于书法各体均有不凡的造诣，其中尤以小楷最为出色，传世的《敬斋箴》（现藏北京故宫博物院）、《不自弃说》（现藏台北故宫博物院）均为小楷作品中的精品。沈度的小楷工整匀称中透着雍容大度，代表了明初台阁体书法的最高水平。台阁楷书有"方正、光洁、乌黑、大小一律"的统一特征。以沈度楷书为代表的台阁体引领了从永乐到弘治年间 100 多年的书法风潮。从永乐年间开始，在皇帝的提倡下，天下士人竞相模仿沈度的字体。后来的仁宗、宣宗、孝宗几位皇帝都对沈度的书法赞不绝口，举子为求高中，无不苦练沈字，一时沈字遍天下。直到吴门书派兴起，沈字的垄断局面才被打破，但也没有完全退出历史舞台。

　　清代馆阁体是由明代台阁体演变而来。康熙喜爱董其昌的书法，乾隆喜爱赵孟頫的书法，于是学习董、赵之风风靡全国。朝中士大夫、各地文人雅士，特别是参加科举考试的学子们更是临摹不辍，以希邀宠。由于统治者的个人喜好，馆阁体在清代书法发展史上占有一席之地。

　　综上所述，台阁体书法的兴起首先是因为皇权的推动，此外在皇权的规划中，还期望书法能承担一些教化作用，所以都是楷体，易于识别和临摹。然而台阁体、馆阁体经常是在皇帝的授意下写一些应制作品，因此这种书体书法难免因缺少意趣而显得呆板，这是台阁体、馆阁体书法的弊病。从文化角度看，这种发端于皇家和官方的书法艺术形式，在明清两代客观上引领了当时在书法上的一种审美取向和文化心理。台阁体、馆阁体笔画规矩、结构工整、章法整齐，对于今天的儿童青少年，特别是初学书法者具有借鉴和指导意义。特别说明一下，台阁体也是明清时期的一种文学形式，和书体类似，也是代表统治者的喜好，引领了当时文学的发展。

　　陶瓷也是中国传统文化的一大象征。从明清两代看，陶瓷艺术的发展与皇家对陶瓷艺术的审美密切相关，也与上流社会的精英文化有着千丝万缕的联系。故宫收藏有 35 万件陶瓷，其中大多是清宫旧藏的宋代"五大名窑"瓷器和明清时期景德镇御窑瓷器。故宫旧藏瓷器既表明瓷器的来源，也是一种标准，即皇家的标准，是同类瓷器中的精品。这些瓷器大部分是御窑烧制，也就是皇家私人订制，体现皇帝的品位，其品种、花色、造型都具有鲜明的皇家文化特点。明代共有 16 位皇帝，居住在故宫的有 14 位皇帝，他们的个性、审美倾向、社会风气等都不同程度地表现在了瓷器上，其中以宣德、成化、嘉靖时期的陶瓷艺术品最为突出。宣德官窑在明代社会享有极高声誉，宣德青花是宣德瓷器中最著名的品种。宣德青花也称为"永宣青花"，这种青花瓷的颜料是郑和从西洋带回的特殊青料苏麻离青，纹饰带有笔墨晕染的效果，正所谓"天青色等烟雨，而我在等你，月色被打捞起，晕开了结局，如传世的青花瓷自顾自美丽，你眼带笑意"。成化瓷器最有代表性的就是成化斗彩鸡缸杯，它是成化帝的酒杯，由于当时酿酒工艺的改进，从原来的度数较低、较混浊的米酒变成了度数较高、较纯净的烧制蒸馏酒，所以酒杯也由大碗改成了小杯。斗彩的制造工艺难度高，成品率低，在成化年间的就已经十分珍贵，再加上成化帝对瓷器烧造的要求严格——据说他要四件斗彩瓷，就需要烧制一百件从中选出四件，其余全部集中打碎掩埋——所以斗彩瓷流散在外的就非常少。明末就有"成杯一双，价值十万"一说。嘉靖帝的最大爱好是信奉道教，所以他在位时期的瓷器大多有道教符号，最具代表的是五彩云鹤纹罐。五彩是在成化斗彩的工艺基础上发展出来的，具有五彩釉色，颜色浓艳，画迹工整，以青花加红、黄、绿彩装饰，颈部绘如意头纹六组，肩部绘变形莲瓣纹一周，罐身绘云鹤穿花及八宝纹，近足处绘变形蕉叶纹一周，充满神秘的道教色彩，反映出当时皇宫中崇尚道教的风气。

清代瓷器以康雍乾三朝最负盛名。康熙时期首创中西合璧的珐琅彩。欧洲传教士带来铜胎画珐琅器工艺品，康熙对这些工艺品特别喜爱，令造办处学习掌握这一技术，并尝试将这种技术应用到瓷胎上，这就是现在大家熟知的瓷胎画珐琅的珐琅彩。珐琅彩真正达到艺术上的极致是在雍正时期，由于雍正性格内敛不张扬，所以这一时期的瓷器追求淡雅。在单色釉烧制上最为成功，最有代表的是青釉。雍正后期的珐琅彩有了一次重大突破，在督陶官唐英的督造下，景德镇成功烧制了优质细腻的白瓷。这种洁白细腻的胎质、莹润如玉的釉面与珐琅彩图案相映成趣。雪地留白的工艺衬托了主题，使得图案宛如一幅文人画一般，形成雍正时期珐琅彩瓷独特的艺术风格。雍正朝的珐琅彩逐渐摆脱铜胎珐琅的影子，发展为诗、书、画、印融为一体的珐琅彩瓷器，珐琅彩雉鸡牡丹纹碗就是这一类瓷器的代表作。景德镇的白胎、珍贵的釉料、顶尖工匠的努力，再加上雍正较高的艺术素养以及对工艺的极高要求，造就了珐琅彩艺术珍品。由于制瓷技术的积累，乾隆时期出现了镂雕瓷，如转心瓶、转颈瓶、套瓶等。体现乾隆恢宏富丽的瓷器代表作品是号称"瓷母"的各种釉彩大瓶，周身布满各种彩釉，达到 15 种釉色，是清代景德镇烧瓷技艺的集大成者，这种富丽堂皇、花团锦簇的形象正是乾隆帝的个人喜好和当时社会风尚的反映。

以上仅是对明清两代瓷器的一个简要论述，从中可以看到，这一时期中国的烧造技艺和艺术水准达到了前所未有的高度，这是我国古代制瓷业的一大高峰。通过瓷器反映出的不仅是技术，更是一种皇家文化和精英文化，这些瓷器承载着的中华文化也被西方认识和了解。因此，故宫里的这些无价之宝，不仅代表着当时社会的精英文化，而且对中国人的审美影响深远。

（三）故宫文化代表中华优秀传统文化，是中华优秀传统文化的浓缩和象征

作为博物馆的故宫，其馆藏文物不仅数量巨大，而且品质极高。这些文物包括青铜器、玉器、陶瓷、书画、服饰、宫廷用品等。这些国宝级的藏品是中华优秀传统文化的顶尖代表，既是中华 5000 年文明的象征，也是中华民族勤劳智慧的产物，蕴含着丰富的中华文化。故宫藏品证明了中华民族的 5000 年文明史是一条绵延不断的历史长河。在故宫 186 余万件文物中，从时间看，上至新石器时代，下至宋元明清直至近现代；从空间看，藏品涵盖了古代中国各个地域的文明精华，包括了汉族和古代许多少数民族的艺术精品。中国皇室收藏有着悠久的历史，从商代皇家收藏青铜九鼎，到刘邦攻入咸阳，萧何"收秦丞相御史律令图书藏之"，再到唐太宗收藏王羲之《兰亭集序》书法作品等。由于元明清三代都城都在北京，北宋时期的皇家收藏被金人运到燕京，后被元朝拥有，再到清宫收藏，这样清朝收藏就达到了顶峰。皇室收藏不仅保存了以往朝代的珍贵文物，更为重要的意义在于它赋予了新生政权的合法性。也正是因为这一点，故宫藏品的价值不仅仅在于它具有极高的艺术价值和历史价值，更在于它具有政治上的象征意义，是中华优秀传统文化的浓缩和象征。

唐贞观元年（公元 627 年）在凤翔府陈仓境内的陈仓山（今陕西省宝鸡市石鼓山）有人发现十面形状类似大鼓的石头，并且上面刻有文字，这就是传之后世并闻名于世，被民间推选为九大镇国之宝之一，被康有为称为"中华第一古物"的石鼓。如今，石鼓收藏于故宫博物院，具有极高的历史价值。石鼓共有十块，为花岗岩质，高约 90 厘米，直径约 60 厘米。因为有文字篆刻在石鼓上，所以这些文字称为石鼓文。石鼓上原来刻有 718 个字，用大篆体书写，是记叙游猎的十首诗，叫作《猎碣》。这些诗都为四言诗，同《诗经·小雅》中的"车攻"一首有相似之处，它是我国现存最早的一组石刻文字。从唐代韦应物、韩愈作《石鼓歌》以表章之，而后被世人所知。为躲避安史之乱，人们把石鼓运到雍城，并掩埋于荒野之中。平定安史之乱后，石鼓被移到凤翔孔庙。唐末石鼓又不知下落。到宋仁宗时期，才找齐十面石鼓，并运到东京（今河南开封）。宋徽宗时，他下令在十面石鼓上的文字槽缝之间填注黄金，为其装了金身。金人破宋，又被运到燕京，又遗弃荒野。数经迁徙，石鼓上文字磨灭残损甚多，其中有一面鼓上已经没有文字。元明清三代，石鼓都被保存在北京国子监的孔庙。乾隆对石鼓文有浓厚兴趣，奉之为"千秋法物"，命人拓了石鼓文，收集到了元代的石鼓拓片，并写了多首御制诗。乾隆五十五年（公元 1790 年），重刻石鼓一式两套，一套仍放在国子监大成门

下，另一套放在承德避暑山庄文庙。同时为原刻石鼓增设栅栏和屋檐。就这样，石鼓一直保存到民国时期。1933年，原刻石鼓随故宫文物一道南迁，西迁，最终再次回到北京。1950年，十面石鼓回到故宫博物院。石鼓历经2000多年的风雨和颠沛流离，718个大篆汉字仅存327个，它是汉字由甲骨、金文向小篆过渡的一种汉字形体，是汉字演变的活化石，见证了中华民族发展的历史。对石鼓的研究从唐朝开始，且从未中断。特别是石鼓的年代成为历来学者专家考证的内容。例如，唐代韩愈对此写过一首《石鼓歌》，他认为石鼓是周宣王时代的遗物。目前，金石学家们从其内容、字体和书法风格等多方面考证研究，认定石鼓是秦国遗物，因此现在称它为秦石鼓。至于它具体属于秦国的哪个年代，还没有取得一致的意见。按照这一研究结论，石鼓距今已有2300多年。历经沧桑、见证中华文明发展历程的石鼓依然静静地立在故宫里，与它有关的感人故事还有很多，关于它的研究还在继续，每一个中国人都能够从这些故事和研究中感受到汉字的历史和魅力，体会到石鼓所蕴含的文化精神。

青铜器是中国历史文物中最重要的门类之一，也是故宫博物院的重要馆藏品。所谓青铜器是指以铜为主要成分，含有一定比例的锡、铅的铜基合金。中国古代青铜器质量较高、品类众多，应用于社会生活的各个方面。从商周到秦汉，大多青铜器上都有文字，由于古代把铜称为"金"，把青铜器称为"吉金"，所以青铜器的铭文叫作"金文"。金文对于研究中国古代历史文化和汉字演变历史都具有重要意义。因此，中国古代青铜器是中华文明独特的文化创造，具有极高的科技价值、艺术价值和历史价值。

传说夏禹铸九鼎，从商到周，作为传国之宝。《左传》记载，楚庄王借朝拜周天子之名，在洛阳到周王室问九鼎的大小轻重，被大臣王孙满的"周德虽衰，天命未改，鼎之轻重，未可问也"一番话怼了回去。这就是成语"问鼎中原"的出处。可见，鼎象征着王权和国家，被赋予了政治意义。汉代以后，常有青铜器出土，人们都认为这是国之祥瑞，于是皇家开始收藏。宋代开始有欧阳修等文人学士研究青铜器。宋徽宗时期，《宣和博古图录》著录了宋代皇室在宣和殿收藏的从商代至唐代的青铜器839件，是一本专门记录青铜器的书籍。清代乾隆年间，《西清古鉴》仿照《宣和博古图录》体例，著录清宫所藏古代铜器1529件，每器绘制一图，图后以楷书系说。绘图精审，毫厘不失，器物的方圆围径、高广轻重记载详明，对古器物的铭文均钩摹注释。后期清朝又编纂了《西清续鉴》和《宁寿鉴古》两部书，其中也收录有青铜器。故宫博物院现藏历代青铜器15 000余件，其中先秦有铭文的青铜器就有1600件，通过这些青铜器可以了解青铜文化以及青铜文化与皇家文化的内在联系。今天我们应当从五个方面来做青铜器的研究工作，即形制、纹饰、铭文、功能和工艺。① 形制决定青铜器的名称和类别。纹饰分为四大类：怪异动物纹样、写实动物纹样、几何纹样、人物画像纹样。"纹饰是青铜器的语言"，铭文能够告诉我们器物的历史背景、文化礼制，还能与历史文献相互印证，甚至成为重要的历史考据。同时铭文也是当时的书法作品，具有艺术价值。在功能方面，中国青铜器的功能主要是礼乐器，与礼乐制度有关，这是中国青铜文化区别于其他国家青铜器的独特一面。工艺是指青铜器制造技术和装饰工艺等。总之，青铜器的研究内容丰富多样，反映了从夏商周到秦汉时期的社会制度、文化生活、科技发展等，是了解和研究中华早期文明的重要载体。

通过上述故宫藏品的论述，可以看到故宫收藏的最大特点在于它是在皇家收藏基础上的博物馆收藏，而皇家收藏具有国家象征意义。因此，故宫文化也具有国家象征意义，它不仅仅代表皇家文化，还代表整个国家和社会的文化。也就是说，故宫文化代表中华优秀传统文化，是中华优秀传统文化的浓缩和象征。

第三节　故宫文化的教育价值

故宫文化内涵丰富，是传统文化的象征。很多学者对故宫文化的历史、艺术、文化价值都有论述，但是对故宫文化在教育上的价值论述较少。在传统文化教育日益重要的今天，如何挖掘和阐述故宫文化的教育价值具有重要的意义。

历史上，19 世纪英国实证主义哲学家、社会学家和教育家斯宾塞（H. Spencer）最早提出教育价值问题。在英国资本主义迅速发展的阶段，为了突出科学教育，他提出了"什么知识最有价值"这一问题。他认为知识有无价值或知识价值的大小，应当看这种知识与人的生活的关系。从此，教育价值研究风靡一时，成为教育理论界的重要课题。本书所探讨的故宫文化的教育价值，是指故宫文化对教育的价值，即故宫文化对教育的发展有何种作用和影响、呈现何种意义等。

一、故宫文化是传统文化教育的重要内容

故宫文化是中华优秀传统文化的象征。作为传统文化教育，主要内容包

① 李学勤. 李学勤谈青铜器 青铜器入门之二　青铜器研究的五个方面［J］. 紫禁城，2009（02）：58-61.

括传统文化经典、传统文化常识和传统技艺三大方面。

所谓经典，是指在中华民族历史上具有典范性、权威性的著作。就中小学阶段学习的经典而言，主要包括流传广泛、影响深远的蒙书、脍炙人口的诗词歌赋等传统文学作品，以四书五经为核心的儒家典籍，以及具有代表性的史部、子部、集部著作。经典在故宫文化中随处可见，比如故宫建筑上的匾额、楹联，大多都是引用经典中的语句和典故。故宫博物院藏书以流传有序的清代宫中旧藏为主要特色。其渊源可上溯至宋元，风格特色鲜明。故宫中有尽善尽美的武英殿刻本、明清内府精抄本，品种繁多的历代佳刻、地方史志及满、蒙、藏等民族文字古籍等，都是善本旧籍。

康熙六年（公元 1667 年），玄烨亲政后"崇儒重道"，以儒家学说治国。他十分重视经筵，认为设立经筵表明帝王留心学问，勤求治理。康熙十年（公元 1671 年）二月，经筵正式举行，四月又开始日讲，令儒臣日日为其进讲经史文学，从未间断。康熙帝不仅自己潜心学习，而且令儒臣将讲官进讲《四书五经》的释文纂辑刊刻成书，供全国生员学习。康熙十六年（公元 1677 年）三月，他命儒臣喇沙里、陈廷敬等编撰刊刻《日讲四书解义》，并亲自写序。十二月书成。康熙帝认为《论语》《大学》《中庸》《孟子》体现了孔子、曾子、子思、孟子的思想，"四子之书得五经之精意而为言者也"，所以尤为推崇，在日讲诸书中首先刊刻《四书》。他在御制《日讲四书解义序》中明确宣布清廷要将治统与道统合一，以儒家学说为治国之具。日后，又刻有《日讲书经解义》《日讲易经解义》等。

康熙十九年（公元 1680 年），在西华门内武英殿设立刻书机构，在随后的 200 余年，武英殿先后刊行书籍数百种，这就是"武英殿刻本"（简称"殿本"）的由来。殿本以"钦定""御纂"等敕修方式产生，内容涉及经、史、子、集各类，凝聚着有清一代内廷众臣的集体智慧。

雍正四年（公元 1726 年）武英殿铜活字版《古今图书集成》印成问世，因为秉承的是康熙和雍正两位皇帝的旨意，所以也被称为《钦定古今图书集成》。此书 10 000 卷，目录 40 卷，陈梦雷辑，后由蒋廷锡奉敕校勘重编。这套书是我国现存规模最大的一部以铜活字刷印的古代类书。全书力图囊括天地间所有事物，把天地间一切事物分为历象、方舆、明伦、博物、理学和经济 6 个汇编。汇编之下设 32 典，每个典下又分部，共 6109 部。每个部中又分汇考、总论、图表、列传、艺文、选句、纪事、杂录以及外编等 9 事，分别辑录各方面各层次的资料。所录多将原书整部抄入，并注明出处。这本书具有四大特点：一是内容丰富，基本包容了清雍正朝以前我国古代社会所形成和积累的各个门类知识。二是图文并茂，全书共收录版刻插图 2000 余幅，花草树木、鸟兽虫鱼、器物用具、楼台亭阁等皆有图形其状；名山大川、省府县志皆有图冠其首。这些图的画法先进，艺术精良，为今日研究古代文物、科学技术、艺术、典章制度、社会风俗等提供了不可多得的形象资料。三是分类详细准确，编排科学，体例上亦多首创，检索方便。四是具有多种功能，把散见于各书中的关于某一门类内容的资料集中在一起，客观上起到专题资料汇编的作用，所以这套书深得各国学者重视，素有中国古代大百科全书之称。该书初版共印刷 64 部，至今仅存 10 余部，故宫博物院藏一部。这些珍贵古籍对于我们了解古代社会和古人的思想具有重要的价值。故宫现藏古籍种类繁多，很多都是中华优秀传统文化经典，是传统文化教育的重要内容，具有重要的教育价值。

所谓传统文化常识，是指在中国历史上广泛流传，广为人知的基础知识、生活经验和思想共识。这些常识包括日常礼仪文化、传统器物文化、传统民俗、传统社会结构和特征、传统思想文化、传统学术文化等。故宫文化的物质层和心物层的大量内容都属于传统文化常识。比如，故宫建筑常识、宫廷历史文化常识、明清两代典章制度、古代政治思想等。下面以明清两代中央政治制度为例，说明这些文化常识对于儿童青少年了解封建专制主义制度的教育价值和意义。

明清两朝的中枢制度、皇嗣制度、官僚制度、礼仪制度等是故宫文化的重要内容，也是传统文化教育的重要内容。了解明清两代的官僚政治制度，对于了解我国 2000 余年封建社会的发展规律，探讨封建社会长期缓慢发展的原因，特别是我国近四百年前为什么开始落后于西方，等等，都具有很高的教育价值和意义。同时，也可以把它当作一面历史的镜子，为认识我国几千年的国情提供一些启示和借鉴。

中国古代中枢制度从先秦时期的三公九卿制，到秦汉丞相制，到唐宋元的三省六部制，到了明初，沿袭元代三省六部，但洪武十三年（公元 1380 年），朱元璋以丞相胡惟庸案为由，废除中书省和丞相制，由皇帝直接统领六部，大大加强了皇权，君主专制更进一步。就这样，自秦汉延续 1500 余年的丞相制度就此结束。但是，皇帝直接与六部对话，事必躬亲，很难应付过来。于是，朱元璋设立四辅官、殿阁大学士，帮助他处理政务。永乐时期为配合翰林学士参与国政的需要，设立了一个附属于文渊阁的皇帝秘书班子内阁，并在奉天门内东角僻静处增开数间厢房，作为君臣商议国政时的办公地点，号称内阁，以避外廷之名，这就是明代内阁的由来。大家熟悉的主持纂修《永乐大典》的解缙就是这时被朱棣特批进入文渊阁，参与机务。阁臣作为皇帝御前顾问，是天子的近臣，洪武、永乐时期内阁大学士为正五品，随着时间的推移，内阁的权力逐渐增长。到嘉靖时期，内阁制度渐趋完善，并有首辅、次辅、群辅，于是出现了夏言、徐阶、高拱、张居正等一大批名留青史的权臣。他们虽然表面上位尊权重，但毕竟与宰相不能同日而语，他们没有宰相之名，也没有宰相之权，因为明代内阁始终不是六部等中央行政部门的上级，也不是法定的中央一级行政机关。内阁大学士仅是皇帝的政治顾问、助手而已，并且受到宦官的制约，皇帝集权时，就要听命于皇帝，所以内阁基本上依附于皇权，本质上是皇权的外延与扩张。因此，明代的内阁制度是明朝最高统治者推行专制独裁的产物，是为君主集权的需要而产生的，标志着我国封建君主专制制度发展到了一个更高的历史阶段。

清代的中枢制度经历了议政王大臣会议、内三院、内阁、南书房、军机处的演进过程。清初，他们实行议政王大臣会议制度，是由议政王和议政王大臣共同决策军国大事的一种重要组织形式。议政王大臣会议发挥关键的决策作用，甚至连皇位的继承问题都由其决定。顺治帝福临就是由议政王大臣会议推选出来的。多尔衮和鳌拜，都曾操纵议政王大臣会议并把持朝政数年之久。天聪十年（公元 1636 年），皇太极将原来掌管翻译文书、记注国史、出纳奏章、传宣诏令、办理“国书”、撰写功臣敕书的“文馆”改为内三院，即内国史院、内秘书院、内弘文院，分任职掌。内三院共设大学士四人（内秘书院二人），学士十五人。这样，行政机关与军政机关的分别设立，改变了过去军政不分、文武合一的格局，国家中央组织机构日趋完善。而内三院大学士也由单纯办理文书事务，开始在一定程度上能够参与议政。所以内三院已初具内阁的规模，且包含翰林院的职掌。康熙帝清除鳌拜及其同党后，于康熙九年（公元 1670 年）八月，“命改内三院为内阁，设立翰林院”。至此，清代内阁之制稳定。康熙十六年（公元 1677 年）十月，康熙下旨设立南书房，虽然表面上是“常侍左右，讲究文义”，但实际上是将颁布谕旨，起草诏书的权力交给了南书房，桐城人张英就是首批入直南书房的侍讲学士。康熙设置南书房作为御用的秘书机构，主要目的是架空议政王大臣会议和内阁的权力。就南书房实际发挥的作用而言，它也确实起到了加强皇权的预期效果，成为康熙皇帝削弱贵族和外朝权力的重要工具。雍正皇帝即位后，内阁中的满洲大学士仍拥有较大的权力，继续与议政王大臣遥相呼应，严重影响着封建专制主义中央集权制的稳定。雍正帝在与坚持“议政制”的满族亲贵的斗争中，以“紧急处理西北军务”为契机设立了“军机处”，终于为封建专制主义皇权的进一步发展扫除了障碍。可以说，清代中央集权在这个时期达到了中国封建社会的顶峰。

回顾明清两代中央政治制度，不仅可以从历史档案和文献资料中对中枢制度有更加理性的认识，还可以通过故宫实地考察加深对明清中央集权政治的感性认识。比如，实地考察故宫文渊阁、文华殿、武英殿、中和殿、保和殿、内阁大堂、南书房、军机处、太和门、乾清门、养心殿等明清两代中央行使权力的地方，结合历史档案和文化常识，就可以更好地理解比较抽象的明清两代中央政治制度，更加深刻地理解中国封建专制主义的实质和历史意义，从而树立正确的辩证唯物主义历史观念。

所谓传统技艺，指的是需要长时间反复演练才能习得和掌握的富于技巧性的游戏、手艺、艺术和工艺等。中华传统技艺有的在于愉悦心性，如琴棋书画，有的是满足生活之需，如制陶纺织、印染刺绣、冶炼铸造、炮制中药等。故宫文化在这些方面既有大量有形的物质文化遗产，也有大量无形的非物质文化遗产。这些内容都是中华优秀传统文化教育的重要内容，对于培养青少年德智体美劳全面发展具有重要的教育价值和意义。下面以故宫宫廷绘画为例说明中国绘画技艺发展的历史和特点，从中体会中国绘画的文化意蕴和思想内涵。

明代宫廷绘画主要是指围绕封建帝王生活、行政而进行的绘画创作，以宫廷画家的创作为主体，也包括帝王、后妃的画作，以及朝臣和地方官员向宫廷进献的画作。明代宫廷画主要继承了宋代画院画法，形成了自己的风格，被史评家称为院体或院派。一般明代宫廷划分为三个阶段：一是洪武、永乐时期的初创阶段，二是宣德至弘治时期的繁盛阶段，三是正德以后的衰落阶段。宣德时期，明宣宗朱瞻基好诗文书画，内廷画家云集，代表作是商喜所画的《明宣宗行乐图》。此图表现了明宣宗皇帝出行游猎的场面，人物众多，描绘细致。画中一队人马出宫苑入林郊，浩浩荡荡。坡岗上树茂花繁，溪水潺潺，林木间飞鸟走兽成双成对。宣宗居队伍之首，身材魁梧，体态雍容，头戴黑色尖顶圆帽，身着红色窄袖衣，外罩黄色长褂。据文献记载，明初皇帝在日常生活中，尤其是骑射出行时的冠服仍保留金、元遗制，图中宣宗的装束证实了文献的记载，确实具有"胡服"的特色。尖顶圆帽源自元代的"笠子帽"，无领无袖的大褂在元代称"比甲"，是射猎服。宣宗的形象略大于其他人，这是古时人物画常用的手法，以突出主角的尊崇地位。随从众人面貌各异，显示出纪实的笔法。画法工细，设色浓丽。作品构图严密，景物起伏错落，穿插有序，背景与人的比例并不完全符合自然，体现了中国古代画家对空间概念的独特理解。

清代延续前代做法，召集画家进入宫廷，进行绘画创作。清代在宫廷供职的画家除民间画家外，还有欧洲来华的传教士画家，如郎世宁等。宫廷绘画大致可分为纪实绘画、装饰绘画、历史题材绘画和宗教绘画四类。从这些绘画作品中，我们不仅可以了解清宫当时的生活场景、历史事件、人物活动等各种信息，而且可以探究清宫绘画的技巧风格。它们既是一幅幅展现清代社会的历史画卷，也是具有"中西合璧"时代特色的绘画艺术精品。除清宫绘画作品外，清宫旧藏绘画作品也种类繁多，价值极高。最有名的就是乾隆、嘉庆时期编纂的《石渠宝笈》，收录了我国上迄魏晋，下至清初近 2000 年书画名家最优秀的书画作品达 12 000 余种，是中华民族历史和艺术史上珍贵的文化遗产。其中《五牛图》《千里江山图》《清明上河图》《富春山居图》等传世名画都被收编在这一著录中。

二、故宫文化促进人全面而有个性的发展

故宫文化的三层次结构表明故宫文化的教育价值在这三个层次上都有所表现。从故宫文化物质层看，理解故宫文化最直观的方式就是参观故宫，实地考察故宫的建筑、藏品，对故宫文化有感性的认识，直接与故宫接触，从物质层了解故宫。当青少年置于身恢宏壮丽的故宫建筑，历史纵深感和代入感就会油然而生，对故宫历史和文化的感知要比书本和课堂来得更加真切，教育效果就要更好，这正是故宫文化物质层在教育上的价值。从故宫文化心理层看，故宫文化代表的是中华文化的核心思想理念和人文精神，比较抽象，但故宫文化的心理层内容都是通过故宫建筑、藏品、宫廷历史等反映出来的，这使得对传统文化精神的理解有了直观的依托。从故宫文化的心物层看，故宫文化为青少年提供了大量珍贵翔实的历史档案、文献，以及文化常识、技艺等学习的条件和机会，青少年对文化的理解有了更多的学习材料和载体。故宫文化促进青少年文化理解与传承，根本上是促进青少年德智体美劳全面发展。

在德育方面，故宫文化中蕴含的中华传统美德对于青少年形成良好的行为习惯和思想道德具有重要的意义。道德教育不是简单的说教，更不是假大空，而是要结合学生年龄和身心发展规律，潜移默化、生动有趣地通过体验来增强德育实效性。故宫文化中有大量的中华优秀传统文化故事，这些故事能够启发青少年道德心智，激发道德情感，从知情意行循序渐进，达到道德情感的内化。比如，孝老爱亲是中华传统美德，这一点在故宫文化中也能找到很多例证。被称为千古一帝的康熙皇帝，为人称道的不仅是他的雄才大略，还有他的孝道。康熙 7 岁丧父，9 岁丧母，缺少父母疼爱。幸亏他有祖母孝庄太皇太后的关爱、培养和教育。康熙与祖母感情深厚，遵循祖制，每日尽敬请安；至德纯孝，六奉祖母洗温泉；为圆凤愿，不畏艰险上五台；病榻之前，大孝性成超千古。① 康熙为祖母所做的一切、所尽的孝道，不仅仅是对祖母孝敬的朴素感情，也是遵守儒家伦理提倡的"君子务本，本立而道生。孝悌也者，其为仁之本与!"，更是将孝的意义延伸至以孝治天下。康熙晚年，举行"千叟宴"，在全社会提倡敬老并为天下做出表率。故宫文化中诸如此类的中

---

① 葛会英. 康熙孝道垂后裔［J］. 档案，2006（01）：19-21.

华传统美德故事还有很多，对于青少年传承美德具有重要借鉴意义。

在智育方面，故宫文化中大量的传统文化常识和传统技艺都值得学习和探究。故宫文化不都是一眼就能看清楚的，也不是不需辨别就能全盘吸收的，这需要严谨科学的态度，既要有浓厚的兴趣，又要有批判性思维，运用所学知识对故宫文化进行项目式学习、研究性学习，发现故宫文化与当代文化结合点，在故宫文化的学习过程中促进思维发展，培养创新精神和实践能力。比如，走进故宫的人都能看见大殿前的鎏金铜缸，有好奇心的同学就会问，古代是怎样在铜器外面镀上一层金的？查阅文献可知，我国从战国时期开始，人们就掌握了在银、铜等金属器物表面镀上一层黄金的工艺，这就是鎏金工艺。具体做法是，在器物表面涂抹金水与水银混合的溶液，然后加热使得水银挥发，金就附着于器物的表面。鎏金的原理在于黄金可溶解于水银中，形成液态的金汞合金，而水银常温下是液态且易于挥发，加热后合金中的水银挥发，这样就留下金在金属物表面。那么，现代镀金工艺又是如何呢？通过高中化学知识就可以知道，电镀时，镀层金属或其他不溶性电镀时，镀层金属或其他不溶性材料做阳极，待镀的工件做阴极，镀层金属的阳离子在待镀工件表面被还原，形成镀层。我们通过这种探究式的学习，不仅可以对现代镀金工艺与电化学知识有更深刻的认识，而且能够为中国古代科学技术的成就感到自豪，更重要的是从中体验到知识探究的乐趣，提升学习能力。

在体育方面，古代有六艺——礼、乐、射、御、书、数，其中射和御就是体育方面的内容。故宫藏品以及明清两代宫廷文化中都含有大量与体育文化相关的内容。比如，在故宫收藏的战国时代的青铜器上就有当时人们体育运动的图案，其中就有两人正在持弓射箭这种竞射的场面，在古代称为射礼。西周青铜器的铭文里也有射礼的记载，这表明射箭这项运动从那时就有。故宫里有箭亭，这是清代皇帝及其子孙练习骑马射箭的地方，也是武进士参加殿试的地方。景山公园里还有观德殿，取自"射以观德"，由此表明体育运动与品德养成之间的关系。故宫还收藏有一件宋代磁州窑烧制的白底黑花马术纹枕，表明宋代马术是当时流行的一项体育运动。明清体育是中国古代体育发展的最后一个高峰，武术是明代已经发展成形的体育运动。作为北方民族的清代统治者，使摔跤、冰嬉、狩猎等在这一时期成为时尚，但是从战国时期就有的，到唐宋时期流行的蹴鞠等球类运动在清代却逐渐衰落。通过对中国传统体育运动的学习和了解，不仅可以掌握民族体育运动技能，传承民族体育文化，而且还可以了解古人的运动理念和精神，了解古人的生活情趣和精神世界，特别指出的是，中国传统体育运动不仅强调健身强体，更强调品德修养。

在美育方面，故宫是一座美丽的建筑群，从内到外都散发着美。这种美有历史的厚重之美，有色彩的绚丽之美，有布局的对称之美，有造型的壮观之美。故宫藏品更是凝结着古人追求精益求精之美，蕴含着匠心独运之美，诠释着中国古典之美。可以说，故宫是开展青少年美育的大课堂，无论是欣赏故宫大量的书画、陶瓷、青铜器、钟表、珍宝等艺术作品，还是探究故宫文化背后的美的意蕴，这些都是美育熏陶、提升审美能力和艺术修养的重要途径。蔡元培一生重视科学和美育，在博物馆的教育作用中，蔡元培特别强调博物馆对于美育和科学教育的意义①。故宫文化的美育价值还远远没有被开发出来，从 2015 年的故宫《石渠宝笈》特展到 2020 年千古风流人物苏轼主题书画特展，虽然这些展览极大地激发了公众走进故宫、欣赏古代艺术珍品的热情，"故宫跑"成为社会热点，但是从艺术欣赏和美育普及的角度来看，还需要进一步提升公众的艺术欣赏能力，从而更好地发挥故宫的美育功能。这表明，需要挖掘故宫文化的美育价值，设计开发更多提升大众，特别是提升青少年欣赏美、理解美和创造美的能力的活动和产品。

在劳动教育方面，故宫是古代劳动人民智慧的结晶，也是现代科技人员、文物保护专家等无数劳动者智慧工作的对象和成果。劳动教育是国民教育体系的重要内容，是学生成长的必要途径，具有树德、增智、强体、育美的综合育人价值。② 劳动教育不仅仅是做点家务劳动，也不仅仅是参加学农学工活动，而是培养学生树立劳动观念、热爱劳动、尊重劳动者，培养其奋斗创新的劳动精神，使其具备劳动能力、养成劳动习惯。故宫文化的一切都是劳动的果实，蕴含着中华民族智慧劳动、创造劳动的精神。无论是巧夺天工的世界最大的木结构建筑群，还是精美绝伦的奇珍异宝、钟表仪器，都是劳动教育丰富的内容和素材。作为国家非物质文化遗产的官式古建筑营造技艺，是故宫留给我们的宝贵遗产。这些技艺俗称故宫"八大作"，即"瓦木石扎土，油漆彩画糊"。瓦作工艺主要是在古建筑的地面、墙面、屋顶三个部分，如砌砖、铺地、铺瓦等。故宫里那金黄的琉璃瓦、朱红色的宫墙和油光发亮的金砖地面都是瓦作工匠的作品。木作工艺分为大木作和小木作，大木作主要是指古建筑中的大的木结构制作，如立柱和房梁、斗拱等。小木作是指门窗户扇，屋内的木制装修等。石作是指古建筑中的石构件的制作。故宫许多建筑都是建在石台基之上，这些石台基、石头地面、石桥以及石栏杆、望柱，还有石丹陛浮雕，比如保和殿后面故宫里最大的云龙大石雕就是石作的成果。扎彩作，也叫搭材作，相当于现代建筑的搭脚手架技艺。令人印象深刻的是清代光绪皇帝大婚前，太和门被大火烧毁，于是只能请扎彩作匠人用竹竿、

---

① 秦素银. 蔡元培的博物馆理论与实践［J］. 中国博物馆，2007（04）：98-104.
② 中共中央国务院关于全面加强新时代大中小学劳动教育的意见［J］. 中华人民共和国国务院公报，2020（10）：7-11.

彩纸、绸缎等扎了一座太和门。土作是指台基、土基等土方工程的制作技艺。故宫的地基一般是一层碎砖、一层灰土，厚度在1.2~3.1米之间，专家戏称"千层饼"，这些都是土作匠人费尽心血铸成的。油作，主要是为保护和装饰木构件，在木材表面涂刷油漆。故宫里的门、窗、柱子的外面都有很多层厚厚的油漆。彩画作是在木构件表面绘制图案花纹，具有装饰古建筑和标识建筑等级的功能。故宫的屋檐、斗拱、天花板等上面都有各种各样的美丽彩画，所谓雕梁画栋，就是彩画作匠人的美术作品。裱作，就是"糊"，是八大作中最后一道工序，主要是指用纸张和织物来糊饰室内顶棚、墙壁以及窗户等建筑构件的工艺。据说故宫里最早使用玻璃窗户的是雍正皇帝，他命人在养心殿安装了故宫的第一块玻璃窗户。在此之前，窗户都是用纸来裱糊的。室内的顶棚也是用纸来裱糊的，最有名的是乾隆花园里倦勤斋的屋顶用的是现代透视方法画的一幅通景画。总之，官式古建筑营造技艺是故宫里无数匠人留下来的宝贵遗产，是工程、人文、艺术等多门学科的综合，这些对开展青少年劳动教育具有重要的价值。

综上所述，故宫文化不仅仅是青少年传统文化的教育内容，更是促进青少年德智体美劳全面发展的重要资源。故宫文化的学习是一种综合的学习，故宫文化教育是五育融合的教育，必将对青少年全面而有个性的发展发挥出积极而独特的作用。

三、故宫文化促进家校社教育协同

故宫文化，特别是传统文化教育，不仅是学校教育的重要内容，而且对社会教育和家庭教育具有重要的启示和借鉴意义。由于博物馆具有社会教育功能，故宫博物院的馆藏以及背后蕴含的故宫文化，为家庭、学校和社会三方教育协同发展提供了教育内容和环境支持。故宫留有与皇家教育相关的多处遗迹和大量文物资料，从中我们可以探寻皇家教育特点和教子方式，下面以清代皇子教育中经筵进讲制度为例做一个介绍。

清太宗皇太极夺取政权后认识到儒家文化的重要作用，从而产生了以儒家文化教育皇子及宗室子弟的想法，首开清代皇子教育与经筵制度。[①] 在清朝初期，皇子并没有受到系统的教育，顺治和康熙都是在年幼时即位，所以他们在儒家文化教育方面主要是依靠经筵进讲。所谓经筵进讲，就是封建时代为君王研读史书、学习治国理政的御前讲座。史载汉宣帝曾命儒臣讲五经于石渠阁，唐玄宗置集贤院日讲经史。到了宋代，始有"经筵"之正式称谓，并置学士，规定时日入侍讲读。但是，上述经筵之事始终未能制度化，把经

---

① 许静. 清代皇子教育对经筵的影响 ［J］. 紫禁城，2019（08）：76-97.

筵建成国家经制中的一项崇高制度，是明代中叶之初才确立的①。康熙十分重视经筵制度，每年春、秋各举行一次经筵。他对日讲也非常重视，要求寒暑不辍，将日讲变成日常功课，甚至在外出和战事期间也不间断。到了康熙朝中期，康熙对皇子们的教育越来越重视，按照经筵的仪式，给皇子们任命翰林院官作皇子的日讲官，教授儒家文化和治国方略。康熙以自己读书的标准来要求诸皇子，《康熙朝起居注》中记载："朕幼年读书，必以一百二十遍为率，盖不如此，则义理不能淹贯，故教太子及诸皇子读书皆是如此。顾八代曾言其太多，谓只需数十遍便足，朕殊不以为然。"雍正朝之后，皇子教育更加完备。乾隆皇帝对皇子们的师傅提出明确要求。直到清朝末代皇帝溥仪时，皇子教育和皇帝的学习都抓得很紧，他的老师庄士敦在书中写道："我第一次入宫时，皇帝的学习时间是这样安排的：每天早上（夏天五点半，冬天六点），陈宝琛先进宫，大概七点半左右，陈宝琛讲课结束，准备出宫。……八点半左右，就轮到满族帝师伊克坦授课了。十点到十一点之间，朱益藩开始上课。下午一点左右，就轮到我了。我一般讲两小时左右。②"

　　从这里可以看出，皇家的经筵进讲制度是将皇子教育、国家治理、学术研讨等整合在一起。用今天的教育眼光来看，它有效地整合了家庭教育、社会教育和学校教育的三种功能，对于当时的皇家教育来说具有重要的现实意义。这一点对于当代教育而言，就是家长要善于利用社会教育资源，将家庭教育或者是家庭（亲子）活动融入社会活动之中。换言之，就是要有正确的家庭教育观念和方式，不能把家庭教育简单地理解为在家里的教育。父母需要带着孩子，和孩子一起参加社会活动，如公益活动、义务劳动、志愿服务，还有其他一些职业体验等，将教育的内容不仅仅局限在学校所学的知识上，教育的方式不仅仅局限在简单的说教上。

　　经筵进讲不仅是一项教育制度，也是一种教育方式，还是一种十分严格的教育模式。这对于这些皇子们意志品质的锻炼和健全人格的养成有着重要的作用。皇家虽然有着无与伦比的优越条件，但是还有如此一丝不苟的家教，这一点值得我们当代家庭学习。反观今天家庭教育的现状，还存在着一些家庭条件优越，但对子女教育却很随意，甚至娇生惯养、放任不管的情况，也还有父母辈和祖父母辈教育观念不一致，导致"家教家规"混乱，给孩子造成不良影响的现象。经筵进讲不仅重视对老师的挑选，而且重视每天的坚持，可以说，清朝皇子们的学习生活和今天的孩子们比起来，一点儿也不轻松。这些对于当代家庭教育注重从孩子良好的行为习惯养成做起，立好"家规家

① 杨业进. 明代经筵制度与内阁［J］. 故宫博物院院刊，1990（02）：79-87.
② 庄士敦. 暮色紫禁城［M］. 北京：华文出版社，2011：147.

法"，培养孩子坚韧刻苦、奋斗拼搏、积极乐观、抗压耐挫等意志品质和良好人格都具有重要借鉴意义。此外，对于当代家长而言，需要总结家庭教育中的成功经验和失败教训，不断改进教育子女的方式方法，逐渐丰富或建立起符合家庭实际的家规家训，当代家庭教育从中借鉴的应该是其中符合当代价值标准的内容，培养孩子成为有规则意识和家庭观念的新时代青少年。

经筵进讲制度的完备还体现在皇家教育有比较系统完备的"教材"，除了传统的儒家经典，还有专门为皇子们学习的"课本"。比如，故宫博物院藏的《养正图》，又称《圣功图》，就是带有启蒙教育性质的作品，明清两代均有绘制。此套册页共十开，画面内容皆为历代贤明君主的故事。绘画部分由宫廷画家冷枚绘制，对题由张若霭书写对应故事情节的文字。两者配合，图文并茂，能够起到以史为鉴、以图育人的教育目的。皇子们观摩此册，意在学习为君之道。《养正图》强调人的成长应从修身养性开始，要有健康人格。这表明皇家教育特别注重这种内心的修为，而不仅仅是知识的获取。从这里可以看到皇家教育也不是死板的教育，而是通过这种"小人书"讲述"小故事、大道理"，既符合孩子们的心理，通俗易懂，又增添了教育的趣味，一张一弛。当代中国社会环境、社会观念、家庭结构都发生了重大变化。家庭、学校、社会都高度关注教育，但三者的功能定位出现了一定程度的错位：家庭教育逐渐向学校教育靠拢，导致家庭把主要精力放在孩子的知识教育上，担心孩子输在起跑线上；学校教育中的竞争压力蔓延到家庭，导致家庭教育本应关注孩子健康人格、良好个性品质和行为习惯养成等内容被忽视。因此，家庭教育首先要解决的就是孩子内心世界的问题，家长不要被外界很多浮躁和功利的东西所困惑，在教育观念上需要从急功近利、过度焦虑中扭转过来，注重孩子内心的感受，用历史和现实中的励志故事，寓教于乐，引导孩子涵养心性，培养孩子既要有奋发进取、心胸开阔、顽强奋斗的心理品质，也要有孩子们的童心、童趣，让孩子们的童年充满更多的色彩。其次是注重孩子行为习惯的养成，在家庭中讨论的不仅仅是孩子在学校的学习情况、学习成绩，而且要关注孩子的心理健康，让家庭氛围与学校形成差异，让家庭成为孩子心灵的港湾，让孩子能够把在学校和社会上感受到的压力在家庭父母那里有效地释放出来。最后是注意发现、保护和培养孩子的兴趣爱好和特长，让孩子在学习和生活中树立自信，鼓励孩子将个人的兴趣爱好坚持下去，不要因为学业负担就放弃一些个人爱好，因为培养爱好兴趣恰恰是涵养心性的最好途径。

清朝皇子大都受到了良好的皇家教育，整体素质在历朝皇族中较高。其原因除了有严格完备的教育制度，如经筵进讲制度，还有清朝十分重视家训、家风建设。这些都可以从故宫博物院保存的皇家家训和其他档案材料里得到验证。

在家训方面，以《庭训格言》为例谈谈康熙教子方式。《庭训格言》是雍正将其父亲康熙在教育子女过程中的言语和内容进行整理记录后的一本训词家训。从这本家训中可以看到康熙是如何教育子女的，以及康熙的家庭教育观念和教育方法，其中比较突出的一个特点是身教重于言教。比如，康熙帝自幼读书习字，勤奋用功，他经常对儿孙和臣下谈起自己学习书法的情形。《庭训格言》中记载："朕自幼嗜书法，凡见古人墨迹，必临一过。所临之条幅手卷，将及万余……书法为六艺之一，而游艺为圣学之成功，以其为心体所寓也……大概书法，心正则笔正，书大字如小字。此正古人所谓心正气和，掌虚指实，得之于心而应之于手也。"可见康熙对书法的浓厚兴趣和深刻体会。书法之研习重在气定神闲、镇定自若，所以学习书法亦可锻炼心气、涵养内心。即使是书法以外之事，也可做到得心应手。同时，书法等技艺的学习，也要像读书明理一样勤勉不弃，"人勤习一事，则身增一艺，若荒疏则废弃也"①。清代内廷机构南书房的设立很大程度上是满足他对书法的喜好，南书房在乾清门内西廊下，距离康熙居住的乾清宫很近，当时的翰林侍讲学士张英等与康熙一起挥毫、唱和，相当于现在的书法沙龙。众多皇子从父亲康熙的这种身教当中不仅学习到了书法的技艺，更重要的是能够领悟到书法对于内心的涵养，以及对做事、做人的启发。

《庭训格言》里还记载着康熙这样一段话："人在幼稚，精神专一通利；长成以后，则思虑散逸外驰。是故应须早学，勿失机会。朕七八岁所读之经书，至今五六十年，犹不遗忘。至于二十以外所读经书，数月不温，即至荒疏矣。然人或有幼年遭逢坎壈，失于早学，则于盛年尤当励志。盖幼而学者，如日出之光；壮而学者，如炳烛之光。虽学之迟者，亦犹贤乎始终不学者也。"② 这段话表明康熙主张家教要趁早，要严格。这种早教严教的家教理念对于今天家长从小教育引导孩子形成良好的行为习惯、正确的价值观念以及"立志于学"仍有启发意义。现代心理学研究表明，人的很多行为习惯和自主性、独立性等人格的养成，还有重要的心理品质形成都有其关键时期，这些时期大都集中在婴幼儿和小学阶段。另外，一些不良的行为习惯、个性品质的形成，也与这段时期密切相关。这些正反两方面的情况都证明了人的早期教育非常重要，而这段时期的教育主要是家庭教育。这也正好说明康熙提出的"应须早学，勿失机会"是有道理的。因此，家庭教育要从孩子很小的时候抓起，个别家长在对待孩子的一些行为习惯时不要抱有"孩子还小，长大

① 刘亚东. 从《庭训格言》看康熙帝的治学理念［J］. 西安文理学院学报（社会科学版），2021，24（01）：59-65.

② 庭训格言［M］//四库全书本：第717册. 上海：上海古籍出版社，1987：661.

了就明白了"的简单想法，同时，要按照孩子的成长规律循序渐进地科学教育，这样就会发挥出家庭教育在人成长"早期"的关键作用。此外，这种"早学"不仅是简单学习文化知识，还要包括各种行为习惯的养成等，正如康熙晚年回忆他皇子时代所受到的教育那样："奉圣祖母慈训，凡饮食、动履、言语皆有矩度。虽平居独处，亦教以无敢越秩，少不然，即加督过，赖是以克有成。"

在家风方面，故宫的大量清宫档案都表明清朝皇家家风严谨，崇文尚武，再加上清朝统治者来自满族，注重对汉文化，特别是儒家文化的学习。下面以故宫的书房文化为例看看清朝皇家家风建设。清宫中有多处书房，从书房的功能看，主要是皇帝与皇子受业的场所，如乾清宫之西的弘德殿，顺治十四年（公元1657年）在此以开日讲祭告先师孔子。康熙年间，康熙皇帝在弘德殿命讲官进讲四书五经，并与讲官论及吏治之道，或者吟诗作赋。同治年间，奉两宫皇太后懿旨，同治皇帝在弘德殿入学读书，时有弘德殿书房之称。顺治朝开始经筵进讲是在保和殿，因此保和殿与弘德殿成为最早具有教育功能的书房。还有乾清门的上书房，尚书房（后改为上书房）之名始于康熙三十二年（公元1682年），曾设在紫禁城内南薰殿西长房、懋勤殿、咸福宫和兆样所等处，雍正时设于乾清宫东南庑北向，以后固定下来，这就是"皇子学校"，设在此处目的就是"近在禁御，以便上稽察也"。文华殿是明清两代举行经筵进讲的地方，所以文华殿也是皇帝学习的书房。宫内最后一所皇帝受业的书房是毓庆宫。书房的另一个功能是作为词臣入值的地方。如前文提到的南书房，还有南书房以北的懋勤殿。书房的再一个功能是作为阅览室。清宫最早的以藏书为主的书房是昭仁殿，"天禄琳琅"就存列于此。景阳宫后殿学诗堂为宫内第二所以藏书为主的书房。在文华殿北边的文渊阁，建于乾隆四十一年（公元1776年），是故宫里最大的藏书处，可以说是故宫图书馆，《永乐大典》（收录在《四库全书》内）、《古今图书集成》和《四库全书》当年都收藏在此。在御花园堆秀山东侧是摛藻堂，摛藻堂的西耳房曾经是乾隆皇帝最喜欢的一间书房。清朝时此地主要用于贮藏《四库全书荟要》，供乾隆皇帝随时翻阅。书房还有一类是为皇帝私人修养心性的地方。有的是皇帝批阅奏章的地方，康熙时期乾清宫区的懋勤殿，雍正帝设于养心殿西暖阁的勤政亲贤殿。有的是皇帝习文写字、修身养性的地方，如养心殿里的三希堂，重华宫区的长春书屋，漱芳斋区的静息轩，建福宫区的静怡轩与敬胜斋，宁寿宫区的乐寿堂、倦勤斋，等等。

故宫里这些大大小小的书房，功能多样，既反映了清朝历代皇帝生活的变化，也体现了宫内皇家读书文化发展的过程。这对当代家庭教育有两方面的启示。一是家庭教育是全天候的教育，是一种生活教育，既要言传，更要身教。父母与子女生活在一起，父母的言行举止对于尚未有价值判断力的孩子来说影响巨大。正确认识家长在家庭教育中的角色和作用是做好当代家长的重要前提。由于当代社会家庭结构与传统社会的大家庭不同，父母与子女之间容易走向一种身份不明的状态，家长对自己的身份定位不准，没有树立家长权威，导致出现孩子任性、不听家长教导等问题。强调这一点的意思不是搞封建家长制，不是要家长与孩子在人格上不平等，而是要求家长在成为父母的那一刻起就要意识到自己的身份，在孩子的教育上真正地负起责任来。家长在家庭教育过程中要认识到自己作为教育者的角色和开展的教育，既不同于学校的老师，也不同于社会教育里的教育工作者。家长是孩子的陪伴者、引导者和最亲的人。二是营造有利于孩子身心健康成长的家庭环境氛围是良好家风的重要表现。从家庭教育的角度来看故宫书房文化，这是皇家的家风环境营造的一种氛围，在这样一种浓郁的书香氛围中，皇子们耳濡目染、潜移默化，对儒家文化有了更深的体验和感悟，这无疑增强了他们的人文底蕴。对现在的家庭而言，营造温馨和谐的家庭氛围对孩子的成长非常关键。比如，要让孩子多读书，自己就要少在孩子面前刷手机、看电视，而是和孩子一起看看书，营造爱读书的家庭氛围，用优良的家风家教培养青少年。再有父母不能在孩子面前吵架，不能在孩子面前出现教育上的不一致，不能在孩子面前议论学校教育的不足，等等。

作为中华文化象征的故宫文化内涵丰富深远，它与家庭教育相关联的内容也十分丰富，其对当代家庭教育的重要借鉴意义，还需要进一步挖掘和梳理。家庭教育吸收借鉴故宫文化也还有一个漫长的过程：在价值取向上，应以世界眼光、中国立场来看待中华优秀传统文化，既要有文化自尊和文化自信，也要有文化理解和文化包容;① 在内容完善上，应吸收故宫文化的有益成分，丰富当代家庭教育理论，将符合当代价值的内容纳入家庭教育教材和读本之中；在实践改进上，搭建博物馆与家庭教育的活动平台，创新家庭教育形式，提升家长教育能力，推动家庭教育理论与实践的发展。

---

① 中国教育学会. 中小学传统文化教育指导标准［M］. 北京：北京师范大学出版社，2019：12.

第三章

故宫课程群的性质和理念

故宫作为中华优秀传统文化的宝库，是青少年学习中华优秀传统文化的重要场所。将故宫中的文化资源转化为青少年教育的课程资源，既是学校教育利用社会资源开放办学的需要，也是故宫作为博物馆发挥社会教育功能的重要体现。故宫课程群是这一转化的典型成果，它具备课程要素和功能，具有教育属性，是中华优秀传统文化教育的重要载体。同时，它努力阐释故宫文化的深刻内涵并发挥故宫文化的教育价值，具有文化属性，把故宫文化与社会大众相连接，架起家庭、学校和社会之间的桥梁，也为热心故宫文化研究和传播的人们提供平台和途径。

第一节　故宫课程群的性质

故宫课程群是依托故宫博物院的课程资源，根据国家课程标准，从青少年的实际需要出发，以传承弘扬中华优秀传统文化、培养当代青少年文化自信为目标，整合各学科课程内容，按照一定的主题开发的课程群体。故宫课程群是一类具有人文性、基础性、综合性、实践性、开放性的课程。

一、人文性

故宫课程群的目标体现为以人为本。课程围绕立德树人的根本任务，立足传统文化教育，以当代儿童青少年视角思考和设计课程的内容、结构、呈现方式等，关注青少年在现实生活中的文化认知和理解，从激发青少年对传统文化兴趣入手，通过生动有趣的故事和情境引起青少年对故宫文化的好奇和探究。广大青少年通过故宫课程群的学习能够全方位了解故宫博物院，体会中国古代劳动人民的智慧，树立保护人类优秀文化遗产观念和可持续发展理念，树立民族文化自豪感和自信心，提高跨文化交流能力。青少年通过对以故宫文化为代表的中华优秀传统文化知识的理解和掌握，将会增强对中华文化的文化认同、提高文化自觉和文化自信，成为具有中华优秀传统文化底蕴和责任担当的时代新人。

故宫课程群的内容突出人文思想。课程在故宫历史、建筑、人物、艺术、美学、哲学等各方面的文化知识传播过程中渗透着深厚的中华优秀传统文化中的人文思想，这种人文性既可以体现出中华优秀传统文化蕴含的核心思想理念，如革故鼎新、与时俱进的思想，道法自然、天人合一的思想等；又能融入中华传统美德教育，如天下兴亡、匹夫有责的担当意识等；同时还弘扬了中华人文精神，如求同存异、和而不同的处世方法，文以载道、以文化人的教化思想，形神兼备、情景交融的美学追求，俭约自守、中和泰和的生活理念等①。

故宫课程群不仅仅停留在故宫文化知识层面的介绍和了解上，而是在了解故宫文化知识的基础上更深一层理解其文化内涵，理性看待和分析故宫文化的时代意义和价值，真正提高文化理解能力和人文素养，为文化发展和创新提供思想源泉。另外，故宫课程群摈弃功利色彩和轰动效应，坚持以人文性体现其课程属性和教育属性，坚持从故宫文化的根源上发掘能打动人、启发人、引领人的素材和资源，满足青少年全面发展和健康成长的需要。

以"故宫历史"课程为例，青少年通过北京城和紫禁城的营建史料，可以知道北京从最初作为封国，到金朝正式建都，再到元明清成为国家都城的发展历程。课程引导青少年从历史、地理、政治等多角度思考北京城和紫禁城的营建历史对于今天有些什么启示和借鉴，古代都城与现代都城有哪些异同点，北京作为中华人民共和国首都为什么是全国文化中心，又该如何建设全国文化中心等具有人文性的问题。在课程的学习中，学生运用历史的思维，关注自己生活的城市或地区，主动了解家乡的历史和文化，从而养成热爱家乡、热爱首都、热爱祖国的深厚感情。

二、基础性

故宫课程群旨在为青少年学习中华优秀传统文化和终身发展打下良好的基础。青少年是故宫课程群主要服务对象，他们正处于人生成长的关键时期，所接受的教育总体上都是基础教育。因此，故宫课程群的内容与基础教育阶段的学校教育内容相匹配。虽然故宫文化博大精深，从专业角度看，涉及人文社会科学和自然科学领域的很多学科和专业，但对于学生而言，只有把故宫课程内容与学校必修课程里的基础知识、基本技能，以及各个学科的基本思想方法相融合，注重提升学生发展核心素养，才能为今后的学习和生活打

---

① 中共中央办公厅，国务院办公厅．关于实施中华优秀传统文化传承发展工程的意见［J］．中华人民共和国国务院公报，2017（06）：18-23.

好基础。

这里的"基础性"有两方面含义。一方面，课程是面向全体青少年，为每一个人提供最低限度的故宫文化知识和其中蕴含的中华优秀传统文化核心思想、传统美德、人文精神等。比如，学前教育和小学低年级阶段的故宫课程目标主要是通过参观故宫、阅读故宫绘本、收听收看并学讲故宫小故事等故宫文化启蒙教育，培育幼儿对传统文化的亲切感，感受故宫的美，养成对故宫文化的兴趣。这种故宫文化启蒙教育既与学前教育和小学低年级教育在健康、语言、社会、科学、艺术等五个领域的教育目标相一致，也为个人成长和发展打下了坚实的基础。

另一方面，课程是面向对故宫文化有兴趣爱好的青少年，故宫课程群的选修课程为他们将来学习人文社会科学类的相关专业提供基础。在故宫课程群的结构设计上有基础型课程、拓展型课程、提升型课程，总体上它们都是基础课程，但其中提升型课程就是为他们将来进行专业学习打基础的课程。比如，面向高中学生开设的"故宫陶瓷"课程不仅介绍故宫陶瓷的艺术表现形式，而且引领学生深入探究现代陶瓷科学的基本原理和工艺流程，这部分内容与化学、材料学、机械加工等学科内容紧密相连。此课程的学习不仅使得部分人逐渐明确了个人专业取向和未来职业生涯规划，也为其将来升入高校学习相关专业打下了基础。

三、综合性

故宫课程群内容是以故宫博物院的资源为载体，依据中学课程标准，进行各学科内容的整合、拓展而综合设计的。故宫课程不同于学科课程，在每一门故宫课程里都会涉及多学科知识和思想方法，它既是多学科知识的一种综合应用，也是依托故宫文化资源转化而来的课程资源，所以很难将其中的内容具体分解开来。比如，"故宫珍宝"课程里有研究故宫宁寿宫乐寿堂的"青玉大禹治水图山子"这件文物的任务，必然需要将历史（大禹治水、康乾盛世）、地理（青玉的产地）、化学（玉文化和青玉山的制作过程）、思想政治（新疆和田玉以及我国是多民族国家）、美术（玉山艺术表现形式）等学科知识联系起来。

故宫课程群根据总体目标，构建了基础、拓展、提升三个层次，人文与社会、科学与技术、艺术与审美、生活与健康四个领域的"三层次、四领域"立体课程架构。课程群是以学科课程为生长点，将学科课程的内容、思想和方法与故宫文化相关内容对接，以故宫资源为载体的相互关联、有序衔接、依次递进的多门课程群体。这种立体课程架构反映的是故宫课程的一种内在知识逻辑和认知逻辑，体现的是课程内容的丰富性和综合性。比如，《故宫数学》课程在学前、小学、初中、高中都安排有与国家课程标准相符合的数学活动内容，学前和小学课程里有以故宫建筑里的台阶、廊柱、门窗等数量为素材设计的数的计算和比较等问题，初中课程里有故宫建筑的面积、高度等测量和计算问题，高中课程里有对日晷、月晷计时原理的探究、晷面与地面的夹角的计算等几何问题。这种将各个学段的数学内容与故宫文化的有机融合，横向上是基于某一主题的多学科知识的相互关联、综合融通，纵向上是各个学段的有机衔接、逐步递进。

故宫课程群不仅针对青少年的传统文化教育，而且搭建起家庭、学校、社会之间的桥梁，既可以提升教师的课程领导力，又可以提升家庭教育和社会教育水平。在课程群的开发与实施过程中，学生们将课本知识与故宫博物院的文物、人物、故事及其蕴含的中华优秀传统文化和民族精神联系起来，开阔了视野，加深了文化理解与认同，厚植了家国情怀，增强了文化自信。学生与教师或者与家长一起走进故宫，在学习故宫课程的过程中，将课本与故宫的关联起来，在此过程中教师们丰富了知识结构，家长们在亲子教育中受到启发，促进了家庭、学校、社会教育的协同发展。

四、实践性

故宫课程群的实施按照分段式、递进式的原则，采取场馆式学习、项目式学习等多种路径，达到知情意行的和谐统一。课程群引导青少年经历"故宫之学、故宫之问、故宫之思、故宫之辨、故宫之行"的学习环节，完成从文化认同到文化自觉、文化自信的进阶。故宫课程群尊重学生的自主选择，不同学段和不同爱好的同学都可以在故宫课程群中找到自己感兴趣的内容，采取适合自己的学习方式，探究故宫奥秘，学习优秀传统文化，从而加深对故宫文化的理解，实现文化自信和价值认同的最终目的。

以"故宫双语导游"课程中"故宫太和殿"一节课为例，在"故宫之学"环节，学生观看介绍太和殿的视频，了解其历史和基本情况。在"故宫之问"环节，学生提出很多问题，如太和殿为什么在1421年、1557年、1597年、1664年这四个时间共被焚烧四次，为什么太和殿的名称经历了"奉天殿—皇极殿—太和殿"这样一个变化，等等。在"故宫之思"环节，大家围绕这些问题查阅资料、独立思考。在"故宫之辨"环节，有学生针对太和殿的名称变化认为第一个体现神权、第二个体现君权、第三个体现共和，有学生针对"共和"提出当时起名的时候还没实现民主共和的观点，学生之间展开了辩论，有学生总结道："一开始，皇帝信奉上天，觉得自己的权利是天赐的，还属于迷信阶段。后来，他们意识到没有上天一说，认为皇权才是至高无上的，有点狭隘。到最后，他们意识到治理天下要拥有臣民的拥护，才能达到和谐。这就是历史的进步。"在"故宫之行"环节，学生走进故宫，仔细观察太和殿建筑和其中的设施和匾额等，写出中英双语解说词，并在现场向同学和游客介绍太和殿以及其背后的历史和文化。教师和学生普遍反映，学习了这门课后可以用更专业的眼光看故宫，发现故宫更美、更神圣、更博大精深了，以前去故宫，感觉就是大，一堆房子，但现在能够赏析它所蕴含的文化与智慧，为祖国拥有这么宝贵的财富而感到骄傲。① 从师生的体会中能够看出故宫课程群的这种将学习与生活紧密相连的特点，在"知情意行"中实现了课程育人的功能，达到了预期的课程目标。

课程群倡导学习方式变革。课程提供学习任务单、研究性课题、项目研究等，引导学生走出课堂，走进故宫，与同伴、家长等一起，将故宫实地考察探究与书本课堂学习有机结合起来，不仅注重对传统文化知识的理解和传承，而且注重对传统文化进行转化和创造。故宫课程群鼓励学生通过亲身体验、参观考察、研究观察、采访游客、双语导游、文创制作等多种实践活动，在实践活动中学习知识，锻炼能力，提升素养，并且学以致用，在文化创意表达中提升对文化的理解和认同。比如"故宫科创"课程里有青铜器复制项目式学习内容，同学们参观故宫青铜器馆，研究青铜器的历史、纹饰、尺寸，进而通过三维建模、3D打印、后期技术处理等，得到青铜器模型。学生通过这一项目式学习，既对青铜器文化有了更深入的理解，又将传统文化与现代技术结合起来，在一定程度上讲，这也是对传统文化的一种创造性转化。

五、开放性

故宫课程群的开放性体现在课程内容上。课程群是在细致梳理国家课程内容和深入挖掘故宫博物院文物资源的基础上，实现与国家课程内容的有效衔接，与故宫资源的有效衔接，与文化自信培养目标的有效衔接。同时，故宫课程内容的开发是一个循序渐进的过程，随着时间的推移，故宫课程的内容也会越来越丰富，虽然故宫课程有比较固定的框架结构，但在课程内容上坚持开放性原则，在教育实践过程中，故宫课程内容将会不断地更新和完善。比如，"故宫文创"课程的开发过程就是课程内容逐渐丰富的过程，教师首先开发的是有关故宫脊兽的文化创意设计与制作，接着又开发出与故宫门窗有关的文创课程，再接着开发出故宫印章的设计与制作的文创课程。这一过程既是教师逐渐了解和研究故宫资源的过程，也是故宫课程在顶层设计上注重内容开放性的反映。

---

① 占德杰，朱娟．场馆学习在学校教育中的应用——以北京市第六十五中学故宫系列课程为例［J］．基础教育课程，2017（09）：56-62.

故宫课程群的开放性也体现在课程开发主体上。不同于国家课程和地方课程，其开发主体主要是课程专家，故宫课程群的开发主体是开放的、多元的，既包括课程专家，也包括学校师生和家长、故宫专家等。多元主体共同开发故宫课程，形成了学生参与、教师主导、专家指导的多元开放的开发机制。多元主体为故宫课程开发带来更多创意，尤其是对故宫文化有深入研究的故宫专家，他们走进青少年课堂，使得课程内容更加丰富，课程呈现方式更加生动活泼，课程实施方式更加灵活多样，更加符合学生年龄特点和认知规律。

故宫课程群的开放性还体现在课程成果的共建共享上。故宫课程群倡导课程开发实施的教育协同，打破校际壁垒，建立家庭、学校、社会关于故宫文化教育的共同体。故宫课程群不属于某一所学校独有的课程，很多学校包括故宫博物院都有很多以故宫文化为主要内容的课程资源，这些资源在故宫课程开发和成果应用上可以实现共建共享，这样既可以发挥学校、故宫、社会教育机构等各自的优势，又可以节约开发成本，避免资源浪费。故宫课程群的共建共享有利于故宫课程为更多的学校和青少年服务，也有利于故宫文化的传播和弘扬。

第二节 故宫课程群的理念

大家比较熟悉的，被誉为"现代课程理论之父"的美国著名教育学家、课程理论专家拉尔夫·泰勒（Ralph W. Tyler）提出，在制订任何课程及教学计划时都必须回答以下四个问题：学校应试图达到什么样的教育目标？要为学生提供什么样的教育经验才能达到这些教育目标？如何有效地组织这些教育经验？我们如何确定这些教育目标正在得以实现？泰勒在《课程与教学基本原理》这本书中阐明了回答这些问题的步骤，由此构成了一种基本原理，这一原理被称为"泰勒原理"。泰勒原理为课程开发奠定了坚实的理论基础，具体而言，课程开发由确定教育目标、选择学习经验、组织学习经验、评价教育计划四个环节组成。泰勒原理很好地控制了课程开发的全过程，使得课程开发建立在理性和科学的基础之上，是一直沿用至今的课程开发和理论研究的基本框架。

故宫课程群的课程属性决定了它的开发与实施不同于其他围绕故宫开展的活动、科普读物和有关著作的编写等活动。因此，故宫课程群的开发与实施必须在科学的教育理论和观念指导下进行。随着课程改革的推进，新的课程理念更加强调人的全面发展，更加突出课程的育人功能，注重以素养为导向，引导青少年树立正确的价值观、培育必备品格和关键能力，注重教育与生活相联系，学、思、行相统一。在发挥评价的甄别功能的基础上，关注评价的诊断、激励，促进人全面而有个性的发展等方面的积极作用。

一、立德树人，培养文化自信

对于课程目标，泰勒认为目标归根结底是一个事关选择的问题，是那些对学校负责的人经过深思熟虑之后做出的价值判断。[①] 并且他认为课程目标主要有三个来源，一是对学习者本身的研究，二是对当代校外生活的研究，三是学科专家对目标的建议。这就是我们通常所说的课程目标的确定要考虑三方因素，即学生身心发展规律、社会发展及需求、知识的价值和内在属性，简单点说就是学生、社会和学科。不同课程，或者不同的课程开发主体对课程目标在这三方面因素的考量也会有所不同，有的侧重于学生身心发展，有的侧重于社会需求，这实际上反映的是课程的价值取向。从课程理论发展的历史和现状来看，人们越来越重视三方面因素的协调和平衡，无论是哪一门课程，都需要从这方面来确定其目标，从而确保发挥其教育功能。

故宫课程群的教育目标是故宫课程群开发与实施的出发点和归宿，是故宫课程群开发与实施的核心问题。从学生角度来看，故宫课程群的教育目标要遵循青少年的身心发展规律和认知特点。青少年思维活跃，对未知领域充满好奇心和求知欲，故宫文化对于他们而言既熟悉又陌生，熟悉是因为他们生活的环境、学习的语言、接触的事物等都与以故宫文化为代表的中华优秀传统文化密不可分，通过书籍、媒体，实地参观等各种渠道对故宫或多或少都有所了解。陌生是因为对故宫建筑、文物、藏品等背后的意义和价值，以及在如何理性地看待和辩证分析传统文化的传承与创新等方面缺乏系统的学习和思考。调查发现，很多青少年主要是通过影视剧作品了解和感知故宫文化，对故宫作为传统文化和世界文化遗产的认识不够系统和全面，他们也非常愿意了解和研究故宫文化的更多深层次的内容。因此，故宫课程群教育目标坚持以青少年为本，着眼于青少年成长发展的需要，反对不顾学生实际简单地宣传故宫文化，更反对一味地介绍封建等级特权和片面的皇家宫廷历史文化，要求课程目标要与青少年成长相适应，使得每一位青少年都能从中认知、理解、体验、感悟故宫文化，提升文化传承与理解能力，促进他们全面而有个性的发展。

从社会角度来看，人们对传统文化的理解和认识也在发生变化，对于故

---

① 拉尔夫·泰勒. 课程与教学的基本原理［M］. 罗康，等译. 北京：中国轻工业出版社，2014：4.

宫文化也是如此。有人认为故宫文化是封建社会的帝王专制文化，是落后的文化，不能成为青少年教育的内容。也有人认为故宫文化中有很多中华优秀传统文化，是中国人的文化传统，需要传承和弘扬。这些对故宫文化的不同观点，反映的是人们不同的文化观，这些观点也会在青少年群体中出现，因此我们需要引导青少年客观理性地认识故宫文化，这正是故宫课程群的教育目标之一。还有，近些年来以博物馆教育为代表的社会教育蓬勃发展，社会教育有力地促进了家庭、学校、社会三方面教育协同发展，但我们也看到，部分社会教育机构打着博物馆研学旅行的旗号，开展所谓的"研学旅行教育"，实际上，这些只是简单的参观活动，走马观花，在知识性、专业性上远没有达到教育的标准。因此，如何规范和引导博物馆研学旅行，如何构建家、校、社教育共同体，是当前教育上的一大课题。故宫课程群的教育目标引导青少年正确理解故宫文化，也引导人们科学地开展故宫文化教育活动。另外，在文化强国建设过程中，文化自信必须来自对传统文化的深刻理解和认同，同时还要对其进行创造性转化和创新性发展，作为全国文化中心的首都北京，如何建设文化中心，如何发挥文化中心的作用，故宫文化的研究、阐释和传播都具有重要的意义，故宫课程群也是以此为目标进行开发和实施。再有，当今社会文化交流日益紧密，多元文化相互影响，如何讲好中国文化、中国故事，不仅仅是国家层面的事情，实际上已经延伸到个人层面。在青少年国际教育交流中，传统文化是大家关注的重点内容，学习以故宫为代表的传统文化，无疑能够在文化交流和国际理解中为青少年提供重要的帮助。

从学科角度来看，故宫课程群不是单一学科知识的传授与学习，而是多学科综合，注重探究与合作的学习。首先，在当前学校教育的课程体系中，分科课程是主流，虽然课程方案和各学科课程标准中都提到要注重多学科的综合性学习，但是在实践中面临困境，主要表现在：一是没有现成的这样的课程，不同学科教师需要联合起来共同开发这样的课程难度很大；二是时间上没有保障，由于各学科教育任务明确，学校教育中很难分出时间给综合课程的教学；三是教育评价跟不上，虽然在考试和评价上提出综合性，但没有真正形成综合科目的考查方式，只有拼盘式的考查。为此，故宫课程群试图以故宫课程资源为载体整合各分科课程，开发出一类具有综合多学科知识、思想和方法的课程，为学生综合能力的培养，也是为课程整合探索出一条路径。其次，传统文化教育越来越受到重视，近些年国家制定和出台了相关政策文件，推动传统文化教育进教材、进课堂，就是针对当前传统文化教育还存在认识上不够重视、内容上不够系统和完整、方式方法上还不够科学有效、保障体系上还不够完善等问题提出了一系列举措。故宫课程群是对这些政策要求的积极回应，更重要的是通过故宫课程群的开发与实施，开展传统文化教育理论与实践的研究。再次，故宫课程群的教育目标是培养当代青少年的文化自信，这种自信是一个心理发展过程，有其心理学规律和特点。如何通过教育实践研究总结其中的规律，论证传统文化教育与文化自信培育之间的内在关系，构建文化自信心理形成机制和理论模型，以及如何形成传统文化教育和文化自信培育效果评估经验和理论等问题，都是确定故宫课程群教育目标的重要参考。

综合上述三方面的因素，故宫课程群教育目标的确定是一个系统的过程，课程群以育人为根本价值导向，充分发挥课程的育人功能。概括来说，故宫课程群以习近平新时代中国特色社会主义思想为指导，落实立德树人的根本任务，弘扬民族精神，融入社会主义核心价值观教育，培养热爱故宫、热爱北京、热爱中华文明的深厚感情，使学生对民族文化有自信心、自豪感和认同感，并能参与到遗产保护、文化宣传、文化创意等实践中来，成为德智体美劳全面发展的社会主义建设者和接班人。

二、素养导向，整合三级课程

对于课程结构和内容，拉尔夫·泰勒将其上升到"学习经验"层面，他认为"学习经验"既不同于一门课程所要传授的内容，也不同于教师所开展的活动，而是指学习者与使他起反应的环境中的外部条件之间的相互作用。[①]课程不仅需要有系统完整的结构和内容，而且需要有丰富多样的素材和任务，营造学习环境，构建学习情境，为学生提供学习经验。如何选择有助于实现教育目标的学习经验？泰勒认为有一些一般性原则：一是选择的学习经验能为学生实现教育目标的相关行为提供学习机会，二是选择的学习经验必须使得学生在实现教育目标的相关行为时获得满足感，三是选择的学习经验要引起学生的反应必须在学生的能力范围之内，四是不同的学习经验可以实现相同的教育目标，五是同样的学习经验经常会产生不同的学习结果。实际上，这五条原则也是设计学习经验的五条标准，根据这些标准就可以对所选择的学习经验的特征进行一般性的描述。在设计好学习经验之后，还需要把这些经验"组织"起来，因为仅靠零散的学习经验，不足以实现既定的教育目标。如何组织这些学习经验？要从时间角度进行纵向组织，还要从不同学科知识领域进行横向组织。两种组织方式还要达到三个标准：连续性、顺序性和整合性。在达到这些标准的基础上还需要确定主要要素，这些要素是组织起来的学习经验的内在线索。这些选择和组织学习经验的理论对于故宫课程群内

---

① 拉尔夫·泰勒. 课程与教学的基本原理［M］. 罗康，等译. 北京：中国轻工业出版社，2014：65-66.

容的选择和组织具有重要的指导意义。

2016 年中国学生发展核心素养研究成果发布。学生发展核心素养主要是指学生应具备的，能够适应终身发展和社会发展需要的正确的价值观、必备品格和关键能力。中国学生发展核心素养以"全面发展的人"为核心，分为文化基础、自主发展、社会参与三个方面，综合表现为人文底蕴、科学精神、学会学习、健康生活、责任担当、实践创新六大素养。学生发展核心素养的提出丰富了素质教育的内涵，细化了立德树人的根本任务和培养目标，有利于建立以"学生发展核心素养"为统领的课程体系和评价标准，有利于树立科学的教育质量观。学生发展核心素养为故宫课程群的开发和实施指明了方向。

故宫课程群以学生发展核心素养为导向。其综合表现中的人文底蕴、责任担当、实践创新三大素养与故宫课程群的教育目标关联最紧密。为此，我们在选择与此相关的学习经验中从以下几方面加以考虑：首先是为学生提供学习传统文化、了解中国古代人文思想中所蕴含的认识方法和实践方法的机会，比如让学生到故宫博物院实地参观考察故宫建筑、藏品、展览、文物等，学生在这样的学习经验中可以增进对人文思想方法的理解。在人文情怀和审美情趣上也是如此，学生走进故宫，直观感受故宫之美，因为这种美不仅体现在建筑上，更体现在故宫博物院丰富的藏品上。通过参观、探究以及讲述文物背后的故事和历史价值等多种学习经验，不断提升个人的人文情怀和审美情趣。在责任担当方面，学生可以设计故宫实践活动，做故宫小导游或者是故宫世界文化遗产保护者，通过这些学习经验了解故宫的历史和文化，进而深入了解中国的历史和中华民族的历史，尊重和理解中华民族的优秀文明成果，能传播和弘扬中华优秀传统文化。其次是故宫学习经验要使得学生在增强人文底蕴、责任担当和实践创新等核心素养的过程中获得满足感。比如学生在故宫博物院给外国游客讲解故宫的建筑和历史的过程中，一方面英语的口语表达能力得到了锻炼，另一方面得到了包括外国游客在内的众多游客的赞扬，获得了成就感和满足感。再次是设计学习经验要与学生的年龄特点和认知水平相吻合，都在学生力所能及的范围之内，换句话说，课程内容的安排和设计的任务都应该在学生的最近发展区。最后是在选择学习经验时应该为某一目标设计多种内容供学生选择。同时，在设计每一个内容时要考虑到它是否会给学生带来偏离目标的负面因素。比如，在《故宫科学》课程的内容里有文物保护和修复的现代科学探究实验，学生在这些实验探究过程中认识文物保护和修复的意义和价值，辩证看待科技与文物保护之间的关系，正确认识文化传承与创新之间的关系，等等。

在课程内容设计的同时，还要研究这些内容如何组织，这就是课程体系的顶层设计。在组织这些学习经验上按照学生心理认知的原则和学科知识螺旋上升的原则，达到连续性、顺序性、整合性的标准。就学校而言，因为故宫课程群是学校层面开设的校本课程，所以必须要把它与国家课程、地方课程很好地整合在一起。在课程实施的时间上要与必修课程、选修课程穿插在一起，这就要求内容上与必修课程、其他选修课程有整合；在课程形态上既要有校本必修课程，确保每一名学生都要修习课程群里的基础课程，又要有校本选修课程，能满足对故宫文化有兴趣爱好和特长的学生继续深入学习课程群里的拓展课程和提高课程。因此，课程群的结构主要体现两个特点，一是课程内容上螺旋上升，各个年龄阶段都有同一个主题的内容，但研究的深度不一样。比如，故宫建筑是一个大主题，这个主题贯穿三个学段，但随着学段的升高，研究故宫建筑内容的深度逐渐加深，这就体现出了连续性和顺序性。二是课程内容是整合国家、地方课程以及整合多个学科知识领域，不再以国家课程中的学科来划分学习领域，而是以人文与社会、科学与技术、艺术与审美、生活与健康四个领域来重新组合现有的学科知识。同时，在每一个领域里，以故宫博物院资源为依托，以不同的"主题"，如故宫建筑、人物、历史、珍宝、文创、科创等作为学习经验的内在线索串联起所有内容。

当然，在故宫课程群内容的选择和组织过程中除了要考虑"泰勒原理"中选择学习经验的五条原则和组织学习经验的三个标准，还要将学习者的心理逻辑、学科的知识逻辑和社会发展的需求逻辑综合起来。故宫课程群的重要理念之一就是它提供的内容是学生经验、学科知识、社会需求的有机统一。

三、知行合一，转变学习方式

中国自古以来有很多教育家、哲学家研究探讨学习的方法。《论语》开篇第一句"子曰：'学而时习之，不亦说乎？'"就是有关学习的论述，意思是：学习了知识然后地常温习和练习它，不是很令人高兴吗？这里的"习"的意思是实习、演习，因为孔子所讲的功课，一般都和当时的社会生活和政治生活密切结合，像礼（包括各种仪节）、乐（音乐）、射（射箭）、御（驾车）这些，尤其非演习、实习不可。[①] 因此，从孔子时代开始就强调学习与实践的紧密结合，书本知识和生活实际紧密结合，突出学以致用。儒家心学创始人、明朝著名思想家、教育家王阳明提出"知行合一"的心学理论，他认为道德认知和道德实践要紧密结合，反对朱熹主张的"先知后行"，他指出："知行原是两个字说一个工夫。""知是行的主意，行是知的工夫；知是行

---

① 杨伯峻. 论语译注［M］. 北京：中华书局，2006：1-2.

之始，行是知之成。若会得时，只说一个知，已自有行在；只说一个行，已自有知在。"从学习的角度来看，王阳明提出的观点也是在强调理论与实践的统一，个体的认知和行为要合二为一。从道德行为养成的角度来看更是如此。现代著名教育学家陶行知在王阳明论述的基础上，结合美国教育家杜威（J. Dewey）的实用主义，提出"行是知之始，知是行之成"，强调"教学做合一"的教育主张。教学做合一是生活教育方法论，是生活教育理论在实践操作层面上的阐释。按照陶行知的理论，在学校教育过程中教、学、做这三件事也是一体的，正如生活与教育是一体的一样。"教学做合一"为教师应该如何认识教学、如何开展教学提供了方法上的指导。它与当前提倡的自主、探究、合作的教学理念是一致的。与以学定教，以学生为主体，要关注学生的认知基础也是一致的。因为只有把学生放在课堂教学的中心，把自主、探究、合作这些"做"作为教学活动的中心，我们才能真正做到"怎样学便怎样教"和"做的方法决定教的方法"。

现代心理学的发展加深了人们对学习的认识，不同学派的观点丰富了教育的理论和实践，其中建构主义学习理论被认为是"教育心理学中的一场革命"。建构主义的主要观点有以下几条：一是知识不是被动接受的，而是认知主体积极建构的；二是学习是个体主动的行为，是以先前建构的知识为基础的；三是重视学习者先前建构的知识和经验。① 这些观点表明学习是个体在原有认知基础上的一个主动积极建构的过程。教师和课程内容都是起外部作用，成为建构过程中的学习环境。一般来讲，学习环境包括四个要素，即情境、协作、对话和意义建构。因此，在学习过程中，教师如何为学习者提供这四个要素就成为课程实施——教学设计与实施的关键。建构主义学习理论指导的教学模式提倡以学生为中心，教师是学生学习的组织者、指导者、帮助者、促进者。教师在教学中的重要作用就是要根据课程内容创设有利于学生建构的问题情境，设计有利于学生之间相互协作的学习活动，鼓励学生之间、师生之间开展基于问题解决的对话、沟通和交流，通过这些基于现实的问题情境的创设和问题的解决，将所学知识和现实生活紧密联系起来，让所学的知识、方法，以及最终形成的关键能力和必备品格都建立在一种有意义的基础之上。

无论是中国古代强调的"知行合一"，还是现代心理学强调的建构主义学习理论，都需要在课程实施过程中发挥学生的主体作用，实践并丰富文化自信培养的相关理论。从故宫课程群的教育目标是培养青少年文化自信的角度来看，课程实施的过程就是学生文化自信逐渐增强的过程。伴随这一过程的，

---

① 钟启泉．课程与教学论［M］．上海：华东师范大学出版社，2008：313-314.

除了有故宫文化知识的增长，还有文化心理的成长。正如有学者指出：理想的学校传统文化教育理应借由"知、情、意、行"四个教育向度，循守"致知、激情、诚意、笃行"四个具有逻辑延续关系的实践步骤。① "致知"就是青少年通过系统学习故宫文化的基础知识，对故宫文化有基本的认知。"激情"就是在故宫课程群的实施过程中通过情境创设，注重青少年的情感体验、兴趣培养、审美情趣等积极情感的积累。"诚意"就是通过故宫文化实践活动，培养青少年坚忍顽强、刻苦努力等良好的意志品质和坚定的文化认同意识等。"笃行"就是青少年必须"学而时习之"，在"致知""激情""诚意"这三方面都要指向学生的实际生活，要与实际生活和学习活动紧密相连，在积极主动的意义建构中实现"知行合一"。

通过上述分析，我们看到教与学的方式随着时代的发展在发生着变化，但也有一些根本的东西没有发生变化，比如中国古人强调的"知行合一"。由于故宫课程群的教育目标是培养具有中华优秀传统文化底蕴和责任担当的中国人，所以在课程实施中加强"学思结合、知行合一、学以致用"尤为必要。同时在实现"知"与"行"合一的过程中，还需要加强学生的情感、意志等多种心理品质的培养。课程群要通过设计生动有趣的活动内容，通过情境、协作、对话和意义建构，促进学生积极主动建构故宫文化知识，培养历史唯物主义观、辩证唯物主义世界观和审辨式思维，形成国家认同和文化认同，最终增强文化自信。尊重学生的主体地位，让每一位学生自主选择，满足其学习需求，创设真实的学习情境，开展丰富多彩的学习活动，鼓励学生多元发展。课程里设计具有综合性、关联性、实践性特点的学习活动，遵循"致知、激情、诚意、笃行"这四个文化自信培养的实践逻辑，引导学生在"故宫之学、故宫之问、故宫之思、故宫之辨、故宫之行"的路线下进行自主、探究、合作等多种方式的学习，实现从文化认知到文化自信的转变。

四、科学评价，提升课程质量

对于课程评价，拉尔夫·泰勒认为评估是课程编制的一项重要步骤。评估的过程从本质上讲是课程和教学计划在多大程度上实现了教育目标的过程。② 他还认为课程目标旨在让学生的行为模式产生期望中的改变，因此评估就是判断这些行为实际上产生了多大程度的变化。拉尔夫·泰勒将课程评价程序分为以下几个步骤：第一，对课程目标细化分类并转化为行为术语；第

① 吴文涛. 传统文化如何走进学校？——论学校传统文化教育的实践逻辑 [J]. 中国教育学刊, 2018（03）: 37-42.
② 拉尔夫·泰勒. 课程与教学的基本原理 [M]. 罗康, 等译. 北京：中国轻工业出版社, 2014: 113.

二，确定用于获得学生目标行为证据的情境；第三，设计在试验情境中获得学生行为记录的手段；第四，确定要用来概括和评估所得到的行为记录的名称或单位；第五，确定这些记录结果的分等或得出结论的方法是否客观、适当、有效。这五个步骤具有很强的操作性，对故宫课程群的评价具有重要的指导意义。今天我们把拉尔夫·泰勒的这一课程评价模式称为目标模式。课程评价的目标模式极大地促进了人们对评估的认识，为后来的美国当代著名心理学家、教育家本杰明·布鲁姆（Benjamin Bloom）提出的教育目标分类学奠定了坚实的基础。所以拉尔夫·泰勒也被称为"当代教育评价之父"①。目标模式不仅评价学生的优劣，而且有利于课程开发的改进。

随着课程理论的不断发展，新的课程评价理论也在不断产生。最具代表性的是当代英国著名课程论专家斯坦豪斯（L. Stenhouse）提出"过程模式课程理论"。他认为拉尔夫·泰勒的行为目标模式是以课程目标和学习结果为导向的，割裂了结果与过程、目标与手段之间的联系，忽视了学生在学习过程中的收获。他还认为目标模式课程理论限制了评价的范围，因为目标模式只是根据学生行为的变化来判断课程与教学的效果，但实际上在课程实施过程中还有大量的具有重要价值而又无法测量的生成性成果。从拉尔夫·泰勒的行为目标模式到斯坦豪斯的过程模式，反映的是课程评价理论的不断完善：课程评价既要有终结性评价，也要有过程性评价。更为重要的是，人们对课程评价的功能有了更全面和深入的认识。评价不仅具有重要的甄别、选拔的功能，而且可以看出在课程学习后的不同结果，有优劣之分，这是评价最原始也是最重要的功能。但是也不能忽视评价的诊断和促进发展与改进的功能，尤其是过程性评价所起到的激励作用。因此，注重评价结果的应用与评价本身的科学性同等重要。

课程评价的目标模式和过程模式对故宫课程群的评价都具有重要的指导意义。就故宫课程群的评价理念而言，坚持以学生为本，既要对学生是否实现预期教育目标进行评估，也要对课程结构、内容与实施过程等进行全方位的评估，促进课程本身的改进，使得课程各要素与课程既定目标相一致。其中，评价对象包括课程开发过程、课程内容、课程实施、学生实际获得等多个方面。评价主体有教师、相关专家、学生和家长等。评价方式包括过程性评价与终结性评价，定量评价与定性评价，内部评价与外部评价，等等。

在对学生实际获得的评价方面，故宫课程群在学生学习的基础上，注重学生的亲身参与和感受。学生每次考察故宫前，教师都要设计学习任务单，

---

① 拉尔夫·泰勒. 课程与教学的基本原理［M］. 施良方，译. 北京：人民教育出版社，1994：1.

指导学生进行任务式学习。学生在学习故宫课程的过程中要完成学习任务单，在任务单中设计有学习过程的评价量表，记录学生在学习过程中对文化理解、批判性思维、文化创意等与课程目标相关联的行为变化。以《故宫遗产》课程为例，教师设计的任务单中有明确考察的目标和任务，要求学生探究故宫作为世界文化遗产的意义，以及如何保护故宫等。根据这些目标，确定考查的学生是否达成这些目标的问题情境，如就故宫文物保护问题与同伴交流，学生参与考察表的内容设计，对服务设施观察和统计，对游客就遗产保护进行访谈，给遗产地管理者写一份小报告，等等。接下来设计评估工具，确定评价指标和等级。学生在上述各种情境中开展多种形式的学习，教师和学生将学习过程按照设计好的相关指标进行如实记录。最后根据评价细则对学习过程的相关记录在不同的评价维度上进行等级评定，相关情况记入学生成长记录袋。在对学生学习效果的评价方面，我们也请家长参与其中。有的课程召开期末学习成果汇报会，邀请家长来校参加，家长对学生的表现大加赞赏，给学生树立文化自信增添了力量。有的课程在学生评价上要求家长对学生的学习效果进行评价，对学生在文化理解上进行评价，写一段关于学生在学习课程这段时间里对故宫和中华优秀传统文化的认识发生了哪些变化等。总之，对学生实际获得的评价既注重过程中的形成性评价，也注重最终结果的终结性评价，既有定量的量化评价，也有定性的评语式评价。

在对课程本身的评价方面，主要包括对课程目标、课程内容、课程结构、课程实施进行评价。评价课程目标主要是评估故宫课程群内的每一门课程的目标制定得是否科学合理，是否切合学生实际、学科知识和社会发展需求等。评价故宫课程内容主要是评估故宫课程内容是否科学、是否符合学生的年龄特点、是否与各学科课程内容进行了很好的融合等。评价故宫课程结构主要评估的是故宫课程内容的组织是否具有连续性、顺序性和整合性等。评价故宫课程实施主要是评估故宫课程在促进教与学的方式改革、学生学习活动的设计和指导等方面的情况。对故宫课程本身的评价是一项科学系统的工作，需要研究制定评价方案和细则，形成评价指标体系，同时要形成评价专业团队，成员包括教师、专家、学生、家长等各方成员，目的是吸收各方面意见和建议，在课程设计开发和实施的各个环节给予过程性评估以及阶段性的总结评估。

综合以上分析，故宫课程群的评价本质上是判断故宫课程群在多大程度上实现了预期的教育目标，即在青少年文化自信的培养上起到了多大的作用。要做出科学准确的判断，就必须要依据科学的评价理论，研究设计并运用精确的评价工具，采取科学的评价法，通过多主体、多元评价方式开展评价。故宫课程群评价一方面要通过对青少年的外在行为表现来推断其内在心理结构和技能，完成对青少年文化自信培养目标的评价；另一方面要通过对故宫课程目标、内容、结构、实施等各要素进行科学评估，明确改进方向和内容，进而提升其质量。

第四章

故宫课程群的目标

　　课程目标是指课程在设计和实施过程中要实现的具体要求，是期望教育对象在知识、技能、素养等方面应达到的程度。它是教育目的和培养目标在课程设计和实施上的具体体现，是课程设计与实施的导向、标准和依据。通俗点说，课程目标就是回答"为什么教，为什么学"的问题。故宫课程群是"培养具有文化自信的时代新人"这一教育目的的重要载体和手段，如何将这一教育目的转化为课程目标，然后再以此目标指导课程开发与实施，这就是故宫课程群开发者的一项基础性工作，也是本章要解决的问题。

第一节　目标制定的依据

　　故宫课程群目标的制定是在故宫课程理念的指导下开展的，也就是坚持立德树人，培养文化自信，充分发挥故宫课程群的育人功能；坚持素养导向，优化整合三级课程，以故宫课程资源为载体设计课程体系；坚持知行合一，学以致用，促进学生学习方式转变；坚持科学评价，改进课程，不断提升课程质量。故宫课程群要根据学生身心发展的规律和需要，社会发展的需求和趋势，知识的类型、性质和价值三方面来制定目标。

一、学生身心发展的规律和需要

　　故宫课程群主要是面向儿童和青少年。故宫课程群的目标制定要对儿童和青少年的兴趣与需要、认知发展与情感形成、社会化过程与个性养成等多方面进行研究。儿童对于故宫以及传统文化比较陌生，他们对故宫的理解是从最直观的建筑、动物、植物、典型人物等的认识开始的。随着年龄和知识的增长，儿童逐渐对历史知识有所了解，对故宫的历史也就逐渐能理解，也能逐渐联系起历史与现实的关系。因此，这就要求故宫课程群的目标制定要根据学生身心发展规律，分学段来制定课程目标，而不是笼统地制定课程目标。

　　儿童和青少年的需要可以分为个体身心发展的需要和个体作为社会成员

参与社会生活的需要。一般将学生个体发展需要分为六类：健身的需要、认知自然与社会的需要、审美的需要、社交的需要、了解自我的需要、升学与就业的需要。① 这些需要客观上对故宫课程群的目标起到了制约作用，也就是课程群的目标要满足儿童和青少年合理需要，否则培养儿童和青少年的文化自信的教育目的就会落空。在认知自然和社会的需要上，儿童和青少年对未知事物，如历史人物或故事都有一种好奇心和探究欲，这就是他们了解未知世界的需要。因此，要在儿童和青少年接受程度范围内，满足他们的这种需要，确定合适的目标。

下面以儿童和青少年的审美心理发展规律和需要为例，谈一谈如何通过故宫课程群来确定美育目标。有研究表明，3~4 个月的婴儿已经能够分辨彩色和非彩色，4 岁是图形知觉的敏感期，在这时对儿童进行图像的训练能够得到更好的训练效果。幼儿阶段的儿童在简单的绘画、音乐、舞蹈、体操和手工等活动中能够明显地感到与生理快感不同的审美快感，但他们对美的认识还没有明确的标准。小学阶段的儿童已经开始具备审美的能力，并具备一定程度的审美表现能力甚至是审美创造能力。但这时儿童的审美能力仍然是有限度的，他们还不能接受和理解戏剧、古典音乐和较抽象的绘画等。到了青少年时代，包括审美感受、审美评价、审美欲望和审美理想在内的审美意识初步形成。以上是儿童审美心理发展在不同阶段的特点，这些特点与儿童和青少年的审美认知相关。儿童青少年的审美认知发展有三个倾向：从具体到抽象、从题材到形式、从形式刺激到形式表现。② 因此，故宫课程群在幼儿学前教育阶段的美育目标就是要通过与自己生活接近的具体形象的绘画、音乐、动物形象或小朋友形象来感受故宫的颜色、外形、人物的服饰、外貌等，增强对故宫的亲近感。在题材方面，通过神话故事、童谣、儿歌等过渡到从题材感受故宫的文化之美和艺术之美。小学高年级阶段的目标就是要通过从题材过渡到形式的表现，逐渐能理解故宫中的建筑、书画、陶瓷等较为抽象的艺术品，并能理解和接受这些艺术品。初中和高中阶段的课程目标就是要提高审美接受和审美表现能力。青少年既能够接受故宫建筑、藏品，又能做出适当的反应，然后能利用"故宫的形象"去表现或表达自己的思想，如对故宫的脊兽、门窗等进行艺术的创作，能动手做出故宫脊兽浮雕装饰画或故宫门窗样式的投影灯。总之，故宫课程群有关儿童青少年的审美能力和素养的目标要以儿童审美心理发展规律和需要为依据。

---

① 廖哲勋. 课程学［M］. 武汉：华中师范大学出版社，1991：90-92.
② 李红，刘兆吉. 儿童审美心理的发展［J］. 西南师范大学学报（哲学社会科学版），2000（02）：53-57.

二、社会发展的要求和趋势

学生的发展与社会的发展在本质上是一致的。实际上，学生发展的过程就是学生社会化的过程，即由自然人成为社会人的过程。无论什么样的社会对学生都有一个共同的要求，那就是将社会文化遗产传递给青少年一代。因此，学校教育具体到每一门课程就要承担这样的功能，满足社会对学校、对课程的要求。所以，课程开发者为了制定课程目标就有必要对社会的需求进行研究。而对于社会的研究内容极为广泛，在课程与教学研究领域，一般是将社会内容按照时间和空间两个维度进行分类研究。在空间维度上，社会需求是指从儿童青少年所在的社区、村镇、街道、到地区、国家乃至世界上人类的发展需求。在时间维度上，社会需求既有当前的现实需要，也有未来社会发展的要求。

在社会发展需求的研究上，近些年来党中央和国家多个部门陆续出台了有关优秀传统文化传承和教育的政策文件。这些政策文件实际上反映的是社会发展的要求，这些都是故宫课程群目标制定的重要依据。在 2017 年由中共中央办公厅、国务院办公厅发布的《关于实施中华优秀传统文化传承发展工程的意见》就提出：要将中华优秀传统文化传承发展工程贯穿国民教育始终。围绕立德树人这个根本任务，遵循学生认知规律和教育教学规律，按照一体化、分学段、有序推进的原则，把中华优秀传统文化全方位地融入思想道德教育、文化知识教育、艺术体育教育、社会实践教育各个环节，贯穿于启蒙教育、基础教育、职业教育、高等教育、继续教育各个领域。以幼儿、小学、中学教材为重点，构建中华文化课程和教材体系。编写中华文化幼儿读物，开展"少年传承中华传统美德"系列教育活动，创作系列绘本、童谣、儿歌、动画等。[1] 这些政策文本以及相关的政策研究对故宫课程群目标的制定具有重要的引导作用。

首都北京作为全国文化中心要发挥文化辐射作用。如何挖掘故宫深厚的文化资源，将其转化为课程资源，培养青少年文化底蕴，坚定文化自信，也是故宫课程群目标制定的依据。从时间维度上看，当前社会发展，特别是在文化发展上存在一些不足，青少年的传统文化作品供给不足，导致青少年对传统文化的认知缺乏，对中国古代历史人物和历史典故缺少认知，甚至还存在错误的认知，反而崇拜西方文化，这与中国未来发展的要求是不符的。放眼未来，中华文化必将得到世界范围内的关注和研究，而作为中国人如果对

---

① 冀晓萍. 中办国办印发《关于实施中华优秀传统文化传承发展工程的意见》要求将中华优秀传统文化传承贯穿国民教育始终［J］. 人民教育，2017（Z1）：27.

自己的历史和文化知之甚少或者不能与世界进行很好的文化交流，都会影响到国家的发展。因此，故宫课程群目标中有一条就是"要培养青少年对中华优秀传统文化的正确认知，并且具有多元文化交流意识，能够自信地讲好中国文化故事"。

三、知识的类型、性质和价值

儿童青少年由自然人转变成社会人需要学习人类文化遗产，这些人类文化遗产在学校里主要是学科知识。这些学科知识就是人类积累下来的认识自然、社会和自身的所有文化遗产，这是人类区别于其他动物的伟大之处，人类能将这些学科知识不断体系化，不断修改完善，这也是人类不断发展进步的重要原因。作为知识的重要载体，课程理所当然地要为学科知识的发展服务，同时也在促进学科知识的发展。

学科知识的类型有人文科学、社会科学、自然科学、数学等，这些学科及其发展是故宫课程群目标制定的依据。因为故宫课程群是建立在学科知识基础之上的，最终也是为了让学生更好地掌握和运用这些学科知识、思想和方法。故宫课程群里的每一门课程都是与某一门或几门中小学学科知识相联系的，这些学科知识的性质和价值在于为学生更好地理解故宫文化、更好地传承和创新故宫文化打基础，同时也是为学生的基础教育打基础。这一点，在国家的幼儿园教育指导纲要和义务教育、高中教育的课程方案和课程标准中也能找到。可以说，课程方案与课程标准就是学科知识性质价值的集中体现，故宫课程群目标的制定必须依据课程方案和课程标准。

除了上述的学科知识以外，故宫文化本身也包含有大量书本以外的知识，这里既有中华传统经典里的知识，如四书五经、经史子集等传统经典，还有传统文化常识，如古代礼仪、政治制度、思想观念等，以及传统技艺，如古代官式建筑技艺、京剧、书法、陶瓷、青铜器、绘画等。这些知识可以称为故宫文化知识体系，它与学校教育中学科知识体系既有重合交叉的部分，也有各自独立相互补充的部分。因此，故宫课程群的目标要兼顾这两大知识体系，特别是故宫文化知识体系的科学性与系统性。同时，要充分认识到故宫文化知识的价值，进一步说，就是故宫文化的教育价值。故宫文化为青少年提供了大量珍贵翔实的历史档案、文献，以及文化常识、技艺等学习的条件和机会，青少年对传统文化的理解有了更多的学习材料和载体。因此，故宫文化知识不仅能促进青少年对中华优秀传统文化理解与传承，而且从根本上能够促进青少年德智体美劳全面发展。关于这方面，在前文故宫文化价值部分已有论述。

由此，故宫课程群的课程目标制定更加关注多学科知识的融合，这里既有不同学科知识的融合，也有学科知识体系与故宫文化知识体系的融合。在打破学科知识壁垒的故宫课程群里，青少年在这种跨学科知识学习时，要主动建构跨学科知识体系，也就是将不同学科，包括与学校课程之外的故宫文化知识主动建构到一个新的知识体系中。其次，在跨学科知识这个学习过程中，青少年易于形成更多的学科视角和更丰富的思路和创意，使得他们对知识的学习不再局限于知识本身，能够创造出新的知识，培养学生的创新能力。最后，学习知识的目的在于应用于实践，现实中的任何一个问题都不是一个学科知识能解决的问题，这就需要青少年在故宫课程的学习中最终能综合应用多学科知识解决现实问题。促进高阶思维能力培养的跨学科课程能够帮助学生建构跨学科知识体系，推动学生进行跨学科知识探索活动，提高学生跨学科解决问题的能力。① 因此，跨学科知识体系的特点和价值是课程群目标制定的重要依据之一。

综上所述，故宫课程群目标制定的依据由学生、社会、学科三大方面组成。它们是相互关联的，而且在课程目标制定上要考虑这三者之间的协调与平衡。首先，要将学生个体需要与社会要求相统一。既不能过于强调社会的要求，也不能只顾学生的需要。故宫课程目标的制定需把握学生个体需要与社会要求的辩证统一，既要满足学生对优秀传统文化的需要，同时也要满足国家社会对于优秀传统文化传承与创新发展的要求，做到两者的统一。其次，要将教育属性与活动任务相统一。故宫课程群的本质是课程，而不是简单的故宫游学活动或参观游览故宫的活动，因此在课程群的目标制定上要考虑课程的教育属性；同时故宫课程群又不同于一般的学校学科课程，它既可以在学校内完成，也需要在故宫博物院通过丰富多样的活动来完成。最后，要将学生的已有基础和未来发展相统一。每一个学生都有一定的故宫文化知识基础，或多或少，这些都是学习故宫课程群的既有认知建构基础。故宫课程群的目标要建立在学生已有的知识基础之上，同时还要考虑学生通过学习要达到什么标准，分析出学生在故宫课程学习上的最近发展区，制定符合学生发展预期的切实目标。这将会使学生的学习更有成就感、获得感，从而确保故宫课程群的目标得到有效落实。

第二节　目标制定的步骤

课程目标的制定过程是一个对学生、社会、学科三因素进行深入研究，

---

① 李金梅. 基于学生高阶思维能力培养的跨学科课程整合设计［J］. 教育理论与实践，2021，41（20）：45-48.

明确课程定位的过程。按照课程教学相关理论，制定课程目标有很多种思路和模式。故宫课程群目标的制定是综合经典课程理论采取"需要评估"模式。主要是通过有关人员，特别是学校行政人员和教师、学生和家长以及课程工作者，对学生的教育需求进行调查、评估，以便弄清学生特定的教育需求，并确定各种需求之间的先后顺序。① 具体来说，分为以下四个步骤。

一、开展问卷调查和专题访谈，系统阐述试验性目标

在故宫课程群开发与实施的论证阶段，课题组分别组织学校领导、教师、学生和家长以及课程专家、故宫博物院相关专家等人员，召开课程开发论证会。针对学生的实际情况，课题组研发了相关调查问卷，了解学生对故宫是否感兴趣，在哪些方面感兴趣，希望通过哪些方式来了解故宫、研究故宫，等等。结合对学生需求的调查，课题组进一步修改完善了课程开发方案，明确工作重点和方向。其中一项重要的内容是关于故宫课程群的目标问题。由于故宫课程群包括多门故宫课程，所以在故宫课程群目标问题收集时，课题组分为两部分来收集：一部分是对所有故宫课程，即故宫课程群应制定什么样的目标；另一部分是对具体的某一门故宫课程应制定什么样的目标。

故宫课程群应制定什么样的目标？课题组分别针对学校领导、教师和学生、家长以及专家等设计了调查问卷和访谈提纲，来了解他们在故宫课程开发和故宫文化教育等方面发现的问题，由此了解故宫课程群需要达到什么样的目标。下面以初中学生、家长、教师和专家为例，说明故宫课程群目标制定的前提访谈情况。

故宫课程群开发与实施论证访谈提纲（初中学生）

1. 你是否参观过故宫？如果去过，和谁一起去的？有什么收获？

2. 故宫留给你的印象是什么？你对故宫的哪些内容感兴趣？

3. 如果学校组织你们去参观故宫，你最想参观哪些地方？为什么？

4. 你看过有关故宫的书籍、影视作品或用过故宫文创吗？有何收获？

5. 如果学校开设故宫课程，你愿意参加吗？为什么？

6. 你认为开设的故宫课程应包括哪些内容？还有什么建议？

故宫课程群开发与实施论证访谈提纲（初中学生家长）

1. 您是否带孩子参观过故宫？有什么收获？孩子是否喜欢？都问了些什么问题？

2. 您为孩子购买过故宫相关书籍或文创产品吗？如果有，孩子从中有什

---

① 施良方. 课程理论：课程的基础、原理与问题［M］. 北京：教育科学出版社，1996：104.

么收获？

3. 如果学校组织学生到故宫参观，您支持吗？为什么？

4. 如果学校开设故宫课程，占用学生在校学习时间，您支持吗？为什么？

5. 如果学校开设故宫选修课程，您支持孩子选择故宫课程学习吗？为什么？

6. 你认为学校开设故宫课程应包括哪些内容？还有什么建议？

故宫课程群开发与实施论证访谈提纲（初中教师）

1. 谈谈您参观故宫的经历，感觉如何？有什么收获？不满的是什么？

2. 您有没有过组织学生到故宫参观过？如果有，你认为有何价值？如果没有，是什么原因？

3. 从您任教的学科或您的学校来看，组织学生参观故宫是否有必要？理由是什么？

4. 以您的经验，如何组织学生参观故宫？要做好哪些准备？

5. 从您任教的学科或您的学校来看，是否有必要开发故宫课程，理由是什么？

6. 您认为开发故宫课程群应确定什么样的课程目标？针对故宫课程群还有哪些建议？

故宫课程群开发与实施论证访谈提纲（相关专家）

1. 您认为学校组织学生参观故宫需要注意哪些问题？

2. 您认为当前学生和家长对参观故宫有什么样的需要？

3. 您认为学校是否有必要开设故宫课程群？为什么？

4. 如果学校开设故宫课程群，您认为它有哪些意义和价值？

5. 如果学校开设故宫课程群，您认为将会遇到哪些困难和问题？

6. 如果学校开设故宫课程群，您有何意见或建议？

对于具体某一门课程目标制定的第一个环节的访谈提纲与上面的访谈提纲类似，只不过是就具体的某一方面进行访谈，如对"故宫历史"课程的目标问题访谈，主要就是围绕故宫历史展开。总之，通过对这些不同群体的问卷调查和专题访谈，我们更加直接地了解到学生、社会和学科三方面对故宫课程群持何态度、有何需求。这就丰富了理论或书面上的那些对故宫课程群的态度和需求，为下一步确定课程目标的优先顺序打下了基础。

二、确定课程目标的表述形式和课程目标优先顺序

根据美国课程论专家舒伯特（W. H. Schabert）的观点，课程目标的形式

取向主要有四种，即普遍性目标、行为性目标、生成性目标和表现性目标。①故宫课程群的总体目标表述形式是综合上述四种形式而形成的。在对故宫课程群的总体目标表述上，主要采取普遍性目标形式，体现故宫课程群目标的一般性原则，为故宫课程开发者的创造性工作提供广阔的背景，方便目标能应用于不同的故宫文化教育情境和教育任务中。故宫课程群的具体目标以及某一门具体故宫课程的目标采取行为性目标、生成性目标和表现性目标相结合的形式。因为行为性目标有明确、具体、可操作、可评估的优点，有利于故宫课程开发者与学习者之间的理解和掌握。生成性目标是指在故宫课程学习或活动过程中，儿童青少年对故宫文化的亲近感、热爱之情，以及对故宫文化的价值认同等目标。这些生成性目标大多应用在故宫综合实践活动的课程目标表述上。表现性目标是指具有个性特点的个性化、特色化的目标，在故宫提升型课程的目标表述上常用这种形式，主要体现的是学生的文化创意，创造性思维和创新意识等目标的表述。

在进行调查问卷和专题访谈的基础上，课题组对问卷结果和访谈内容进行了整理分析，对故宫课程群的教育意义和价值的重要程度进行排序，以便确定这些课程目标的主次。下面以面向初中学生的故宫课程群目标的优先顺序为例，说明故宫课程群初中阶段目标的主次情况。

初中阶段故宫课程群目标

1. 总体目标

了解故宫博物院，感知故宫博物院。

了解故宫文化的丰富多彩，提高对故宫文化的认同度。

培养学习探究能力，树立保护遗产、热爱遗产的意识。

培养民族文化自豪感和自信心，提高文化国际交流意识。

2. 具体目标

了解故宫博物院，体会中国古代劳动人民的智慧和思想。

从不同学科视角了解故宫博物院，在故宫博物院运用学科拓展性知识。

初步掌握欣赏故宫陶瓷、书法、绘画等艺术作品的方法，感受其表达的情感和思想。

初步学会运用多学科知识分析故宫建筑、藏品和历史文化。

树立保护人类优秀文化遗产观念和可持续发展理念。

传承优秀中华文化，成为中华文化的使者。

由此可见，综合不同群体对故宫课程群目标的认识和理解的课程目标排序可以反映出学生的需要、社会的要求以及学科知识的价值。就总体目标而

---

① 王本陆. 课程与教学论［M］. 北京：高等教育出版社，2017：77.

言，初中阶段的学生处在对故宫文化的了解和认同阶段，虽然他们大多数去过故宫，但是只有粗浅的印象，能够把故宫文化与学科知识关联起来很难，也没有建立起对故宫文化的认知和认同，所以需要在最优先的课程目标上了解和感知故宫博物院。就具体目标而言，这与故宫文化学科知识的价值有关，故宫文化对学生德智体美劳全面发展都能起到促进作用，按照这一优先顺序，其目标的难度逐渐加大，因此最优先的目标依然是了解故宫博物院、体会中国古代劳动人民的智慧和思想。

三、确定学生达到每一种课程目标的可能性

在得到故宫课程目标的优先顺序后，就要对学生目前可以达到的这些目标的可能性评出等级。课题组通过问卷调查形式测量与每一个目标有关的学生现状。比如，在考察"了解故宫博物院，感知故宫博物院"这一初中阶段总体目标的学生现状时，课题组设计了这样一组问题：

1. 紫禁城建于哪个朝代？
2. 紫禁城是哪位皇帝下令建造的？
3. 故宫博物院是什么时候成立的？
4. 故宫前朝三大殿分别叫什么？
5. 故宫后廷三大殿分别叫什么？
6. 故宫的建筑有什么特点？
7. 故宫里有哪些展馆？
8. 你最想参观故宫哪里？
9. 紫禁城、故宫与故宫博物院有什么不同？

通过这些问题，了解学生对故宫的了解和感知程度，由此确定学生的现状，如果学生回答这些问题的情况与目标差距较大，就表明这是一个需优先考虑的目标。当然，学生对这9个问题回答的不同情况，对设计具体某一门的课程目标也是有参考价值的。

四、根据目标优先程度的顺序编制课程计划

通过上述步骤基本确定了课程目标的先后顺序，按照这一顺序就可以选择相应的课程内容，设计具体的教学目标和教学策略。

第三节 总体目标和学段目标

经过上述故宫课程目标的制定过程，以及多轮故宫课程群的开发与实施，故宫课程群的目标逐渐科学合理，与学生、社会和学科三方面因素相契合，得到了实践的检验，为故宫课程结构与内容的设计组织、课程的实施与评价起到了重要的导向作用。课程群的目标分为总体目标和分学段的具体目标，还包括每一门故宫课程的目标。这样故宫课程群的目标就构成了一个目标体系。

一、故宫课程群总体目标

儿童青少年通过故宫课程的学习，在学会学习、健康生活、人文底蕴、科学精神、责任担当、实践创新等核心素养方面都获得了进一步的发展，形成故宫文化记忆，增进故宫文化理解，提升故宫文化自信，成长为有理想、有本领、有担当的德智体美劳全面发展的社会主义建设者和接班人。

1. 了解故宫，感知故宫，了解故宫文化的丰富多彩，对故宫形成文化记忆和人文积淀。通过对故宫的建筑、藏品、人物等的学习提升人文情怀和审美情趣。在故宫文化学习与探究中培养理性思维、批判质疑和勇于探究的能力和品格。

2. 培养对故宫文化的学习兴趣，学会学习。在故宫实践活动中综合运用多学科知识和信息技术乐学善学、勤于反思。增进对故宫文化的理解，培养豁达乐观的人生态度和抵抗困难挫折的能力，珍爱生命、健全人格、健康生活。

3. 通过故宫文化，理解中华文化的思想理念、传统美德，热爱、保护文化遗产，体现责任担当。具有国际理解能力和国际交流意识，坚定文化自信。树立劳动意识和劳动精神，提高解决问题的能力，成为故宫文化的传承者和创新者。

故宫课程群的总体目标可以从学科、学生、社会三个维度来刻画（见图4-1），这与学生发展的核心素养中所提出的文化基础、自主发展、社会参与三方面正好相对应。因此，运用目标的普遍性表述形式来表述，就是在文化基础上面能具备人文底蕴、科学精神，在学生发展方面学会学习、健康生活，在社会参与方面能具备责任担当、实践创新。同时，故宫课程群总体目标指向是学前阶段、小学低年级、小学高年级、初中阶段和高中阶段，也就是儿童和青少年阶段。

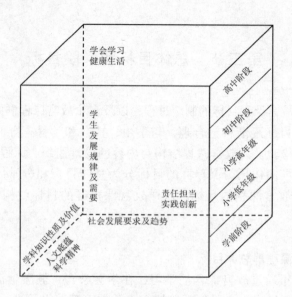

图 4-1　故宫课程群目标体系

二、故宫课程群学段目标

（一）学前阶段

1. 喜欢看故宫相关主题绘本，喜欢听故宫相关故事，发展语言表达能力和思维能力。能对故宫的建筑、藏品、文物感兴趣，爱护故宫的动物、植物，有初步的环保意识。能初步感受故宫的美，能用自己喜欢的方式对故宫进行艺术表现活动。

2. 开展故宫相关游戏和体育活动，能运用各种感官，动手动脑探究故宫的简单问题。在集体生活中情绪安定愉快，逐步养成有基本的生活自理能力。

3. 能主动地参与故宫游戏活动，有自信心；乐意与人交往，学习互助、合作和分享，有同情心。在故宫故事中理解并遵守日常生活中基本的社会行为规则。能努力做好力所能及的事，不怕困难，有初步的责任感。爱父母长辈、老师和同伴，爱集体、爱北京、爱祖国。

以上作为学前教育阶段故宫课程群的目标，主要采取普遍性目标、行为性目标、生成性目标和表现性目标相结合的形式来表述。对于学前阶段的故宫课程，主要是以游戏或体育活动等形式开展。

（二）小学低年级

1. 走进故宫，了解故宫的建筑特色。初步感受汉字的形体美；诵读浅近的古诗和故宫经典，获得初步的情感体验，感受语言的优美。初步感受故宫珍贵藏品艺术。通过故宫实践活动，对故宫的建筑、文物等进行观察比较，提出感兴趣的问题。

2. 开展故宫文化启蒙教育，培养学生热爱中华优秀传统文化的感情。在教师的指导下完成故宫实践活动，尝试用自己的方法进行学习，养成良好的学习习惯。通过学习故宫故事，养成勤俭节约、吃苦耐劳、言行一致的生活习惯和行为规范

3. 了解故宫和北京的生活习俗，了解一些故宫人物的故事，知道中华民族的重要传统节日，明白自己是中华民族的一员。初步了解传统礼仪，学会待人接物的基本礼节知识。引导学生孝敬父母、尊敬师长、友爱同学、礼貌待人，培养学生热爱故宫、热爱我们首都北京的情感。

小学低年级的故宫课程群目标是从文化基础、自主发展、社会参与三方面来描述的。对于具体某一门故宫课程，还需要将上述目标进一步分解和细化。以"皇帝的家"课程为例，这门课程是从儿童的视角来看故宫，组织小学生参观并了解故宫这个"皇帝的家"的布局、陈设、故事等，激发儿童对故宫的兴趣，了解古人的生活状况，学会中国人的交往礼仪知识。通过对故宫里的客厅、卧室、花园等的介绍，儿童能够逐渐熟悉古代建筑的名称、特点。通过实地参观、动手绘画，搭建积木等动手活动，建立对故宫空间的感性认知。通过皇子读书、游玩、过节等小故事，初步了解皇子的生活以及宫廷礼仪制度等，形成对中华优秀传统文化的亲近感。课程内容组织按照学生的心理年龄特点由浅入深，适合小学低年级段学生学习。

因此，这一门课程的目标表述为：通过故宫文化的启蒙教育，培育儿童对中华优秀传统文化的亲切感，培养热爱中华优秀传统文化的情感。了解故宫建筑的种类、特点等，初步感受故宫建筑之美；诵读故宫收藏的古代经典蒙书，获得初步的情感体验，感受语言的优美；了解故宫演变的简单历史，初步感知故宫的历史。知道故宫中的传统节日，了解故宫中的一些生活习俗，明白自己是中华民族的一员；初步了解故宫的传统礼仪，学会待人接物的基本礼节知识等。

（三）小学高年级

1. 了解故宫文化的丰富多彩，提高对故宫文化的感受力。理解汉字的文化含义，体会汉字优美的结构艺术。诵读古代诗文和故宫馆藏经典篇目，理解作品大意，体会其意境和情感。通过故宫藏品，感受各民族艺术的丰富表现形式和特点，尝试运用喜爱的艺术形式表达情感。通过故宫实践活动，感受古代的科技发展成就，形成初步的科学观念和科学思维。

2. 加深对故宫文化的认知，培养对故宫建筑、藏品、人物等内容的学习兴趣。能借助网络、媒体等渠道，运用自己喜欢的方式学习和了解故宫文化。通过对故宫体育文化的探究，培养对传统体育活动的兴趣爱好，养成健康的生活习惯。

3. 通过故宫文化，了解中华民族历代仁人志士为国家富强、民族团结做出的牺牲和贡献。知道重要传统节日的文化内涵和北京生活习俗的变迁。学习故宫人物故事，逐步提高辨别是非、善恶、美丑的能力，开始树立人生理想和远大志向，热爱故宫文化。

小学高年级和小学低年级相比，学生需要获得进一步的发展。在故宫课程学段目标上也相应地有所提高。在这一阶段的具体某一门故宫课程目标就需要在这一阶段目标的基础上进行分解和细化。如"故宫寻宝"课程，通过拟人化的方式，将故宫中珍贵文物背后的故事和文化价值以及与现代生活的联系等讲述出来，促进学生对故宫文物的文化理解。从日常生活中常见的瓷器开始，到金银器、玉器、青铜器，从故宫的首饰、服饰、家具到故宫的书法、绘画、典籍等，较为完整地介绍故宫的珍贵藏品。藏品的故事蕴含着传统美德、人文精神和思想理念，通过学生听故事、讲故事、画故事等方式体会和理解其中的道理。

因此，这门课程目标表述为：通过故宫藏品故事，提高学生对故宫文化和中华优秀传统文化的感受力。学生了解石鼓的传奇故事，理解汉字的演变历史和文化含义，体会汉字优美的结构艺术。诵读故宫收藏的典籍和诗文经典篇目，理解作品大意，体会其意境和情感；通过服饰、首饰等，感受各民族艺术的丰富表现形式和特点。通过传世名画的故事，教育学生尊重历史，培养学生的爱国情感，树立民族自豪感和自信心，引导学生逐步提高辨别是非、善恶、美丑的能力，热爱悠久历史和宝贵文化，开始树立人生理想和远大志向。同时，在学习本课程的过程中，能够将学校学科知识与课程内容相联系，增强学习动力，积极思考，能学以致用、知行合一。

（四）初中阶段

1. 了解故宫文化，初步理解故宫文化内涵。临摹故宫收藏的名家书法，体会书法的美感与意境；诵读故宫经典中的古代诗词，初步了解古诗词格律，阅读故宫经典，注重积累、感悟和运用，提高欣赏品位。欣赏故宫中的音乐、戏剧、美术等艺术作品，感受其中表达的情感和思想。通过故宫综合实践活动，提升学生的理性思维，培养学生批判质疑和勇于探究的科学精神。

2. 增强学生对中华优秀传统文化的理解力。基本能够综合运用跨学科知识开展故宫项目式的学习。能有效地获取、评估、鉴别、使用信息，具备初步的故宫相关文献检索、阅读能力。通过故宫建筑、藏品、人物等内容的学习，养成珍爱生命、积极进取的健全人格。

3. 通过故宫文化，提高对中华优秀传统文化的认同度。认识我国统一多民族国家的文化传统和基本国情，知道中国历史的重要史实和发展的基本线索，理解国家统一和民族团结的重要性，认识中华文明的历史价值和现实意义，培养作为中华民族一员的归属感和自豪感。积极参与故宫文化的传播与创新活动。

初中阶段故宫课程群的学习以增强故宫文化理解力为重点，能够综合多学科知识分析和解决在故宫课程学习中的问题。在具体某一门课程中，将上述的阶段目标加以分解和细化。如"故宫之美"这一课程是基于初高中美术必修模块的内容设计，把故宫艺术和美术鉴赏中的建筑艺术、雕塑艺术、中国古代绘画艺术等进行整合，以故宫之美为核心问题，创设情境，对美术鉴赏的基本方法和基本知识进行以点带面的课程学习，让学生流连于故宫之美的同时提升文化理解、美术表现等艺术素养，让学生喜欢故宫，喜欢欣赏故宫，喜欢美术鉴赏，喜欢中国优秀的文化遗产。

因此，这门课程的目标表述为：故宫之美这一课程围绕故宫建筑之美、艺术作品之美，让对优秀中国传统文化的鉴赏与了解成为学生艺术素养提升的重要平台。学生通过课程和实践活动等多种途径，系统学习故宫之美的相关鉴赏知识和艺术创作方法。将优秀中华文化的教育内涵融入课程体系，让学生了解、学习、热爱中华文化。通过故宫博物院的实践活动、教学课程和活动，在传承优秀中华文化的过程中，创新学校的教育教学内容和模式、推动中华优秀传统文化的传承、创新、发展。

（五）高中阶段

1. 通过故宫文化，感悟中华优秀传统文化的精神内涵。阅读故宫中篇幅较长的传统文化经典作品，提高古典文学和传统艺术鉴赏能力。通过对故宫的建筑、藏品、人物等的学习中提升人文情怀和审美情趣。在故宫研究性学习和项目式学习中，提升学生的理性思维，培养学生批判质疑和勇于探究的能力和品格。

2. 进一步理解故宫文化内涵，能综合运用多学科知识进行故宫课程学习。感悟传统美德中与时俱进的品质，自觉以中华传统美德律己修身，理解生命的意义和价值，养成健康的生活方式。汲取前人经验和智慧，培养豁达乐观的人生态度和抵抗困难挫折的能力。

3. 认识中华文明形成的悠久历史进程，感悟中华文明在世界历史中的重要地位。通过故宫文化，了解中华民族丰富的文化遗产。深入理解中华民族最深沉的精神追求，更加全面客观地认识当代中国、看待外部世界，坚定文化自觉和文化自信，成为故宫文化的传播者和创新者。

高中阶段故宫课程群以增强学生对中华优秀传统文化的理性认识为重点，引导学生增强对学习和传承中华优秀传统文化的自信心。对于高中阶段具体的某一门故宫课程，还要结合学科课程标准，对阶段目标进行具体化。如"故宫双语导游"课程是一门英语学科与故宫资源相结合的选修课程。通过理论学习与实践活动等多种形式，学生能够用英语和汉语向中外游客介绍故宫，成为一名小导游。课程突出文化理解能力、国际理解能力培养，以更加开放和自信的态度讲好故宫故事和故宫文化。

因此，这门课程的目标表述为：本课程以高中英语新课程标准为指导，结合本校学生的自身特点以及校本课程的特色，设置了该课程标准。总体目标是培养学生的英语学习兴趣，增强其对我国文化遗产的热爱之情以及自豪感，使其形成多样化且有效的英语学习策略，提高其语言实际运用能力，并为宣扬中华文化做出应有的贡献。具体目标包括：①学生对故宫的历史、建筑、主要景点等有较透彻的了解，并能用英文讲解，充当外国人的导游。②让学生了解外国人眼中的故宫，拓展其国际视野，增强其爱国之情，尤其是对中华物质及非物质文化遗产的热爱，并且加强其保护文化遗产的意识。③学生通过校本课程内容的学习以及实践活动的参与中感受到英语的确可以学以致用，在提高其语言运用能力的同时增强其对英语本身的兴趣。④通过参加丰富多样的内容以及各种形式的活动，让学生具备合作学习、做调查报告、利用网络资源搜索信息、自主策划组织活动的能力。

第五章

故宫课程群的结构与内容

课程结构是指课程内容的总体框架和呈现方式，它是在课程目标的统领下，依据学生实际和学科知识逻辑以及社会发展需求对课程的内容进行科学合理的架构。如果说课程目标是解决"为什么教、为什么学"的问题，那么课程结构与内容就是解决"教什么、学什么"的问题。

第一节　依据和原则

故宫课程群的内容是以教育部制定的义务教育和高中课程方案为依据，按照时代性、基础性、选择性、关联性原则，建构基础型、拓展型、提升型三类课程结构的课程群体，满足不同学段、不同特长学生的多元发展需求。故宫课程群结构遵循教育规律和学生成长规律，贯彻整体构建、有序衔接、依次递进的思路，课程框架体现系统性，内容设置立足学生实际，以培养学生文化自信为目标，以学科课程为生长点，以故宫博物院资源为载体，遵循"致知、激情、诚意、力行"文化自信培养的实践逻辑，构建以"故宫之学、故宫之问、故宫之思、故宫之辨、故宫之行"为主线的学习路径，从而实现课程结构与内容的校本建构创新。

对于故宫课程群结构与内容的设计，可以分为两个问题：一是如何选择和设计故宫课程群的内容，二是如何对已经设计好的故宫课程群内容进行组织进而形成一定的结构。

一、故宫课程群内容选择的依据

（一）关联学科知识与故宫文化知识，注重基础性

课程内容即学科知识，这是知识本位的课程观，也是课程内容的一种取向。故宫文化包含大量传统文化知识，如何选择这些内容作为故宫课程群的内容，就需要确定选择的依据标准和基本原则。故宫课程群的基本目标是青少年通过故宫课程群的学习，对故宫和故宫文化有初步的了解。因此，故宫

文化知识是故宫课程内容的重要组成部分。而故宫文化知识反映在故宫的建筑、藏品、宫廷历史等方面，从学校教育来说，在故宫课程群内容设计时，主要是依据中小学课程方案和各学科课程标准将故宫建筑、藏品和宫廷历史等各方面的知识选取出来作为故宫课程群的内容。具体而言，就是各个学科教师根据各自学科课程标准和教材内容以及故宫博物院的展览、展馆或藏品、历史等，将这两方面关联起来，从而确定故宫课程群的内容。

以表5-1为例，可以看出历史学科教师可以将故宫博物院的展馆所展示的故宫文化知识与学科教材内容关联起来，选取故宫课程群的内容。依据课程标准、学科教材与故宫文化知识的关联选取故宫课程群的内容有两大优点：一方面，这种选择方法有利于对纷繁复杂、包罗万象的故宫文化进行学科化的梳理和分类，具有系统性和逻辑性；另一方面，这种选择加强了故宫文化知识与学校教育学科知识的关联与融合，具有基础性和科学性。

表5-1　结合历史学科教材选取故宫课程内容

故宫博物院	教材内容	知识联系点
青铜器馆	中国古代政治制度、古代手工业的进步	青铜器所体现的分封制与等级制；青铜器的制作工艺与鉴赏
军机处	清朝君主专制的强化	军机处的设立与清朝君主专制、文化专制强化的时代背景
珍宝馆	清朝对西藏地区的有效管辖	涉藏文物金胎绿珐琅高足盖碗体现清朝入关后历代皇帝对达赖喇嘛、班禅额尔德尼的册封及乾隆时期驻藏大臣进行金瓶掣签选定转世灵童
	清朝巩固西北边疆	涉疆文物银累丝瓜棱式瓶体现清代回部与康乾政权的战与和
颐和轩	清朝巩固西北边疆	乾隆帝西师诗体现乾隆时期在维吾尔族人民的支持下平定回部大小和卓叛乱并设立伊犁将军，加强对西北地区管辖的史实

（二）结合故宫博物院活动和社会生活需要，注重开放性

依据课程内容是当代社会经验的取向，故宫课程群内容的选择应考虑到故宫博物院开展的活动以及学生的社会实践活动。以活动为取向的课程注重课程与社会生活的联系。故宫课程群的内容不是简单地将故宫文化知识作为学校课程的一种拓展延伸，也不是将故宫文化知识简单地纳入学科知识体系

之中，而是结合故宫博物院作为博物馆具有社会教育职能的特点，以及社会生活中，特别是为了未来社会生活的需要，选择设计故宫课程群的内容。故宫课程群不仅关注向学生传递哪些故宫文化知识，而且还要通过选取和设计故宫学习活动，让青少年参与故宫文化相关活动，在活动中学习体验故宫课程群内容。比如，4月18日为国际古迹遗址日，故宫博物院向青少年开展文化遗产保护的教育活动，这一天，故宫组织中小学生在故宫太和殿三台开展针对石材的清洗保护体验活动。学生们学习石材文物清洗的基本步骤，了解针对不同的文物质地和污染物应采取不同的清洗方法。最后在专家指导下，学生们分5组进行清除积土积灰的实践。经过2个小时的体验，学生们纷纷表示，平时要坚决杜绝不文明的行为，要自觉参与到文物保护中去。类似这样的活动还有很多，比如：增进中外文化交流，组织开展故宫双语导游活动；为故宫游客提供更加舒适的环境，在故宫博物院开展座椅设计调查研究；等等。这些学习活动与时俱进，与故宫博物院的教育功能紧密结合，增进了馆校间的合作，同时也克服了学科教材知识体系的封闭性，使得故宫课程群内容的设计选择更加开放，更加符合社会生活的需要。

（三）分析学习者的学习经验和需求，注重发展性

18世纪法国的卢梭、20世纪美国的杜威以及被誉为课程之父的拉尔夫·泰勒等人都把学习者的经验作为课程内容的核心。事实上，学习者的学习质量取决于学习者自身的学习活动和学习经验，而不是教师或教材呈现了什么内容。学习经验取向强调：学习质量取决于学习者本人而不是教材，学习是学习者主动参与的过程，教师或课程必修要创造适合和激发学习者学习的环境和条件。因此，故宫课程群的内容选择不仅仅依据学科知识，也不仅仅是学习活动，还需要依据学生的年龄特点、认知规律和心理需求等，从青少年的实际需要出发，选择适合青少年全面而有个性发展的成长内容和情境。比如，在设计故宫课程群内容的过程中，必须要对学生对故宫文化的认知和需求有一个初步的调研和分析。例如对初中一年级的学生，我们设计了这些问题来调查学生对故宫的认知：你去过故宫吗？是学校组织还是家长带领？你心中的故宫是什么样的？你去故宫最想参观的是什么？你看过哪些有关故宫的书籍或影视资料？通过这些问题，可以了解学生对故宫的认知情况和他们的需求，这些对于设计故宫参观活动和选择故宫课程群的内容都是非常有必要的。

综上所述，故宫课程群的内容是在综合"课程内容即教材、课程内容即学习活动、课程内容即学习经验"三种课程内容取向来选择的。这样使得故

宫课程群的内容具有基础性、开放性和发展性，既发挥出故宫文化的教育价值，又与故宫课程群的目标相吻合。

二、故宫课程群内容组织的原则

在选择了故宫课程群内容的基础上，需要把这些内容按照一定顺序组织起来，这就涉及如何对课程内容进行组织的问题。课程专家就课程组织问题提出了很多观点，其中，拉尔夫·泰勒认为，课程组织要遵循三条原则，即连续性、顺序性、整合性。古德莱德提出课程组织原则是连续性、顺序性、整合性、衔接性和范围。① 综合专家观点，我们认为故宫课程群内容组织主要遵循以下三个原则。

（一）纵向组织与横向组织相结合

纵向组织原则是最常见的课程组织原则。拉尔夫·泰勒提出的顺序性和连续性都是在强调这种纵向组织。故宫课程群的内容组织上由易到难，由形象到抽象，思维由简单到复杂。从小学低年级到高中阶段，故宫课程群的内容安排与学科课程内容相似，都是按照纵向原则进行组织。比如，小学低年级知道姓、名、字、号的含义，会使用尊称、敬称、谦称，知道避讳及其方法；到了小学高年级知道皇帝年号、庙号、姓名、谥号的含义并能区分和判断这些称谓；到了初中阶段，知道中国古代皇室宗亲的称谓，知道古代官职及其职掌等；高中阶段了解中国古代政治思想，如分封制与宗法制，明清中枢制度的演变等。

横向原则是指打破学科的界限和传统的知识体系，将不同学科的内容和方法融合起来，形成跨学科或多学科的框架结构。大家熟悉的 STEAM（科学、技术、工程、艺术、数学）教育就是课程内容的一种横向组织。故宫课程群虽然以学科课程标准和教材与故宫文化知识相关联，但是也注重不同学科横向之间的融合，比如《故宫脊兽》这门课程，主要介绍故宫建筑上的脊兽，其中涉及语文、历史、生物、美术、劳动技术等多学科知识和技能。在故宫课程群中有一类课程就是融合课程，每门课程都是综合多个学科，要求学生能够综合运用多个学科知识分析和解决故宫文化学习中遇到的问题。

纵向组织与横向组织是不同的课程内容组织方式，在设计组织具体课程内容时，要结合课程内容和学生实际以及故宫课程资源情况，遵循这一原则，使得课程组织符合学生认知与课程目标。

---

① 钟启泉．课程与教学论［M］．上海：华东师范大学出版社，2008：132．

（二）逻辑顺序与心理顺序相结合

所谓逻辑顺序，是指按照学科知识内在的逻辑顺序组织课程内容。每一门学科在其发展的过程中都逐渐形成了本学科知识体系的内在逻辑。故宫课程群内容以故宫文化知识为主体，其内在逻辑结构是与故宫文化的三层结构相一致的。具体来说，故宫文化最直观的是故宫文化物质层，如故宫建筑、藏品等；中间层是故宫文化心物层，包括传统技艺、典章制度等；最里层是故宫文化心理层，就是故宫文化蕴含的人文精神、文化心理等。从故宫文化理解与传承的角度看，这种逻辑顺序就是从故宫文化的物质层，到故宫文化的心物层，再到故宫文化的心理层。因此，在故宫课程群的内容组织上遵循这一逻辑顺序，使得学生对故宫文化的理解由浅入深，由物质到精神，由形象到抽象。

所谓心理顺序，是指按照心理发展的特点来组织课程内容。故宫课程群内容按照心理顺序组织安排。在学前教育和小学低年级阶段的故宫课程群内容要从幼儿心理特点出发，多以绘本、动画、和故宫里的动物、植物、石子画等内容呈现故宫文化，内容涉及健康、语言、社会、科学、艺术五个领域。再比如，在初中阶段和高中阶段都有"故宫历史"课程，初中阶段的课程内容主要是介绍故宫以及北京城的发展历史，是一种编年史的方式，高中阶段的课程内容主要是通过一系列历史专题探究，通过史料引导学生探究故宫历史背后的历史逻辑，学会运用史料分析的方法，形成正确的历史价值观。在这些内容的组织上，既要考虑到学生年龄特点和心理发展特点，又要遵循学科知识的逻辑性和系统性。

总之，故宫课程群内容的组织遵循逻辑顺序与心理顺序相统一的原则。既要考虑学科本身的内在逻辑，又要考虑学生的接受程度，使得故宫课程群内容组织具有科学性和趣味性。

（三）直线式与螺旋式相结合

直线式是指以环环相扣、不予重复、直线推进的方式组织安排课程内容。故宫课程群内容在基础知识和基础课程的内容上按照直线式原则组织安排。比如"故宫瓷器"课程，按照陶瓷的历史、陶瓷的工艺、艺术赏析、现代陶瓷、陶瓷制作等内容进行安排，这一安排减少重复，直线推进，课程内容安排紧凑有序，有利于课程实施。

螺旋式是指先呈现学科的基本概念、基本原理，然后在更高层次上重复它们，直到完全呈现出学科知识思想和方法。螺旋式组织课程内容在学科课程内容组织上是一个普遍原则，如数学学科在有关"数"的内容组织上，从小学学习自然数到分数，到初中学习负数、整数、有理数、无理数，再到高中学习实数、虚数、复数等，这一安排就是遵循了螺旋式原则。故宫课程群中对故宫文化内容的安排也遵循这一原则。小学阶段学习故宫建筑的颜色、造型、布局等，初中阶段学习故宫建筑颜色、造型、布局蕴含的文化和人文精神，高中阶段学习故宫建筑的设计原理、文化理念，与世界其他宫殿建筑对比研究等。这种螺旋上升，不断地提升学生对故宫文化的理解深度，进而提升其对故宫文化的理解能力。

总之，直线式与螺旋式各有优缺点，故宫课程群结合这两种组织原则安排内容，使得故宫课程群结构具有多样性和层次性，体现出故宫课程群结构的立体化特点。

第二节　故宫课程群的结构

依据故宫课程群的总体目标和分学段目标，在故宫课程群内容选择的依据和课程内容组织的原则下，故宫课程群形成一个总体框架，即"三层次、四领域"。具体而言，"三层次"是根据课程内容的难度和面对的群体来划分的，有面向全体学生的基础课程，面向部分学生的拓展课程，面向有学科特长和专业爱好的学生的融合课程。"四领域"是根据学科内容来划分的，包括人文与社会、科学与技术、艺术与审美、生活与健康四个领域。

一、故宫课程群的三层次

第一层面是基础型课程，主要是有关故宫文化基础知识的一类课程，包括对紫禁城、北京城的历史、故宫博物院的基本情况，故宫作为世界文化遗产等基础知识。这类课程面向全体学生开设，是必修课程，比如"走进故宫""故宫历史"等。课程目标是学生能够对故宫有一个立体的感知。

第二层面是拓展型课程，主要是以各学科为生长点，以故宫博物院的文物资源为载体，将学科内容进行拓展的一类课程，这既是对学科内容的一种应用，又是将故宫资源融入学科之中，比如"故宫双语导游""故宫楹联""故宫陶瓷""故宫物理"等。拓展课程满足多元选择需要，适合不同学段、不同兴趣爱好学生的发展需求。课程目标是站在学科的角度理解认识故宫文化，认识学科知识与实际生活的紧密联系，增强学生对中华优秀传统文化的自豪感和归属感。

第三层面是提升型课程，主要是各类专题，与多个学科融合，综合运用多个学科思想方法的一类课程，比如"故宫文创""故宫科创""故宫文化"

等。提升型课程满足学生个性化发展需求，适合学生开展研究性学习、项目式学习等。课程目标是让学生进一步认识理解学科思想方法，提升综合运用所学知识研究解决问题的思想、方法、能力，认识理解中华优秀传统文化的精神内涵和文化价值，树立文化自信和价值认同。

图 5-1　故宫课程群结构图

二、故宫课程群的四个领域

故宫课程群的领域是指当前学习内容的知识领域，分为人文与社会、科学与技术、艺术与审美、生活与健康四个领域，这四个领域涵盖了学校课程中各部分知识领域的内容。

人文与社会领域主要是结合语文、英语、历史、地理、政治等学科知识，挖掘故宫文化中的相关课程资源，开发的课程有《走进故宫》《故宫历史》等。

科学与技术领域主要是结合数学、物理、化学、生物、信息技术、通用技术、劳动技术等学科知识，将故宫文化资源作为学科问题情境或研究对象，开发的课程有"故宫数学""故宫生态""故宫科创""故宫物理"等。

艺术与审美领域主要是结合音乐、美术等学科知识，依托故宫资源，开展相关课程和活动，如"故宫宝贝""故宫之美""故宫书画"等。

生活与健康领域主要是结合体育健康等学科知识，转化故宫文化资源为课程资源，开发的课程有"故宫体育""故宫人物""故宫中医"等。

需要指出的是，故宫课程群的四个领域在某一门课程上不是严格区分的，比如"故宫遗产"课程是人文与社会和科学与技术以及艺术与审美三个领域的融合，是一门融合课程，不能单独地把这门课程划分为某一个领域的课程。

总之，"三层次、四领域"的课程群结构是一个整体结构。三层次主要是考虑学生能力发展的逻辑，四领域主要是考虑课程知识的逻辑。四领域为横向维度，三层次为纵向维度，纵横交错，形成一个立体的课程结构。

表5-2 故宫课程群结构表

课程类型	课程名称	课程领域	课程内容要点	适用学段
基础课程	1-1 皇帝的家	人文与社会	绘本讲述故宫的故事	小学低年级
	1-2 故宫寻宝	艺术与审美	拟人化讲述故宫藏品故事	小学低年级
	1-3 故宫成语	人文与社会	故宫人物故事、故宫小常识	小学高年级
	1-4 走进故宫	人文与社会	故宫历史、建筑、藏品等知识	初高中
	1-5 故宫历史	人文与社会	故宫建筑、历史、文化探寻	初高中
	1-6 故宫之美	艺术与审美	立体感知故宫、故宫审美	初高中
拓展课程	2-1 故宫楹联	人文与社会	语文学科拓展、故宫文化内涵	初中
	2-2 品阅故宫	人文与社会	历史学科拓展、故宫文化内涵	高中
	2-3 故宫数学 I	科学与技术	数学学科拓展与应用	初中
	2-4 故宫数学 II	科学与技术	数学学科拓展与应用	高中
	2-5 故宫物理	科学与技术	物理学科拓展、宫殿、建筑力学	初中
	2-6 故宫体育	生活与健康	体育学科拓展、传统体育活动	初高中
	2-7 故宫中医	生活与健康	体育与健康、中医、传统文化	高中
	2-8 故宫双语导游	人文与社会	英语学科拓展、英语应用	初高中
	2-9 故宫生态	科学与技术	地理学科拓展、生态系统、水系	初高中
	2-10 故宫生物	科学与技术	生物学科拓展、花卉、动物形象	初中
	2-11 故宫地理	人文、科学	地理学科拓展、环境保护	初高中
	2-12 故宫青铜器	人文、艺术	政治学科拓展、世界遗产	初高中
	2-13 故宫珍宝	人文、艺术	历史学科拓展、文明历史	初高中
	2-14 故宫书画	人文、艺术	美术学科拓展、山水画、书法	初高中
	2-15 故宫陶瓷	技术、艺术	化学学科拓展、陶瓷历史与制作	初高中
	2-16 故宫科创	人文、技术	技术学科拓展、虚拟现实的故宫	高中

课程类型	课程名称	课程领域	课程内容要点	适用学段
提升课程	3-1　故宫文创	人文、技术、艺术	故宫脊兽、故宫窗灯、故宫印章	初高中
	3-2　故宫人物	人文、艺术、生活	历史人物、历史事件评论	初高中
	3-3　故宫色彩	人文、技术、审美	色彩的文化含义、运用原理与保护	高中
	3-4　故宫建筑	人文、技术、艺术	建筑力学与美学探究、实践操作	高中
	3-5　故宫遗产	人文、技术、艺术	典藏化学材料分析与保护	高中
	3-6　故宫文化	人文、艺术、生活	文化理解与创新、文化自信培养	高中

第三节　故宫课程群的内容

故宫课程群内容是在三种课程内容取向的基础上形成的。为了更好地呈现故宫课程群的内容，本节按照故宫课程群的三个层次介绍故宫课程群的内容，从中可以看到故宫文化知识是如何与学科知识相融合的，以及故宫文化知识的不同呈现方式。在每一个层次的课程都会涉及一个领域或是多个领域的融合，体现课程的综合性。

一、基础型课程

基础型课程是对故宫文化资源进行最基本的介绍，目的是通过课程学习，青少年能对故宫有初步的了解，激发其对故宫的好奇心，掌握故宫文化的一些基本的文化常识。从课程类型来说，都是校本必修课程。下面以课程纲要的形式介绍基础型课程内容。

"皇帝的家"课程纲要

课程类型：基础课程
课程领域：人文与社会
授课对象：小学低年级学生
课程简介
从儿童的视角来看故宫，参观并了解故宫这个"皇帝的家"的布局、陈设、故事等，激发儿童对故宫的兴趣，了解古人的生活状况，学会中国人的交往礼仪。通过对故宫里的大殿、寝殿、花园等的介绍，儿童能够逐渐熟悉古代建筑的名称、特点。通过实地参观，动手绘画涂色、搭建积木等动手活动，建立对故宫空间的感性认知。通过皇子读书、游玩、过节等活动的小故事，初步了解皇子的生活以及宫廷礼仪制度等，形成对传统文化的亲近感。课程内容组织按照学生的心理年龄特点由浅入深，适合小学低年级学段学生学习。

课程目标

通过故宫文化的启蒙教育，培育儿童对中华优秀传统文化的亲切感，培养热爱中华优秀传统文化的感情。了解故宫建筑的种类、特点等，初步感受故宫建筑之美；诵读故宫收藏的古代经典蒙书，获得初步的情感体验，感受语言的优美；了解故宫演变的简单历史，初步感知故宫的历史。知道故宫中的传统节日，了解故宫中的一些生活习俗，明白自己是中华民族的一员；初步了解故宫的传统礼仪，学会待人接物的基本礼节等。

课程内容

第一章　皇帝家的房子

（一）皇帝家的门

（二）皇帝家的屋顶

（三）皇帝家的窗户

（四）皇帝家的客厅

（五）皇帝家的卧室

（六）皇帝家的书房

第二章　皇帝家的花园

（一）御花园

（二）乾隆花园

（三）慈宁花园

第三章　皇帝家的生活

（一）皇子的玩具

（二）皇子的学习

（三）启蒙图书

（四）皇子的体育活动

（五）皇帝家的宠物

第四章　皇帝家的节日

（一）春节

（二）端午节

（三）中秋节

（四）冬至

（五）万寿节

第五章　皇帝的家成了博物馆

（一）北京城的历史

（二）紫禁城的历史

（三）故宫博物院的历史

课程实施

本课程共 25 课时（每课时 40 分钟），每节课可以安排在故宫博物院学习，也可以在教室内完成。通过儿童可接受的绘本和人物故事来讲述故宫建筑的类型和特点，儿童自主完成绘本阅读或听故事，或是通过找一找、画一画、说一说、演一演等方式学习体验故宫文化，初步了解故宫文化。教师启发学生提出问题，引导学生自主分析问题，到故宫寻找问题答案或找到解决问题的方法等。

课程评价

本课程评价分为对学生的学业评价和对课程内容与实施的评价。在学生学业评价上，综合过程性评价和终结性评价，过程性评价突出儿童参与课程态度、表现等情况，考查儿童手绘作品、讲故事等情况。终结性评价考查学生结合学习讲述故宫小故事、绘画、创意作品等情况，注重积极正面的评价，促进儿童形成对故宫文化的亲切感和好奇心。在课程内容与实施的评价上，组织教师和家长征求课程内容与实施修改意见建议，邀请课程专家和儿童心理专家，评估课程内容呈现方式和实施方式。

"故宫寻宝"课程纲要

课程类型：基础课程

课程领域：艺术与审美

授课对象：小学高年级学生

课程简介

故宫是中华文化宝库，用儿童的眼光看待故宫中的珍贵文物别有趣味。通过拟人化的方式，将故宫中珍贵文物背后的故事和文化价值以及与现代生活的联系等讲述出来，促进儿童对故宫文物的文化理解。从日常生活常见的瓷器开始，到金银器、玉器、青铜器，由故宫的首饰、服饰、家具到故宫的书法、绘画、典籍等，较为完整地介绍故宫的珍贵藏品。藏品的故事蕴含着传统美德、人文精神和思想理念，通过儿童听故事、讲故事、画故事等方式体会和理解其中的道理。

课程目标

通过故宫藏品的故事，提高学生对故宫文化和中华优秀传统文化的感受力。学生了解了石鼓的传奇故事，理解汉字的演变历史和文化含义，体会汉字优美的结构艺术。诵读故宫收藏的典籍和诗文经典篇目，理解作品大意，体会其意境和情感；通过服饰、首饰等，感受各民族艺术的丰富表现形式和特点。通过传世名画的故事，让学生尊重历史，培养他们的爱国情感，树立民族自豪感和自信心，引导学生逐步提高辨别是非、善恶、美丑的能力，开始树立人生理想和远大志向，热爱悠久历史和宝贵文化。同时，在学习本课程的过程中，能够将学校学科知识与课程内容相联系，增强学习动力，积极思考，能学以致用，知行合一。

课程内容

第一章　金銮宝殿

（一）金丝楠木在哪里？里面有金丝吗？

（二）金砖在哪里？它是用金子做的吗？

（三）大石雕在哪里？它是怎么被运到故宫的？

（四）在哪里能找到大禹治水的故事？它有着怎样的故事？

（五）和氏璧还在吗？皇帝的大印在哪里？

第二章　衣食住行

（一）皇上的衣服与别人的衣服有什么不同？

（二）皇家的茶杯、酒杯、饭碗、菜盘什么样？

（三）乾隆最喜欢的钟表在哪里？

第三章　书画墨宝

（一）最早的汉字是什么样子？

（二）李白的字写得好看吗？

（三）苏轼写的字和画在哪里？

（四）《富春山居图》藏在哪里？

第四章　天工开物

（一）青铜器在哪里？它原来是什么颜色？

（二）故宫里怎么计时？

（三）古人怎么观察星星？

（四）故宫里有印刷厂吗？印过什么书？

第五章　国宝会说话

（一）故宫国宝在哪里？

（二）为什么要保护国宝？

课程实施

本课程共 20 课时（每课时 40 分钟），主要以讲故事的形式，激发学生对故宫文物的好奇心和探究欲。通过视频、音频、图片，或现场参观，任务驱动，寻找故宫里的珍贵文物，探究这些文物的传奇故事，体会其在中华文化中的地位和作用，了解文物的艺术价值、历史价值和文化内涵，以及为保护文物所付出的努力和奋斗，感受文物的珍贵，增加对文物、对故宫文化的热爱之情。教师设计任务单引导学生在故宫博物院实地参观学习和探究，得出相关结论。通过学生自主探究和小组合作，设计展板、绘画，或录制音视频作品等形式，反映学生的学习成果。

课程评价

在学生学业评价上，考查学生参与课程的表现情况，能否积极思考，回答问题，能否与他人合作，共同完成任务，能否表达自己的认识和思考，能否将学科知识和本课程内容结合起来，应用到解决实际问题中，等等。通过故事会、演讲会、表演节目等形式展示学生学习成果，并给予学生积极的评价，注重过程性评价。在课程内容与实施的评价上，注重家长和课程专家的意见建议，从故宫文物知识的专业性和科普性以及儿童心理等角度出发，评价课程内容与实施的科学性和实效性。

"故宫成语"课程纲要

课程类型：基础课程
课程领域：人文与社会
授课对象：小学高年级学生

课程简介

故宫是中华优秀传统文化的象征，成语是中华优秀传统文化的一大特色。将故宫与成语相结合，就会有很多有趣的故事、有意思的人物、有价值的文物出现，这既是在了解故宫，又是在学习成语。通过成语典故学习了解故宫文化，既能增进儿童对故宫文化的亲切感，又能让儿童深刻理解成语的文化内涵，感受祖国语言文字的魅力，增强文化自觉和文化自信，同时在故宫的成语学习中开阔了儿童的视野，使儿童形成正确的故宫文化认知。

课程目标

通过对常见成语的学习，结合故宫实地参观活动，学生更加深入理解中华优秀传统文化及人文精神，在成语和故宫文化的学习探究中，了解其文化的相关性，提高对故宫文化和传统文化的感受力，学会用成语造句和表达，能够结合成语讲解故宫文化相关的历史人物和历史事件，提高辨别是非、善恶、美丑的能力。在学习相关成语之后能够理解他人，开始树立人生理想和远大志向，热爱祖国河山、悠久历史和宝贵文化。

课程内容

第一章　与故宫建筑有关的成语

（一）亭台楼阁、金碧辉煌、雕梁画栋、雕栏玉砌

（二）巧夺天工、栋梁之材、琼楼玉宇、鸟革翚飞

（三）五脊六兽、大兴土木、钩心斗角、偷梁换柱

第二章　与故宫藏品有关的成语

（一）一言九鼎、问鼎中原、刻骨铭心、掩耳盗铃

（二）破釜沉舟、金声玉振、金瓯永固、化干戈为玉帛

（三）宁为玉碎不为瓦全、奉为圭臬、入木三分

（四）江山如画、胸有成竹、画龙点睛

第三章　故宫成语绘画创作

（一）成语绘画创作方法

（二）成语故事演讲会

课程实施

本课程共 10 课时（每课时 40 分钟），课程以讲解成语故事和出处为主，学生通过图片、视频或故宫现场实地参观等方式学习成语，了解成语典故的来源和它的引申含义。教师还可以组织学生围绕成语故事开展小组合作，查阅成语词典，了解其意义，结合故宫文化，讲解成语的含义，并分析其中蕴含的故宫文化。最后，组织学生根据成语含义，用图画或其他形式讲述成语故事，召开成语故事演讲会。

课程评价

学生学业评价注重形成性评价，开展学生互评，考查学生参与课堂表现情况、掌握成语的个数、成语绘画作品、成语故事会表现情况等。课程内容与实施的评价从课程内容与目标的一致性、课程内容的呈现方式、学生的可接受程度、教学方式的合理性等方面综合评定，课程评估与课程改进相结合，成语故事逐渐在后续课程改进中进一步丰富和完善。

"走进故宫"课程纲要①

课程类型：基础课程

课程领域：人文与社会

授课对象：初一、高一年级学生

---

① 本纲要由北京市第六十五中学侯瑶玲老师提供。

课程简介

本课程从"世界遗产"的基本知识入手，介绍"世界遗产"的概念、分类、相关组织、相关文件、评定世界遗产的意义及目前世界遗产在世界上的分布情况等。通过绘制世界遗产的标志并进行评比，学生在活动过程中对于文化和自然遗产之间的依存关系、世界性价值的认识和理解得到内化。通过绘制故宫的平面图，让学生体会故宫的布局结构，体验感悟故宫杰出的建筑布局艺术。在此基础上，再来认识故宫，会体会到故宫这项世界文化遗产的重要意义。通过探究建筑形式和规模，探究并理解建筑等级制度。通过走进故宫了解故宫宫殿的建筑艺术、文物等，知道建筑结构及装饰的名称，感受故宫的建筑之美、之实用，藏品之罕有、之丰富。

课程目标

以故宫为例，知道文化遗产的基础知识，从地理角度入手让学生了解故宫这个世界文化遗产及其重要价值，增强学生保护世界文化遗产的意识和技能。学生不仅能够认识、欣赏世界遗产，知道它们的价值，还能够有参与保护世界遗产的机会，比如做有保护世界遗产意识的旅游者，或者能协调世界遗产保护与开发的协调者，最终成为故宫文化的传习者、传承者、传播者。

课程内容

第一部分：走近世界文化遗产

第二部分：世界最大的皇宫

（一）故宫选址有讲究（地理位置、影响因素等）

（二）一木一石哪里来？（故宫建材与地理）

（三）冬寒夏热皇帝如何抗？（故宫生活与气候）

（四）故宫建筑与气候（理解建筑文化与自然要素的关系）

（五）故宫中的满族文化传统

（六）二十四节气故宫中都做些什么？

（七）定向越野：故宫寻宝（认识故宫中的主要建筑）

第三部分：故宫旅游开发与保护

（一）故宫旅游线路设计（了解主要景点，会运用地图，绘制示意图等）

（二）故宫实地调查：故宫旅游环境如何？（了解故宫旅游现状，对遗产的正面、负面的影响及针对保护采取的措施等）

（三）讨论课：如何做一名受人尊重的旅游者（编写故宫旅游行为指南，为保护故宫献策）

课程实施

本课程适合初、高中起始年级学生，每周 2 课时，每课时 40 分钟，共 24 课时。课堂与实地考察相结合，可以用讲授、视频、讨论、访问、实践活动等多种形式。在对学生们进行世界遗产教育的过程中，应该立足周边，让学生能够亲历、去感受世界遗产的独特价值和意义，在此基础上才能进一步理解尊重其他地方的世界遗产，最终产生保护世界遗产的自觉性。

课程评价

故宫课程对学生的学业评价一般由以下几部分组成：上课出勤情况（10%）；课堂表现情况（10%）；参与实践情况和团结协作情况（20%）；任务完成情况（60%）。最终综合评定，分为四个等级：80分到100分为A级；70分到79分为B级；60分到69分为C级；60分以下为D级。适宜采用过程性评价。对本课程内容和实施的评价主要采取学生问卷，了解学生对课程内容和实施的意见建议，反思课程设计与实施，做好课程改进。

"故宫历史"课程纲要①

课程类型：基础课程

课程领域：人文与社会

授课对象：初一、高一年级学生

课程简介

从明代永乐皇帝营建紫禁城开始，紫禁城的故事就在流传。课程的内容也是从这里开始，本课程围绕故宫三大殿和后三宫的历史和人物故事，分析其中蕴含的历史意义和文化内涵。通过史料和实证分析，树立正确的历史价值观，讲授故宫历史，通过史料阅读与实地考察相结合，引导学生对故宫感兴趣并做初步研究。

课程目标

通过学习故宫相关知识以及亲身感悟与实践，学生加深了对于故宫知识的了解，提升了对于北京故宫的热爱之情，进而更进一步引起学生对于世界文化遗产的宣传与保护。同时，培养学生的学习兴趣，能够继承和发扬传统文化，教育学生做个具有传统文化素养的中国人。

课程内容

课时1　永乐迁都，天下之中

课时2　宫前气象，午门凤翔

课时3　太和之门，太和大殿

课时4　太和大典，中和方殿

课时5　保和宫殿，保和殿试

课时6　参观故宫

---

① 本纲要由北京市第一七一中学张月帅老师提供。

课时7　学生分组分享参观收获

课时8　文化经筵，文渊书阁

课时9　武英修书，内阁大堂

课时10　父子宰相，乾清宫门

课时11　康熙书房，乾清三案

课时12　乾清三宴，乾清三悲

课时13　课堂小结及分组进行学期汇报

课程实施

通过教师讲述与学生实际相结合，每节课定主题，带领学生对故宫知识有初步了解，并了解其背后的文化内涵，带领学生做初步探究。增进学生对传统文化价值的认识，激发学生学习传统文化的兴趣，弘扬中华优秀传统文化，同时也能够提高他们的人文素养及写作水平。引导学生明确学习故宫的主题，以故宫传统文化为主题，逐步向学生打开传统文化的大门，在参与和探索中成长。引导学生从各个不同方面和角度研究故宫历史。教师还注重向学生讲述研究历史的方法。

课程评价

（一）对学生学业的评价：采用体现学生的主体地位，多元化与多样性的评价体系。

对学生学业的评价由以下几个方面组成：学生的学习态度（10%）＋课堂出勤率与参与性（15%）＋课堂陈述（10%）＋活动表现（30%）＋校内宣传（15%）＋学习成果展示（20%）＝100%。总成绩分为四个等级：80分到100分为A级；70分到79分为B级；60分到69分为C级；60分以下为D级。

（二）对课程本身的评价方式：采用授课教师评价，学生评价及学习成果评价的方式。

授课教师评价主要包括其对课程是否符合时代性、内容的丰富性、发展性与拓展性、基础性与选择性、可操作性、科学性，以及与实际相结合的程度这几个方面进行评价打分。最后要求教师结合实际教学提出课程的优缺点以及改进意见。

学生评价主要包括学生对课程的趣味性、难易程度、实用性、在本课程中的收获以及对该课程的喜欢程度等进行全面的评价。

学习成果评价主要是看学生在该课程中的具体表现和态度，用于检验课程预设目标实现的程度。

"故宫之美"课程纲要①

课程类型：基础课程

课程领域：艺术与审美

授课对象：初一、高一学生

课程简介

本课程是基于初、高中美术必修模块的内容，把故宫艺术和美术鉴赏中的建筑艺术、雕塑艺术、中国古代绘画艺术等进行整合，以故宫之美为核心问题，创设情境，对美术鉴赏的基本方法和基本知识进行以点带面的课程学习。让学生流连于故宫之美的同时加强文化理解、美术表现等艺术素养，让学生喜欢故宫，喜欢欣赏故宫，喜欢美术鉴赏，喜欢中国优秀的文化遗产。

课程目标

"故宫之美"课程围绕故宫建筑之美、艺术作品之美，让对中国优秀传统文化的鉴赏与了解成为学生艺术素养提升的重要平台。通过课程和实践活动等多种途径，使学生系统学习故宫之美的鉴赏相关知识和艺术创作方法。将优秀中华文化的教育内涵融入课程体系，让学生了解、学习、热爱中华文化。通过故宫博物院实践活动、教学课程和活动，在传承优秀中华文化的过程中，实现创新学校教育教学内容和模式、推动优秀中华文化的传承、创新、发展。

课程内容

本课程涵盖了美术鉴赏书中建筑艺术、雕塑艺术、美术鉴赏基础、中国古代绘画四个单元的内容。其中包括故宫建筑艺术、故宫建筑形制、故宫的园林艺术、故宫建筑雕塑、故宫藻井艺术、故宫建筑彩画、故宫绘画鉴赏、故宫人物画、故宫山水画、故宫花鸟画。

课时 1　故宫建筑艺术

故宫建筑序列之美、故宫空间之美、故宫建筑结构之美

课时 2　故宫建筑形制

故宫建筑的形制、庑殿顶、歇山顶、攒尖顶、悬山顶、角楼

课时 3　故宫的园林艺术

故宫园林里建筑的妙趣、故宫园林的意境、故宫园林的叠山理水

课时 4　故宫建筑雕塑

纪念与象征——空间中的实体性艺术，雕塑的美感——形态美、体量美与力量美

---

① 本纲要由北京市第六十五中学田雄飞老师提供。

课时 5　故宫藻井艺术

追根溯源——皇家屋顶由简入繁，千变万化——内檐上变幻的线条，巧夺天工——穿插形成的稳定力学结构，流光溢彩——凝聚在屋顶内的色彩

课时 6　故宫建筑彩画

源远流长——建筑彩画的历史，主题鲜明——故宫建筑彩画的种类、雕梁画栋——彩画的基本设计语言，好色之筑——故宫建筑色彩的运用

课时 7　故宫绘画鉴赏

绘画鉴赏的一般过程、中国传统绘画的品评、形式鉴赏与社会学鉴赏四步法

课时 8　故宫人物画

中国传统绘画源远流长、中国人物画的主要艺术特征、中国传统人物画为什么注重传神写照

课时 9　故宫山水画

山水画的脉络、中国山水画体现的创作理念、青绿与浅绛

课时 10　故宫花鸟画

花鸟画的历史、中国传统花鸟画由写生到写意体现了画家怎样的情怀、中国传统绘画中线条的独特地位与作用

课程实施

本课程由 10 课时（每课时 80 分钟）组成，本课程设计主要是按照美术鉴赏的设计路线，可是美术鉴赏的内容比较驳杂，正巧我校就在故宫边上，从故宫讲起，让学生从不同的角度了解他们既熟悉又陌生的故宫之美。把美术书中的知识点放置在故宫之中，用实际景观让学生找寻美的出处，了解匠人的匠心，体会中国艺术文化的伟大。

课程评价

课堂形成性评价——根据本节课的课堂参与度、学习习惯进行评价，由组长带领组员在上交作业时填写评价量化表，对学生的课堂参与进行量化，客观评价学生，促进学生行为习惯的养成。

档案袋形成性评价——针对学生的学案和作品进行档案袋收藏评价，并在学生一学期的学习中形成一个整体，在期末为有能力的学生开展个人展览会，激发学生学习美术的原动力。

二、拓展型课程

拓展型课程是将学科课程拓展与故宫文化资源有机结合，具有明显的学科特色。拓展型课程面对部分学生，是校本选修课程，具有可选择性。这些课程突出故宫文化与学科知识的融合，也注重多学科的融合。在课程内容取

向上注重学习活动和学习经验，在课程组织上遵循三个原则，突出学生心理
发展顺序和特点。

<h2 align="center">"品阅故宫"课程纲要①</h2>

课程类型：拓展课程

课程领域：人文与社会

授课对象：初二、高二年级学生

课程简介

本课程以故宫历史为载体，弘扬中国优秀传统文化为本课程的理念，旨
在培养学生对故宫文化的了解，增强其对我国文化遗产的热爱之情以及自豪
感，在此基础上能够树立文化自信。本课程以专题形式展开，分为五个专题，
学生以小组为单位分别进行理论和实践探究，提升学生文化理解能力。

课程目标

本课程以地方课程为依托，结合本校独特的地理位置和学生的自身特点
以及校本课程的特色，设置了该课程标准。总体目标是：旨在培养学生对故
宫文化的了解，增强其对我国文化遗产的热爱之情以及自豪感，在此基础上，
能够深入了解故宫文化，为宣扬中华文化做出应有的贡献。具体目标：使学
生对故宫的历史、建筑、主要景点、文物收藏等有较透彻的了解，能用中文
进行深入的讲解。使学生通过对于故宫文化的学习，增强其爱国之情，尤其
是对中华物质及非物质文化遗产的热爱，并且加强其保护文化遗产的意识。
使学生通过对校本课程内容的学习以及参与实践活动进行实地讲解。通过本
课程所设置的丰富多样的内容以及各种形式的活动，使学生具备合作学习、
利用网络资源搜索信息、通过分组做海报、制作故宫衣服小样等能力，通过
多种活动提升学生在校内外自主策划组织活动的能力。

课程内容

第一章　故宫之美

（一）故宫的建筑

（二）故宫的艺术

第二章　故宫之礼

（一）帝后礼仪

（二）天下礼仪

第三章　故宫之宝

（一）故宫的书画

---

① 本纲要由北京市第一七一中学张月帅老师提供。

（二）故宫的瓷器

（三）故宫的藏玉

第四章 故宫之雅

（一）帝后的雅好

（二）宫廷宗教与习俗

第五章 故宫之韵

（一）中国人民的故宫

（二）世界人民的故宫

课程实施

教学方法：讲授法、讨论法、呈现法与实践法

组织形式：班级授课式、小组讨论式、社会实践式

课时安排：本课每周一次（80分钟）2课时，共24课时。

场地：教室内、校园内及故宫内

设备：教材、黑板、多媒体设备等

课程评价

（一）对学生学业的评价：采用体现学生的主体地位，多元化与多样性的评价体系。

对学生学业的评价由以下几个方面组成：学生的学习态度（10%）＋课堂出勤率与参与性（15%）＋课堂陈述（10%）+活动表现（30%）＋校内宣传（15%）＋学习成果展示（20%）＝100%。总成绩分为四个等级：80分到100分为A级；70分到79分为B级；60分到69分为C级；60分以下为D级。

（二）对课程本身的评价方式：采用授课教师评价，学生评价及学习成果评价的方式。

授课教师评价主要包括其对课程是否符合时代性、内容的丰富性、发展性与拓展性、基础性与选择性、可操作性、科学性，以及与实际相结合的程度这几个方面进行评价打分。最后要求教师结合实际教学提出课程的优缺点以及改进意见。学生评价主要包括学生对课程的趣味性，难易程度，实用性，在本课程中的收获以及对该课程的喜欢程度等方面的评价。学习成果评价主要是看学生在该课程中的具体表现和态度，用于检验课程预设目标实现的程度。

"故宫双语导游"课程纲要①

课程类型：拓展课程

---

① 本纲要由北京市第六十五中学朱娟老师提供。

课程领域：人文与社会

授课对象：高一、高二年级学生

课程简介

本课程是一门英语学科与故宫资源相结合的选修课程。通过理论学习与实践活动等多种形式，学生能够用英语和汉语向中外游客介绍故宫，成为一名小导游。课程突出对学生的文化理解能力、语言运用能力的培养，以更加开放和自信的态度讲好故宫故事和故宫文化。

课程目标

本课程以高中英语新课程标准为指导，结合本校学生的自身特点以及校本课程的特色，设置了该课程标准。总体目标是：旨在培养学生的英语学习兴趣，增强其对我国文化遗产的热爱之情以及自豪感，使其形成多样化且有效的英语学习策略，提高其语言实际运用能力并为宣扬中华文化做出应有的贡献。具体目标：一、学生对故宫的历史、建筑、主要景点等有较透彻的了解，并能用英文讲解，充当外国人的导游。二、学生了解外国人眼中的故宫，拓展其国际视野，增强其爱国之情，尤其是对中华物质及非物质文化遗产的热爱，并且加强其保护文化遗产的意识。三、学生通过对校本课程内容的学习以及参与实践活动从而感觉到英语的确可以学以致用，在提高其语言运用能力的同时增强其对英语本身的兴趣。四、通过丰富多样的内容以及参加各种形式的活动，使学生具备合作学习、做调查报告、利用网络资源搜索信息、自主策划组织活动的能力。

课程内容

第一部分　导游常识

内容：学习当一名小导游，尤其是英文小导游应该具备的技能及注意事项。

活动：

1. 讨论：你认为当一名合格的小导游应具备什么素质？

2. 阅读文章并总结导游技能。

3. 观看一段导游讲解的视频，评价其优缺点。

4. 讨论：给外国人当导游应注意什么？

5. 实践：给一段导游词，每个人尝试着当导游讲解员。

第二部分　故宫文化常识

（一）内容：故宫概况

活动：

1. 关于故宫基本内容的小测试。

2. 讨论：我所了解的故宫。

3. 观看讲解故宫的视频，总结讨论。

4. 阅读文章，总结概括故宫历史、布局、建筑特点及功能。

（二）内容：故宫游览

活动：带领学生参观故宫，每人发一张任务单，按照任务单有目的地参观。

（三）内容：故宫午门

活动：

1. **热身讨论**：关于午门，你都知道什么？

2. 观看视频，然后记忆比拼。

3. 阅读总结。

4. 练习讲解：我是一名小导游，为大家介绍午门。

（四）内容：故宫外朝

活动：

1. 找不同：出示几张关于外朝三大殿的照片，让同学们找找有哪些不同。

2. 观看关于三大殿的视频。

3. 根据观看内容，给三大殿进行信息匹配。

4. 阅读三大殿的介绍，记忆比拼，看谁能记住的信息多。

5. 故事时间：抽签朗读老师准备的关于三大殿的故事。

6. 猜谜游戏：一名同学介绍，其他同学猜测这是介绍的哪个大殿。

（五）内容：故宫考察成果展示

活动：根据前几节课讲的内容，在教室内进行导游实践模拟。每个同学从外朝景点中选择一个向其他同学介绍。同学们对其讲解进行打分、点评等。

（六）内容：学以致用，故宫实践

活动：

1. 根据前几节课所学内容，参观故宫相应的景点。

2. 几人一组，在学过的几个景点处进行小导游实践，给游客讲解。

（七）内容：故宫内廷

活动：

1. 分享小导游感受：聊一聊自己前一节课在故宫里当小导游的感受：有什么收获以及遇到了什么困难。

2. 讨论：如何解决这些困难。

3. 导入：故宫内廷都包括哪些地方，你最感兴趣的是哪里？

4. 展示图片：猜猜这是哪里？

5. 看视频，了解内廷后三宫的主要功能。

6. 翻译实践：两人一组，把自己从视频中所得到的信息翻译成英文。

7. 修改翻译：把自己的译文和老师给的内廷后三宫英文介绍做对比，修改自己的译文。

8. 译文分享：根据自己的翻译，向全班同学用英文介绍内廷后三宫。

（八）内容：御花园

活动：

1. 探索发现：你去过御花园吗？在那里你都看到了什么？

2. 观看视频及图片回答：御花园的景观及布局有什么特点；御花园的功能是什么？

3. 分享交流：选择一幅自己喜欢的石子画，模仿高考情景作文的形式，向同学们介绍。

（九）内容：学习成果展示

活动：针对故宫内廷后三宫和御花园的内容，在教室内进行导游实践模拟。每个同学从这四个景点中选择一个向其他同学介绍。同学们对其讲解进行打分、点评等。

第三部分 故宫双语导游实践活动

（一）内容：学以致用，故宫实践

活动：

1. 参观故宫内廷后三宫和御花园。

2. 几人一组，在这四个景点进行小导游实践，给游客讲解。

（二）内容：故宫小导游志愿服务

活动：

1. 实践前：分工，一名同学负责拍照，其他同学抽签选择自己的服务地点。

2. 实践中：佩戴志愿者袖标，到达自己志愿服务的位置，主动向游客介绍该景点，根据游客的需求，自主选择中英文；负责拍照的同学到各个志愿服务地点拍照、录视频等记录情况。

3. 实践后：写一份自己当小导游的感受、收获及所遇到的困难；同学之间交流分享感受。

4. 讨论：下一步如何提高我们作为小导游的服务水平。

（三）内容：故宫之旅短剧表演

活动：全体同学按照角色分配以及大家之前共同写的剧本表演陪同国际部留学生逛故宫的经历：一名留学生、一名陪同人员以及若干名各个景点的小导游。

（四）内容：学习成果展示

活动：故宫双语导游演讲比赛。

1. 比赛前：选择自己关于故宫最感兴趣的一个方面；就该主题进行深入研究，形成文字；在老师指导下，修改文稿，形成演讲稿及PPT；抽签决定顺序。

2. 比赛中：按照抽签顺序，依次上台演讲；其他同学按照评分表客观匿名打分，也可以在评分表旁边简单介绍演讲同学的优缺点。

3. 比赛后：分享自己作为评委和选手的感受及收获。

4. 讨论：如何提高我们的演讲水平；合计分数，公布获奖名单。

课程实施

教学方法：任务型教学法、交际型教学法、呈现法与实践法

组织形式：班级授课式、小组讨论式、个别辅导式、社会实践式

课时安排：该课程是安排在学生学过《故宫历史》或《走进故宫》之后，上课时间可以是高一下学期或高二上学期。共分16课时，每课时80分钟；第1课时学习当导游的基本常识；第2~12课时学习故宫的相关内容（其间安排三次故宫内实践活动）；第13、14课时为故宫内的小导游志愿服务活动，要求学生去故宫当志愿者，主动为中外游客当导游，介绍故宫；第15课时为故宫之旅短剧表演，再现陪同国际部留学生逛故宫的经历；第16课时为学习成果展示——故宫双语导游演讲比赛。

场地：多媒体教室及故宫博物院

设备：教材、黑板、多媒体设备、手机/相机、志愿者胸牌等

课程评价

（一）对学生学业的评价：采用体现学生的主体地位，多元化与多样性的评价体系。

对学生学业的评价由以下几个方面组成：学生的学习态度（10%）＋课堂出勤率与参与性（15%）＋课堂展示（10%）＋志愿者表现（30%）＋调查报告（15%）＋学习成果展示（20%）＝100%。

总成绩分为四个等级：80分到100分为A级；70分到79分为B级；60分到69分为C级；60分以下为D级。

（二）对课程本身的评价方式：采用授课教师评价、学生评价及学习成果评价的方式。

授课教师评价主要包括其对课程是否符合时代性、内容的丰富性、发展性与拓展性、基础性与选择性、可操作性、科学性，以及与实际相结合的程度这几个方面进行评价打分。最后要求教师结合实际教学提出课程的优缺点以及改进意见。学生评价主要包括学生对课程的趣味性、难易程度、实用性、在本课程中的收获以及对该课程的喜欢程度等方面的评价。学习成果评价主要是看学生在该课程中的学业成绩，用于检验课程预设目标实现的程度。

"故宫楹联"课程纲要①

课程类型：拓展课程

课程领域：人文与社会

授课对象：初一、初二年级学生

课程简介

楹联，是挂在明间檐柱或金柱等处的对联，它的产生和汉语汉字的特性有密切关系，是我国文苑中一种具有独特风格的艺术形式。它最为短小而天地非常广阔，表现力十分丰富。好的楹联虽片辞数语，却含哲理、富智慧、寓劝惩，给人启迪，流传广远，百世常新。故宫的殿堂中楹联与匾额相互配合，形成互依互存、相辅相成的关系，表达着主人的思想与愿望。楹联不仅有外观上的美感，而且文字精练凝重，内涵雅致深邃，记载了当时皇宫的政治、思想、文化以及生活现象。在楹联的一字一音中，我们可以更真实、更准确地了解和感受紫禁城文化的博大精深。

课程目标

通过课程，学生了解楹联知识，有意识地收集楹联。掌握楹联的写法及运用规律。了解、掌握故宫楹联的内容及相应的文化背景。熟悉故宫的楹联及其涵盖的文化知识，学习写作楹联。

课程内容

第一部分　楹联基础知识

（一）什么是楹联

（二）楹联的历史渊源

（三）楹联的主要分类

第二部分　楹联的写法及运用规律

（一）楹联的书写格式

（二）楹联的基本特征

（三）楹联的主要格律

（四）楹联的主要章法

（五）楹联的创作规则

第三部分　故宫楹联的内容及相应的文化背景

（一）收集故宫最具代表性的楹联

（二）探究故宫楹联文化背景

---

① 本纲要由北京市第六十五中学周震宇老师提供。

第四部分　故宫楹联文化内涵

（一）故宫楹联分类

（二）故宫楹联内涵

第五部分　学习创作楹联

（一）楹联创作方法

（二）楹联创作展示

课程实施

本课程共安排 12 课时（每课时 80 分钟），采取故宫实地参观考察与课堂教学相结合的教学方式。建议与语文任务群学习或学科实践活动相结合，提高学生语文学习能力，理解故宫文化，坚定文化自信。在课程实施中，一是关注学生的情感，激发学生学习语文的兴趣。学生只有对自己、对母语及其文化有积极的情感，才能更投入地学习语文。因此，在本课程的实施过程中，教师应将学生的情感放在第一位，努力营造宽松、民主、和谐的教学氛围，建立良好的师生关系，激发学生学习楹联的好奇心和自信心，使学生形成一定的学习动力。二是加强对学生学习策略的指导，使他们养成良好的学习习惯。使学生养成良好的学习习惯和形成有效的学习策略是语文学习的重要任务之一，本课程在实施过程中也应做到这一点。在学生学习楹联的过程中，教师要通过比较、诵读、做活动等方法让学生体会到不同的学习及记忆方法。三是建立相应的激励制度，促进学生学习能力的提高。将激励制度贯穿于课程实施的全过程，有利于学生对学习始终保持高亢的劲头。四是调动家长的积极性。语文学习习惯的养成离不开家长的密切配合，所以为了使本课程的实施收到良好的效果，建议设立家校定期联系制度，如让家长分享学生每课的学习成果，教师将学生的学习情况及时反馈给家长等。

课程评价

（一）体现学生在评价中的主体地位

本课程建议让学生成为评价的主体，因为这样有益于学生认识自我、树立自信，有助于学生反思和调控自己的学习过程，从而有利于促进学生综合能力的发展。每一课的评价都基本上由学生来完成。

（二）注重形成性评价对学生发展的作用

评价的目的是使学生更好地发展，因此，本课程建议对学生进行形成性评价。对学生每一堂课上的表现、所取得的成绩以及所反映出的情感、态度、策略等方面的发展做出客观的评价。同时让学生、教师和家长共同参与评价，注意评价的正面鼓励与激励作用。

（三）注重评价方法的多样性和灵活性

教师应注意根据学生的年龄特征和学习风格的差异采取适当的评价方式

（四）本校本课程将学生的情感培养放在首位，因此在确定学生的最终学习等级时一般不设定不合格，而是分"优秀、良好、合格"。

"故宫珍宝"课程纲要①

课程类型：拓展课程

课程领域：艺术与审美

授课对象：初二、初三年级学生

课程简介

故宫是一个充满故事的地方，明清两代 24 位皇帝在这里居住，并在此发生了无数影响中国经济、政治、文化和社会进程的重大历史事件。故宫的古建筑群和众多文物藏品众多，故宫中 93.2% 的文物藏品是珍贵文物。每一幢古建筑、每一件文物，都承载着一段历史的记忆，背后都有一个动人的故事。曾经紧锁的紫禁城高墙内的帝王生活日常和所思所想，倾注从古至今无数匠人心血的精美器具，具有独特韵味的礼仪，沉浸在历史长河中的一草一木都会引发人们的好奇心。想了解这些有趣的文化历史，不妨来听听这门课。

课程目标

总目标：品味这些奇珍异宝所呈现的旷世之美，默默感受先人的理念与情感，成为中华民族传统文化的传承者、故宫未来的小志愿者。

具体目标：归纳故宫建筑文物特色，着重培养学生对古建筑美的赏析；分析明清文物，结合文物引导学生了解文物背后所承载的中国近代历史以及落后于世界潮流所带来的悲惨命运，增进学生的爱国情怀，深化学生的历史责任感和使命感。

课程内容

第一部分　故宫建筑

课时 1　盛世屋顶

课时 2　屋脊小兽

课时 3　一窗一世界

第二部分　故宫珍宝

课时 4　历经磨难的石鼓

课时 5　不朽的青铜器

课时 6　故宫里的良渚文化

课时 7　沦落天涯的金瓯永固杯

课时 8　从东珠朝珠看清宫等级制度

---

①　本纲要由北京市第六十五中学范海铮老师提供。

课时 9　故宫里的天文学：金嵌珍珠天球仪

课时 10　六世班禅的爱国之心 1：金胎掐丝珐琅镶红宝石高足盖碗

课时 11　六世班禅的爱国之心 2：银胎绿珐琅嵌红宝石右旋螺盒

课程实施

课时：共 11 课时（每课时 80 分钟）

场地：多媒体教室、故宫珍宝馆

组织形式：教师讲授与带领学生到故宫博物院参观、调查相结合

设备：学生自备相机、录音笔、笔记本等

课程实施

本课程主要是通过课前学生查阅相关文献资料，了解自己感兴趣的故宫珍宝，以及它的历史故事、艺术价值、文化内涵等。课堂上开展小组合作学习，或在故宫珍宝馆现场观察珍宝，教师向学生传授相关历史背景知识，学生自主在故宫博物院珍宝馆等地进行实地调查研究，进而掌握一定的感性材料，探究和理解故宫珍宝的历史价值和艺术价值，体会故宫文化内涵。教师鼓励学生通过自主探究、小组合作、汇报交流等多种学习方式，将所学理论知识应用到保护文物、传承传统文化的调查研究中去。

课程评价

本课程评价分为对学生学习的评价和对本课程内容的评价两个方面。

在对学生学习评价方面，以过程性评价和终结性评价相结合。过程性评价要参考学生在文献查阅、自主课题研究、小组合作学习等方面的情况。终结性评价要根据学生合作小组的研究成果汇报和研究报告情况，分为"优秀""良好""合格"。

在对课程内容评价方面，设计调查问卷，在课程结束后，对学生进行问卷调查，了解学生对课程内容的评价。召开课程开发相关教师座谈会，反思本课程内容和实施方式的优势和不足，提出课程改进的意见建议。

"故宫数学 I"课程纲要①

课程类型：拓展课程

课程领域：科学与技术

授课对象：初一、初二年级学生

课程简介

故宫与数学联系紧密。大家最熟悉的问题是故宫有多少间房屋？这是一个很难回答的数学问题。中国古人将奇数称为阳数，偶数称为阴数，这样数

---

① 本纲要由北京市第六十五中学蔡菡老师提供。

字与阴阳就对应起来，9 被认为是最大的阳数，因此在故宫里比较重要的门上有 9 行 9 列门钉，宫殿屋檐上的神兽大都是奇数个，宫殿建筑大都为九间五进，寓意九五之尊。故宫建筑布局东西对称，在平面上几乎是一个轴对称图形。运用数学中学习的测量知识可以测量故宫建筑的高度、宽度等，进而可以知道这些建筑中藏有黄金分割数。中国古代数学取得过哪些成就，康熙是怎样学习数学的，故宫与数学有着怎样的联系，这些都等待着同学们来探究。

课程目标

结合初中基础课程中所学的知识，通过了解、学习、赏析故宫建筑中内含的数学知识，培养学生的观察、分析、解决实际问题的能力和团队合作精神，提高学生的综合技术素养，激发青少年的爱国情怀。

课程内容

第一章　故宫中的数字

（一）故宫中的奇数与偶数

（二）故宫中的神奇数字

第二章　故宫建筑的测量

（一）测量的方法

（二）故宫测量实践活动

第三章　故宫中的几何

（一）故宫里的几何图形

（二）故宫建筑的轴对称

（三）故宫建筑的黄金分割

第四章　故宫中的计时方法

（一）故宫中的计时方法探究

（二）故宫建筑阳光照射探究

第五章　康熙与数学的故事

（一）中国古代数学历史

（二）康熙学习数学的故事

课程实施

本课程共 11 课时（每课时 80 分钟），课内外理论学习与实践相结合。基础知识学习、实地考察、小组研讨、项目制作等。在教学方式上，课内外理论传授与实践相结合。通过基础知识传授、实地讲解、虚拟展示、项目指导等，将课程实施与数学学科实践活动相联系，组织学生开展数学探究活动和研究性学习，撰写研究小论文，应用数学知识解决实际问题。

课程评价

（一）对学生学业的评价：采用学生自评互评与教师评价相结合的方式。

上课出勤情况（10%）；课堂纪律情况（10%）；参与实践情况和团结协作情况（20%）；作业完成情况（60%）。最终综合评定，给予相应等第：A（85分以上）；B（70~84分）；C（60~69分）；D（60分以下）。

（二）对课程的评价：教师评价与学生评价相结合。

"故宫数学Ⅱ"课程纲要①

课程类型：拓展课程

课程领域：科学与技术

授课对象：高一、高二年级学生

课程目标

结合高中基础课程所学知识，通过了解、学习、赏析故宫建筑中内含的数学知识，培养学生的观察、分析、解决实际问题的能力和团队合作精神，提高学生的综合技术素养，增强青少年的爱国情怀。

课程简介

故宫建筑与数学有着密不可分的关系，从故宫建筑图样到古建筑台基、高度等的设计都与数学测量、计算有关。运用统计学知识和原理，可以帮助我们掌握故宫客流量的变化规律并能做好对故宫客流量的预测。高中代数中的数列知识可以帮助我们理解故宫建筑台阶设计的奥秘。故宫中的藻井、日晷都蕴含着几何学的知识。故宫里还藏有中国古代数学著作和中外数学文化交流的历史档案，这些对于我们了解中国古代的数学文化十分有意义。

课程内容

第一章　故宫建筑与数学

（一）故宫建筑对称性的探究

（二）用坐标法绘制故宫地图

（三）故宫建筑中的数学原理与应用

第二章　故宫中的统计学

（一）故宫客流量的统计与分析

（二）古树木的统计与分析

（三）故宫卫生间、座椅的统计与分析

第三章　故宫中的代数学

（一）故宫中的数列

（二）故宫中的函数

（三）故宫中的不等式

---

① 本纲要由北京市第六十五中学李博老师提供。

第四章　故宫中的几何学

（一）古建筑制图方法

（二）故宫藻井几何图案

（三）日晷中的数学探究

第五章　故宫里的数学故事

（一）中国古代的高中数学知识

（二）中外数学文化交流

课程实施

本课程共 14 课时（每课时 80 分钟），以自主探究、小组合作、研究性学习为主，教师注重启发式教学，组织学生开展项目式学习，学会用数学眼光发现问题，用数学的方法分析问题，用数学的模型解决问题。注重数学与实际相联系，创设数学问题情境，培养和提升数学思维和数学学科核心素养。同时，在故宫实地考察中，突出实践性，动手做数学，指导学生开展数学小课题研究，撰写数学论文和研究报告。

课程评价

在学生学业评价上，过程性评价占 60%，终结性评价占 40%。其中，过程性评价包括考勤、小组合作情况，研究小课题情况，故宫考察情况，提交作业情况等；终结性评价研究论文或研究报告。评价等级分为优秀、良好、合格、不合格。

在课程内容和实施评价上，组织数学教师和课程专家评估课程内容与实施情况，提出课程改进建议，修改完善课程内容。

“故宫建筑”课程纲要①

课程类型：拓展课程

课程领域：科学与技术

授课对象：高一、高二年级学生

课程简介

以故宫凉亭等建筑为载体，通过基础知识学习、实地参观和模型制作，帮助学生初步了解中国传统木结构建筑，引导学生从技术和文化的角度理解木结构建筑之美，提升学生的文化自信。通过对斗拱结构的起源、发展历史、基本结构的探究学习、简单创意模型的制作，引导学生进一步了解中国传统木结构建筑，初步理解斗拱结构在其中的作用。

---

① 本纲要由北京市第六十五中学张蕾老师提供。

课程目标

了解影响建筑结构稳定性和强度的基本因素。通过实地参观故宫和查阅资料，了解凉亭的基本组成和结构特点。设计制作简单的凉亭模型，从技术和文化角度感受凉亭之美。结合高中通用技术必修课程所学的基础知识，通过了解、学习、赏析故宫建筑、器物中的经典结构，培养学生的观察、分析、解决实际问题的能力和团队合作精神，提高学生的综合技术素养，激发青少年的爱国情怀。

课程内容

第一章 结构概念及其分类

（一）结构的力学概念

（二）常见力学结构类型

第二章 结构的稳定性和强度

（一）结构的稳定性

（二）结构的强度

第三章 故宫经典结构赏析

（一）经典器物结构赏析

（二）经典建筑结构赏析

第四章 结构模型设计与制作

（一）斗拱模型设计与制作

（二）凉亭模型的设计与制作

第五章 故宫建筑技艺

（一）官式古建筑技艺"八大作"

（二）古建技艺体验与实践活动

课程实施

本课程共 10 课时（每课时 80 分钟），学习方式为课内外理论学习与实践相结合。基础知识学习、实地考察、小组研讨、项目制作等。教学方式为课内外理论传授与实践相结合。基础知识传授、实地讲解、虚拟展示、项目指导等。

课程评价

学生学业评价：采用学生自评互评与教师评价相结合的方式。

上课出勤情况（10%）；课堂纪律情况（10%）；参与实践情况和团结协作情况（20%）；作业完成情况（60%）。最终综合评定，给予相应等第：A（85 分以上）；B（70~84 分）；C（60~69 分）；D（60 分以下）。

课程评价：教师评价与学生评价相结合。

"故宫物理"课程纲要①

课程类型：拓展课程

课程领域：科学与技术

授课对象：初一、初二年级学生

课程简介

初中物理有关时间、声、光、力四方面的知识点在故宫中都有体现。故宫物理是将故宫文化与物理知识相关联，在学习故宫文化的同时，体会物理知识的力量，运用物理原理发现和分析故宫文化中的现象和问题。无论是故宫中的日晷还是故宫中的斗拱都与物理学知识有关，同学们通过探究其中的物理原理，激发学习物理的兴趣，增强爱国情怀，培养创新精神和实践能力。

课程目标

通过课程学习，学生提升具有"会观察、会学习、会合作"的能力，并具有较强思维力和发展潜能。会观察——能从日常的事物中找到所含的物理知识；会学习——养成主动学习、独立思考和善于探究的学习习惯；会合作——从小意识到自己与他人的依存关系；培养团队合作精神，追求共同发展。增强学生的民族自豪感，激发他们进一步发扬民族的创造精神，为把我们的祖国建设得更加美好而努力学习。

课程内容

《故宫物理》课程的内容主要包括时间、声、光、力四方面的知识点。

第一部分 有关声的知识

古时传声工具。思考古时候皇帝上班，要传召大臣上朝怎么办？太监挥舞鞭子在干什么？讲解声音的产生与传播。

第二部分 有关光的知识

（一）古时计时工具——日晷

思考古时人们没有钟表，如何记录时间？引导学生认识日晷，教师讲授影子的形成原理以及有关的物理知识。

（二）简易日晷的制作

实地观察故宫日晷，测量日晷面与水平面的夹角等。学会制作日晷模型。

（三）古时图片保留

搜集故宫老照片，思考故宫的老照片如何得到，我们需要一个工具是什么——照相机。学习照相机的简单原理。

（四）制作简易照相机，用老式相机照照片

---

① 本纲要由北京市第六十五中学张金老师提供。

第三部分 有关力的知识

（一）木建筑结构的力学分析

故宫中的建筑以木结构为主，这种结构以木梁和木柱组成核心的受力框架，支撑从屋顶传来的巨大重量。其中，柱子是木结构建筑的重要承重构件，主要用来承受建筑上部传来的垂直作用力。

（二）故宫经典结构之斗拱

斗和拱都是我国古代木结构建筑中的重要支撑构件，也是我国古代建筑中特有的形制，了解其中的力学知识。

（三）故宫屋檐结构

故宫建筑物屋顶的曲线与最速曲线存在很多相似之处。但古代工匠不是数学家、物理学家，他们是在长期的劳动中不断总结、创新，在这个过程中创造性地发明了举折的方法。学会画图并制作简易模型。

课程实施

教学方法：任务型教学法，呈现法与实践法

组织形式：班级授课式，小组讨论式，自主探究式

课程安排：该课程是安排在学生浏览过故宫之后，共 12 课时（每课时 80 分钟）。课堂上学生通过观察故宫图片，观察发现其中的物理知识。利用多媒体授课，同时与动手相互结合。通过观察图片，利用多媒体突出图片所提到的重点，了解本课程的主要知识。小组研讨并亲自动手制作深入了解，从易到难的顺序排列，逐渐加深对物理知识的认知。最后一节学习成果展示。

场地：多媒体教室、故宫博物院

设备：教材、黑板、多媒体设备等

课程评价

（一）学生学业评价：教师从学习兴趣、参与态度、认知与技能、学习方法与思维品质的养成、学习成果等方面，对学生进行评价，可分为"优秀""良好""须努力""不合格"，提倡鼓励性评价。最终综合评定，给予相应等第：优秀（85 分以上）；良好（70~84 分）；须努力（60~69 分）；不合格（60 分以下）。

（二）课程评价：教师评价与学生评价相结合。

教师评价主要包括教师的教学态度，该课程的可操作性、科学性，以及该课程对知识点的体现程度，从这几个方面进行评价打分。学生评价主要包括学生对课程的难易程度、实用性，在本课程中的收获以及对该课程的喜欢程度。

"故宫生物" 课程纲要①

课程类型：拓展课程

课程领域：科学与技术

授课对象：初一、初二年级学生

课程简介

故宫里生物世界丰富多彩。这里有活生生的动物和植物，故宫的猫成为网红，十八棵古槐讲述着故宫 600 多年的故事。故宫里的名贵树木、花卉等待大家去探究。故宫里还有无数的动物形象，屋脊上是神兽，各式各样的龙以及它各种不同的子孙，还有麒麟、獬豸、大象、甪端等。故宫藏书里还有清宫旧藏的《清言兽谱》《海错图》等。可以说，故宫是一个大博物园。

课程目标

结合初中生物课程所学的基础知识，通过了解、学习故宫中的生物，培养学生的观察、分析、解决实际问题的能力和团队合作精神，提高学生的综合素养，了解故宫生物的多样性，保护故宫生物多样。通过故宫里各种动物和神兽的形象，了解传统文化中的龙文化，体会作为龙的传人的文化内涵和历史意义。

课程内容

第一章 解密故宫中的神秘员工

（一）哺乳类动物的基本知识

（二）跟随志愿者照料宫猫

第二章 御花园中的植物品鉴

（一）植物学基本知识

（二）跟随工作人员参与植物养护工作

第三章 故宫神鸟——乌鸦

（一）鸟类的基本知识

（二）故宫实地考察，拍摄

第四章 故宫神兽

（一）龙的世界

（二）狮子、獬豸、甪端

第五章 故宫里的博物学

（一）皇家动物图鉴《清言兽谱》

（二）探究《海错图》

---

① 本纲要由北京市第六十五中学孙博老师提供。

课程实施

本课程共 12 课时（每课时 80 分钟），课内外理论学习与实践相结合。基础知识学习、实地考察、小组研讨、项目制作等。课内外理论传授与实践相结合。基础知识传授、实地讲解、虚拟展示、项目指导，制作植物标本，讲述故宫神兽故事等。

课程评价

学生学业评价：采用学生自评互评与教师评价相结合的方式：上课出勤情况（10%）；课堂纪律情况（10%）；参与实践情况和团结协作情况（20%）；作业完成情况（60%）。最终综合评定，给予相应等第：A（85 分以上）；B（70~84 分）；C（60~69 分）；D（60 分以下）。课程评价采取教师评价与学生评价相结合。

"故宫生态"课程纲要①

课程类型：拓展课程

课程领域：科学与技术

授课对象：高二、高三年级学生

课程简介

故宫又名紫禁城。明朝永乐四年到十八年，明成祖开始修建紫禁城。历经明、清两代，共有 24 位皇帝在这里执政。我们现在看到的北京故宫是明代的北京城，在元大都城的基础上进行了一系列大规模的改建，其中最根本也就是最关键的改建，是将大都城的北城墙向南缩进了 2.5 千米，同时将宫城和皇城也相应南移。这个改变让明北京城和元大都城相比，城市的中心点发生了改变。紫禁城是皇家宫殿，红墙黄瓦，金碧辉煌，人们在领略它建筑格局上的恢宏气势之余很少关注到它自身独特的生态构成。前人对故宫设计的很大原因是对风水的敬畏，可是如今我们从生态学的角度来看故宫也会有一番别样的体会。从生态的视角观察故宫、研究故宫是本课程的特色和亮点。如何保护故宫这一世界遗产需要青少年积极参与。运用生态学知识研究故宫里的植物、动物以及水系和物候将是一件十分有意义的事情，这是开展研究性学习和项目式学习的一种重要方式，必将为同学们的学习增添一份乐趣。

课程目标

以培养学生的创新精神为核心内容，以学生发展为本，尊重学生，信任学生，指导学生，促使每一个学生生动活泼地发展，教师、学生共同成长。发扬"尊重人格、尊重差异、思想自由、个性解放、自知自律、自主发展"的

---

① 本纲要由北京市第六十五中学李鹏老师提供。

人文主义精神，培养自尊、自强、自立的有独特个性、有完善人格、有创造精神、敢于标新立异的人才。学生了解生物生态的基本概念；培养学生的生态意识和习惯，形成参与环保的责任感和积极态度，树立保护生态、美化环境的信念；通过实地调查和文献查阅让学生了解故宫里的生物种类及渊源；通过实地调查让学生了解故宫独特的环境特征；将故宫的生物及环境结合在一起，使学生理解它生物环境布局的独特性，使参加课程的师生共同提高对故宫的生态认知，增强自我教育能力，从生态的角度来理解故宫的独特文明。

课程内容

第一单元　故宫生态变迁

课题 1　故宫的起源

通过资料查阅，了解自故宫建成以来的气候变化

课题 2　故宫的发展

根据故宫建筑格局的演变，讨论为何故宫如此演变

课题 3　故宫的现状

考察故宫，调查故宫现阶段生态系统类型及成分

第二单元　故宫生态现状初探

课题 1　现阶段故宫生态系统的类型

分组调查故宫不同区域的生态系统类型

课题 2　故宫不同区域的生态类型

绘制不同区域生态系统图

课题 3　故宫生态系统的特征及成因

实地考察，比较故宫不同区域的生态系统并分析原因

第三单元　故宫生态的演化

课题 1　故宫生态演化的特征

将故宫的演化与其时间轴上的历史事件及气候状况一一对应，总结其特征

课题 2　故宫生态当下的挑战

参观故宫，认真查找有关故宫生态的影响因素，交流讨论相关对策

课题 3　故宫生态演化的趋势

考察故宫，分区域分条件来观察故宫生态的现状及可能的影响因素

第四单元　未来的故宫生态

课题 1　故宫生态的功能

观察故宫各区域内的生态，对各自的特点进行总结

课题 2　如何使故宫生态和当下发展相契合

考察故宫，了解故宫的现状及主要影响因素

课题3 未来故宫生态设想

为未来的故宫建造个跟未来环境相匹配的模型

课程实施

本课程12课时（每课时80分钟），注重课内外理论学习与实践相结合，基础知识概念的了解与学习，实地考察记录，分类描述，小组讨论，调查报告的撰写；课程中基础理论的讲授与实践相结合，视频图片的展示与介绍；小组分配，小组学习任务单的布置，现场讲解，图上分析，调查报告的指导。

课程评价

（一）对学生体现多元评价：学生自我评价（任务完成情况、出勤情况、报告心得体会）、互相评价（小组协作、组员互评、出勤情况、报告展示）、教师评价（调查报告完成及展示）和家长评价（反馈与建议）。对校本课程的评价与课题评价相结合。遵循学生的学习规律和知识规律，定性与定量相结合，最终促进学生形成良好的生物素养。综合评定，给予相应等第，分别为优秀、良好、及格、不及格。

（二）在对课程内容评价方面，设计调查问卷，在课程结束后，对学生进行问卷调查，了解学生对课程内容的评价。召开课程开发相关教师座谈会，反思本课程内容和实施方式的优势和不足，提出课程改进的意见建议。

"故宫青铜器"课程纲要①

课程类型：拓展课程

课程领域：人文与社会

授课对象：高一、高二年级学生

课程简介

本课程是基于我校故宫校本课程理念下的分支课程，重在普及青铜器基础知识和相应历史文化。本课程紧扣弘扬中华优秀传统文化的主旋律，在青铜器及青铜器文化的大背景下进行授课，能够起到补充历史学科知识、开拓学生视野、丰富学生知识、提升学生探究意识和创新精神的作用。

课程目标

本课程将基于学生对于青铜器的初步了解，细致展示青铜器的纹饰和造型，介绍不同青铜器的具体器型和功能用途，讲授青铜文明对中华文化的影响，最后让学生通过学习自主设计青铜器相关文创产品。

---

① 本纲要由北京市第六十五中学王哲老师提供。

课程内容

第一部分　初探青铜器

课时 1　青铜器的简介与分类

课时 2　青铜器功能

课时 3　青铜器纹饰

课时 4　青铜器铭文

第二部分　青铜器与中国文化

课时 5　"模范"与青铜铸造工艺"巫"与狞厉之美

课时 6　从"刻骨"到"铭心"西周青铜器特点

课时 7　从"牺牲"到"染指"看周朝社会变化

课时 8　铜镜的历史与文化探究

第三部分　青铜文化创意设计

课时 9　故宫青铜器馆

课时 10　青铜器文创设计

课程实施

本课程遵循循序渐进的原则，从学生角度出发，从基础地了解青铜器，到深入商周时期的文化背景研究，以青铜器为切入点，引导学生感受中国优秀传统文化。本课程共三大专题10课时（每课时80分钟）。前4个课时重点让学生初步了解青铜器的大致器型和功能，让学生感受青铜文化的璀璨。中间的4个课时以我们今天常用的词语作为索引，追本溯源，在理解词语原始意思的过程中感受商周文化对我国传统文化的贡献，感受我国文化的源远流长。最后2个课时，让同学们发挥想象力将青铜文明进行现代改造，进行文化创意设计。本课程教学环境主要是在学校教室完成，在课程初始阶段安排三次故宫青铜器馆的实地参观，在青铜器馆完成教学活动。

课程评价

本课程共有三个活动作业。

以小组为单位到故宫青铜器馆进行实地参观，撰写参观感受，进行本人自评、小组互评和教师评价。本活动作业旨在培养学生的自主学习能力，提高学生对青铜器和博物馆的热爱。

学生通过提前探究，撰写"青铜印象"小论文，围绕青铜器的功能、纹饰、铸造工艺、文化内涵等方面进行探究。本活动作业旨在培养学生自主探究的意识，增强他们对青铜器的了解和认识。

学生通过实地参观和自主探究，完成一件青铜元素的文创设计。本活动作业旨在培养学生创新精神和实践能力，发散学生的思维，提升学生的自信，锻炼学生的表达。

"故宫陶瓷" 课程纲要①

课程类型：拓展课程

课程领域：科学与技术、艺术与审美

授课对象：高一、高二年级学生

课程简介

本选修课旨在让学生通过对故宫陶瓷藏品的初步了解，普及陶瓷的基本知识，了解中华陶瓷烧制技术辉煌的发展历史，感受中华陶瓷文化的博大精深。以故宫馆藏陶瓷为依托，探寻陶瓷知识背后的科学、文化、历史知识。

课程目标

（一）期望达成目标：了解陶瓷基本知识，可以识别日常的一般陶瓷器物，并能简要介绍其发展历史。

（二）知识目标：中国陶瓷发展史；器型；釉彩装饰；纹饰及其意义；名窑及其特点。

（三）技术目标：绘制简单传统纹饰，陶瓷简单上釉。

课程内容

第一部分　陶瓷基本知识

陶瓷是以黏土为主要原料以及各种天然矿物经过粉碎混炼、成型和煅烧制得的材料以及各种制品。人们把一种陶土制作成的、在专门的窑炉中高温烧制的物品叫陶瓷，是指所有以黏土等无机非金属矿物为原料的人工工业产品。

课时1　中国陶瓷发展史：了解中国陶瓷发展历史

课时2　陶瓷入门：瓷彩知识——学习釉彩的分类和特点

课时3　陶瓷入门：器型知识——常见陶瓷器型名称及特点

课时4　陶瓷入门：纹饰知识——传统纹饰绘画及其意义

课时5　陶瓷入门：瓷窑知识——精品瓷窑及其精品器物

课时6　陶瓷入门：茶杯知识——日常饮器的器型命名

第二部分　陶瓷文化探究

故宫是研究传统文化的宝库，故宫博物院馆藏中历朝历代的精品瓷器文物皆为珍宝，每一件都能作为同类器物的典型代表。以故宫瓷器珍品为代表，研究陶瓷发展史和陶瓷的艺术元素都不失为一条捷径。瓷器物在皇家庭院中到底应用在了什么地方？分别起到什么作用？不同等级的人，使用的瓷器物

---

① 本纲要由北京市第六十五中学杨晓白老师提供。

是否有区别？故宫作为皇家宫殿，其使用的瓷器物和普通百姓用的瓷器物有什么主要区别？这些问题，亟待同学们去探索。

课时 7　故宫实地考察：找故宫中的陶瓷和纹饰

课时 8　故宫考察汇报：小组汇报故宫考察结果

课时 9　故宫文化知识：斗彩鸡缸杯的产生与明朝皇帝

第三部分　感受制瓷技术

通过动手实践，初步学习上釉技巧，给自己的青花瓷上釉，体会古代制瓷工艺。

课时 10　青花瓷制作 1：青花瓷胎体的基本处理

课时 11　青花瓷制作 2：青花瓷釉彩的描绘

课时 12　青花瓷制作 3：青花瓷毛坯上釉

课程实施

基本原则：以普及陶瓷知识为主，鼓励学生多问，多想，多操作；陶瓷制作工艺繁复，学生主要以体验为主，不做高级美工要求。本课程共 12 课时，每课时 80 分钟。

教学器材建议：低速陶瓷拉坯机 3~5 台或陶瓷毛坯半成品；中温透明釉料（水料）各颜色若干；中温彩绘颜料若干；海绵块，毛笔，橡胶手套，釉夹；高温陶瓷电窑 1 台。

课程评价

在课程中期安排的小组实地考察和汇报中，根据小组活动情况及汇报结果，予以研究性学习型的评价认定。青花瓷彩绘作品的评价，以作品中是否含有传统纹饰，结合学生自己的设计理念予以评价。

"故宫色彩"课程纲要①

课程类型：拓展课程

课程领域：科学与技术

授课对象：高一、高二学生

课程简介

故宫的建筑以红黄色调为主，这是古人运用阴阳五行学说的结果，那么这些颜色用的是哪些颜料？如何让这些颜色延缓褪色，如何更环保地使用颜料，既有利于文物的保护，又有利于环境的保护？如何制作这些颜料？

课程目标

本课程以地方课程为依托，结合本校独特的地理位置和学生的自身特点

---

① 本纲要由北京市第六十五中学李政老师提供。

以及校本课程的特色，设置了该课程标准。总目标：旨在培养学生对故宫文化的了解，增强其对我国文化遗产的热爱之情以及自豪感，在此基础上，接触及了解古代颜料工艺，感受中国先人的智慧。

具体目标

1. 了解中国古代各色颜料及其本身的化学成分；

2. 了解古代颜料的来源及其制作工艺；

3. 了解古代颜料的特点及与现代颜料的对比；

4. 通过本课程会制作简易颜料，提升动手及信息收集能力。

课程内容

第一部分　古代颜料主要分为赤黄绿青白黑六大色系，故以色系进行分类

（一）赤：主要成分红壳（Fe_2O_3）、朱砂（HgS）、铅丹（Pb_3O_4）

（二）黄：主要成分黄赭石、雌黄（As_2S_3）、藤黄和槐黄植物染料

（三）绿：主要成分碱式氯化铜、孔雀石、碱式硫酸铜、砷酸醋酸铜 $[CuAs_2O_4 \cdot Cu(C_2H_3O_2)_2]$

（四）青：主要成分群青、石青 $[2CuCO_3 \cdot Cu(OH)_2$，亦称蓝铜矿]、藏青（一种无定形的 Fe、Co、Ni 的砷化物）、靛青

（五）黑与白：白主要成分白色黏土、铅白 $[2PbCO_3 \cdot Pb(OH)_2]$

黑主要成分碳素，黑色矿物如铁锰等

（六）混合色：如紫，多为自然界植物提取物以及红蓝颜料混合而成

以上内容再细分为相关化学科学（如提炼、毒性、应用），变质与变色，其他用途价值等。如部分颜料可以入药。

第二部分　故宫建筑颜色考察与分析

（一）故宫建筑墙体颜色探究

（二）故宫建筑木门窗颜色探究

第三部分　故宫建筑颜色保护与修复

（一）故宫建筑颜色保护技术探究

（二）故宫建筑颜色修复技术探究

课程实施

教学方法：任务型教学法，呈现法与实践法

组织形式：班级授课式，小组讨论式

课程安排：该课程是安排在学生浏览过故宫之后。每节课学生通过观察故宫图片，观察发现其中的颜色。利用多媒体授课，同时与动手相互结合。通过观察图片，利用多媒体突出图片所提到的重点，虚拟展示，了解本课程的主要知识。在学习过程中以化学的眼光来欣赏古代中华人民的智慧，感受

中华文化的魅力

场地：多媒体教室及故宫实地

设备：教材、黑板、多媒体设备等

课程评价

1. 学生学业评价：

教师从学习兴趣、参与态度、认知与技能、学习方法与思维品质的养成、学习成果等方面，对学生进行评价，可分为"优秀""良好""须努力""不合格"记录，提倡鼓励性评价。

最终综合评定，给予相应等第：优秀（85分以上）；良好（70~84分）；须努力（60~69分）；不合格（60分以下）。

2. 课程评价：

教师评价与学生评价相结合。

教师评价主要包括教师的教学态度，该课程的可操作性、科学性，以及该课程对知识点的体现程度，从这几个方面进行评价打分。学生评价主要包括学生对课程难易程度、实用性，在本课程中的收获以及对该课程的喜欢程度。

"故宫书画"课程纲要①

课程类型：拓展课程

课程领域：艺术与审美

授课对象：初二、高二年级学生

课程简介

故宫博物院收藏有丰富的中国古代书画。其中既有晋唐宋元的稀世孤本，也有明清各个画派名家的代表作品，可以清晰、系统地反映中国古代书法与绘画艺术发展的脉络。结合初中、高中课程方案和美术课程标准和教材知识，以及故宫书画馆的展品、故宫博物院网站显示的藏品等，大家可以感受到中国书画艺术的美轮美奂，历代书画家的精品佳作。

课程目标

通过本课程，学生能够对中国古代的山水画、花鸟画、人物画等高峰期的代表性作品，延续到清代绘画的艺术风格和特点有所认识。了解故宫博物院中国源远流长的传统文化艺术。选取历代各时期代表性作品进行赏析，力争达到使学生开阔视野、陶冶情操、提高基本的艺术素质和欣赏书画的能力。

---

① 本纲要由北京市第六十五中学田雄飞老师提供。

课程内容

第一章　故宫书画鉴赏

（一）传统中国画的赏析

（二）分析著名代表作品

王羲之《兰亭集序》卷

顾恺之《洛神赋图卷（宋摹）》

阎立本《步辇图卷》

张萱、周昉《唐宫仕女图》

韩滉《五牛图卷》

顾闳中《韩熙载夜宴图》

王希孟《千里江山图卷》

张择端《清明上河图卷》

赵孟頫《人骑图卷》

黄公望《富春山居图》

仇英《汉宫春晓图》

郎世宁《百骏图》

第二章　故宫书画局部临赏

（一）故宫传统绘画形式美分析

（二）故宫作品精品节点临摹

课程实施

重点：是让学生对我国悠久的文化传统和绘画艺术做基础的了解和认识

难点：

1. 普及中国美术史基本知识以及中国古代绘画的发展演变；

2. 提高艺术审美欣赏能力；

3. 了解中国传统绘画文化的深厚底蕴。

学习方式：理论学习与实践相结合，即基础知识学习、实地观察、小组研讨、临摹绘制等。

教学方式：理论传授与实践相结合，即基础知识传授、技巧演示、小组研讨、作品分析、成品制作、实地考察等。

课程评价

指导思想：通过学习评价，使其提升学生自主学习的能力，培养学生良好的学习习惯，培养学生对中国传统绘画的热爱，增强学生的民族自豪感。

评价方式：形成性评价。

一是课堂形成性评价——根据本节课的课堂参与度、学习习惯进行评价，由组长带领组员在上交作业时填写评价量化表，对学生的课堂参与进行量化，客观评价学生，促进学生行为习惯的养成。

二是档案袋形成性评价——针对学生的作品进行档案袋收藏评价，并使学生通过一学期绘画模块的学习形成一个整体，并在期末为有能力的学生开展个人画展，促进学生学习美术的原动力。

教师评价：主要分为两部分，一部分是课上对普遍性问题评价，针对本课重点进行评价学生作品，以鼓励为主，针对学生作品特点进行评价。另一部分是学生作品后期的档案评价，针对学生的作品和问题，以及课堂形成性评价做参考，对学生的整体进行评价。

学生互评：主要是在课上进行的，学生在作品画展过程中为其他学生提出进一步的修改意见，以及画的优点，按照评价要点进行有针对性的评价。

学生自评：除了课上对自己作品的评价，更多学生要有对本节课内容的评价，并作为档案袋评价中的一部分。

"故宫体育"课程纲要①

课程类型：拓展课程

课程领域：生活与健康

授课对象：初二、高二年级学生

课程简介

体育是人类的一种社会活动。故宫与体育活动密不可分，从青铜器、陶瓷、书画、古籍上都能找到中华民族从远古时代就开展的多种多样的体育运动。古代"礼乐射御书数"六艺，其中"射"和"御"，就是射箭和骑马驾车，马术、蹴鞠、马球、摔跤、狩猎、冰嬉等在明、清紫禁城非常流行。本课程就故宫与体育运动项目进行介绍，并实地考察。同时，结合体育课，学习掌握民族传统体育运动项目1~2项，体会传统体育项目的乐趣，感受古人的体育运动文化，增强民族文化自信心和自豪感。

课程目标

人类的活动最能体现时代特点和民族文化，本课题在学生充分了解故宫历史的基础上，从体育运动角度入手让学生感受故宫这个世界文化遗产的重要价值，学习体验古代宫廷运动，增强学生传承文化遗产的意识。

课程内容

第一部分：以元、明、清三个朝代为线，了解不同朝代在故宫中进行的体育运动，通过了解他们的运动来引申当时的民族文化背景

（一）元代体育运动：蒙古骑射、蒙古角抵、江南竞渡、贵由赤、狩猎

———————————

① 本纲要由北京市第五十五中学崔渊伟老师提供。

（二）明代体育运动：投壶、冰嬉、马球、蹴鞠、武术

（三）清代体育运动："木兰秋狝、塞宴四事"包括教跳（驯马）、诈马（赛马）、布库（相扑）、什榜（音乐）

第二部分：筛选 2~3 个具有民族特点的运动项目进行学习体验，运用实践来还原当时故宫的文化与特点。

（一）射箭运动练习

（二）棍术练习

（三）八段锦练习

（四）抖空竹练习

（五）踢毽子练习

（六）功夫扇练习

第三部分：以皇家活动和宫廷卫士活动划分，通过研究故宫中不同阶层的运动来感受每个时代中故宫这个世界级皇宫的奢华与森严的等级阶层，进而也会感受到当时社会制度的严谨。

（一）参观故宫博物院箭亭

（二）汇报交流

第四部分：实践体验，通过角色扮演以运动形式来还原一段我们熟悉的历史，在展示中体验角色扮演的新奇，感受古代运动的快乐，真正融入故宫这个世界级文化的历史宝库中。

课程实施

本课程 14 课时（每课时 80 分钟），理论知识扎实，体验学习为主，形式多样，在不改变历史文化的前提下进行角色扮演。采取形式多样的教学方法来激发学生的学习兴趣，这是体育教学的主要途径。根据不同的教学内容，在体育教学中教师应不断创造性地应用新颖灵活的教学方法、富于变化的组织形式与手段，以激发学生的学习兴趣，达到优化体育教学的目的。

课程评价

综合考查学生主要以课堂实践考查为主，包括文化知识掌握情况、实践能力和互动参与度。在学生学业评价上，过程性评价 60%+终结性评价 40%。其中，过程性评价包括考勤、小组合作情况、研究小课题情况、故宫考察情况、提交作业情况等；终结性评价研究论文或研究报告。评价等第分为优秀、良好、合格、不合格。在课程内容和实施评价上，组织数学教师和课程专家评估课程内容与实施的情况，提出课程改进建议，修改完善课程内容。

"故宫中医"课程纲要

课程类型：拓展课程

课程领域：生活与健康

授课对象：高一、高二年级学生

课程简介

故宫中医是将故宫文化与中医文化相结合，是中国传统文化中最具特色和实用价值的部分，在防治疾病、强身健体方面发挥着重要作用。这门课程以中国传统文化为根基，中医经典为依据，旨在传播健康生活理念，传授中医基础知识。通过本课程，学习者能够感受故宫文化与中医文化的独特魅力，提升文化素养，增强文化自信；同时掌握一些中医基础知识，有利于养成健康的生活习惯，提高身体素质。本课程主要面向高一、高二年级学生开设，也适合社会学习者。是一门生活健康、文化修养的通识教育课程。

课程目标

了解中医与中国传统文化之间的关系，掌握中医的一些基本概念、基本原理、基本方法等，树立健康第一的理念。了解故宫文化中的中医典籍和清宫医学文物和医学史，学会用一些体育运动养生法，如太极拳、易筋经等。通过学习，加深学生对中国传统文化的认识，激发学生爱国主义热情和民族自信心，坚定文化自信。

课程内容

第一部分 走近故宫中医

故宫博物院收藏有医药文物 3000 多件，大致可以分为药物、药具、档案、药方、仿单五大类别。清宫医药文物是故宫博物院藏品中重要而富有特色的门类，是清宫医事活动的实物遗存和发展见证，是宝贵的文化遗产，是研究中华医学史、宫廷史，乃至中西文化交流史的第一手资料，具有不可替代的作用。

（一）参观故宫博物院御医药馆

（二）太医院和御药房

（三）药材与药具

（四）故宫中医档案

第二部分 中医学的哲学基础

中医学理论体系大约形成于战国至秦汉时期。在百家争鸣的时代，中国古代哲学思想得到长足的发展，代表文化进步和科学发展的精气学说、阴阳学说、五行学说，不仅盛行于天文、地理、政治、兵法、农业、历法等多个领域，而且也渗透到了医学领域，对医学理论体系的形成产生深刻的影响。精气学说、阴阳学说和五行学说的基本观点和方法引入中医学，与中医学自身固有的理论和经验相融合，用以阐释人体的形态结构、生命过程及疾病的原因、机理、诊断、防治等，成为中医方法学体系的重要组成部分。

（一）精气学说

（二）阴阳学说

（三）五行学说

第三部分　中医经典文献

中医经典文献指的是中医发展史上起到重要作用，具有里程碑意义的经典巨著，对古代乃至现代中医都有着巨大的指导作用与研究价值。

（一）《黄帝内经》

（二）《难经》

（三）《伤寒论》

（四）《神农本草经》

（五）《本草纲目》

第四部分　常见中医药

中药在中国古籍中通称"本草"。我国最早的中药学专著是汉代的《神农本草经》，明代李时珍的《本草纲目》，总结了 16 世纪以前的药物经验，对后世药物学的发展做出了重大的贡献。中药按加工工艺分为中成药、中药材。

（一）养心殿屋顶宝匣里的中药

（二）故宫典藏药方

（三）常见中药

第五部分　中医文化与中医未来

（一）中医文化的启发

（二）中医的未来

课程实施

本课程共 17 课时（每课时 80 分钟），通过参观故宫医药馆，了解中医的基础知识，感受深厚的中医文化和中华优秀传统文化的渊源。组织学生自主学习中医经典文献，通过小组合作开展交流讨论中医文化和中草药名称及功用等。能够辩证地认识中医学与西医学之间的关系，组织学生开展辩论和交流，思考和探究中医文化的深厚内涵和历史价值。

课程评价

对学生体现多元评价：学生自我评价（任务完成情况、出勤情况、报告心得体会）、互相评价（小组协作、组员互评、出勤情况、报告展示）、教师评价（调查报告完成及展示）和家长评价（反馈与建议）。对校本课程的评价与课题评价相结合。遵循学生的学习规律和知识规律，定性与定量相结合，最终促进学生形成良好的生物素养。综合评定，给予相应等第，分别为优秀、良好、及格、不及格。在对课程内容评价方面，设计调查问卷，在课程结束后，对学生进行问卷调查，了解学生对课程内容的评价。召开课程开发相关教师座谈会，反思本课程内容和实施方式的优势和不足，提出课程改进的意见建议。

三、提升型课程

提升型课程，主要是综合性课程，与多个学科融合，运用多个学科思想方法的一类课程，比如"故宫文创""故宫科创""故宫文化""故宫人物"等。提升课程满足学生的个性化发展需求，适合学生开展研究性学习、项目式学习等。课程目标是学生进一步认识和理解学科思想方法，提升综合运用所学知识研究解决问题的思想、方法、能力，认识理解中华优秀传统文化的精神内涵，文化价值，树立文化自信和价值认同。

"故宫文创"课程纲要①

课程类型：提升课程

课程领域：人文与社会、科学与技术、艺术与审美

授课对象：初二、初三学生

课程简介

《中小学综合实践活动课程指导纲要》坚持教育与生产劳动、社会实践相结合，引导学生深入理解和践行社会主义核心价值观，充分发挥中小学综合实践活动课程在立德树人中的重要作用。综合实践活动课程的目标是通过密切学生与生活的联系、与社会的联系，帮助学生获得亲自参与实践的积极体验和丰富经验，提高学生对自然、社会和自我之间内在联系的整体认识，发展学生的创新精神、实践能力，培养良好的个性品质及社会责任感。本课程依托故宫博物院的文化资源，综合运用各学科知识，在深入了解故宫文物的艺术价值和文化内涵的基础上，对故宫文物中的一些形象，如故宫脊兽、花窗、印玺等，运用艺术或科技等进行文化创意设计，提升学生文化理解与传承能力。

课程目标

通过着眼故宫某一点的内容进行调查研究。在学生学习、探究故宫相关内容后，让学生将学习的知识内容，通过设计及动手操作，将自己的创意、方案付诸现实，提高学生的技术操作及知识迁移水平，并在制作的过程中体验工匠精神。

课程内容

第一部分　故宫脊兽

课时1　故宫中的脊兽

脊兽是殿宇屋顶上的一种装饰性建筑构件，在中国古代社会中，构件的

---

① 本纲要由北京市第六十五中学马欣老师提供。

造型与安装位置都有一定的等级和讲究。故宫中大大小小的殿宇众多，每个殿宇上的脊兽也不尽相同。所以在这里我们就以太和殿为例来说一说这些脊兽。龙、凤、海马、天马、狮狻象征皇家；狮子、狻猊象征人类的保护神；押鱼、斗牛、行什象征建筑的保护神。这些脊兽的外形各有特点，本领各有所长。既是屋顶不可或缺的组成部分，也寄托了人们的美好愿望。

课时2　脊兽浮雕装饰画

装饰画所使用的材料为软陶。利用泥塑堆叠的技法来制作。软陶像其他黏土一样是软的，可以随意塑性，只有经过高温烤制后才会定型。这种材质比较适合在课堂上使用，因为不存在保存的问题，也不会因为放置的时间过长而出现变硬或变质的情况。制作流程共分为五个步骤：分别为画眼、裁大小和压花纹、做兽身、完善及烤制、擦色。

第二部分　故宫花窗

课时3　故宫中的窗

中国古建的窗，有着漫长的发展历史，是中国传统建筑中最具有特色的部分，体现了中国传统文化的历史内涵、审美意蕴。而故宫里的窗，更是集历代建筑精华于一身，内容丰富，技艺精湛。

课时4　花窗投影灯设计与制作

运用物理电学知识，先画电路图，再安装电子器件、组装电路，中间隔板安装LED，连接电池盒导线，安装开关，拼装花窗结构，调试。

第三部分　故宫印章

课时5　方寸之间

印章，是通过在泥、纸、陶瓷等材质上压印、钤盖出印记，以此标明印章主人身份或所有权的信用物。把印章的印记作为标示身份的信用凭证，是古今中外普遍存在的现象。而把制印、钤印作为一门艺术，并将其与书画收藏相结合却是中国传统文化的一项创举。

课时6　刻制印章

描图，用铅笔在硫酸纸上将图案描摹一遍。转印，将描摹了图案的那一面硫酸纸覆盖在橡皮上。刻制，用刻刀将图案周围的橡皮进行雕刻。试印，用可塑橡皮将铅笔印去除，试印后进行修正。

第四部分　故宫书签

课时7　故宫形象

选取故宫文化的形象，可以是故宫建筑的大门、屋顶、神兽、花窗、亭台楼阁、匾额等，也可以是故宫中的文物，如青铜器、玉器、金银器、瓷器、漆器、家具、服饰等。

课时 8　书签设计制作

开放性设计，写明设计意图、文化含义。

课程实施

三个课程主要采取案例式、体验式、参与式教学，注重学生的亲身参与和实际体验，培训内容分为基本理论、项目案例两个部分，注重学习的实效。通过故宫中的脊兽这一点着眼，进行调查研究。在学生学习、探究故宫中脊兽后，制作脊兽浮雕装饰画，让学生将学习的知识内容，通过设计及动手操作，将自己的创意、方案付诸现实，提高学生的技术操作及知识迁移水平。利用非物质文化遗产中彩塑的技法制作，在制作的过程中体验工匠精神。

课程评价

采取过程评价和结果评价相结合的方式，强调教师的亲身实践和体验，注重教师在专家引领下设计出适合本校学生的活动方案，并鼓励实践创新。学生从自身生活和社会生活中发现问题，学习运用科学的知识方法解决问题，经历多样化的活动方式和实践过程。与其他各类课程相比较，综合实践活动课程具有鲜明的开放性、综合性、实践性等特点。所以综合实践课程强调的不是一个具体的学习目标，而是开放的、综合的，强调过程性。

"故宫科创"课程纲要①

课程类型：提升课程

课程领域：科学技术

授课对象：高二、高三年级学生

课程简介

故宫，是我国传统文化的集中体现。作为历史悠久的庞大建筑群，故宫一直以它的雄伟和神秘吸引着我们。本课程以故宫为研究载体，深入发掘故宫的建筑、青铜器和文化内涵，借助学校特有的 VR 设备和 3D 打印机，帮助学生完成从探究到思考，再到学习和实践的全过程。本课程力求借助先进的教育技术手段，让学生了解我国的传统文化，并帮助学生将自己的创意变为现实。在培养学生核心素养的同时，提升学生的文化自信。

课程目标

阶段性目标：每次课程结束后，学生都能够了解一些故宫的相关知识，并能够使用 VR 设备和 3D 打印机设计和制作相关作品。

课程总目标：课程结束后，学生能够独立使用现代技术设备，将自己的创意变为现实。与此同时，能够提升自身的核心素养和文化自信。

---

① 本纲要由北京市西城区德胜中学李岩老师提供。

课程内容

专题 1　3D 打印故宫方鼎

在故宫的古青铜器展室里，一尊小方鼎非常特别。它不太大的鼎身上密布着两种不同的纹路——夔纹和兽面纹。本专题教师将带领学生使用 3D 打印技术来复制这个独特的小方鼎。

（一）探究青铜器方鼎

（二）三维设计与 3D 打印

（三）上色与完善

专题 2　3D 打印故宫爵杯

青铜爵最早出现在二里头文化时期，至西周中期逐渐消失。本节课，教师将带领学生使用 3D 打印技术来制作青铜器爵杯。

（一）探究青铜器爵杯的历史过程

（二）三维设计与 3D 打印

（三）上色与完善

专题 3　3D 打印故宫匾额

匾额是古代建筑的必然组成部分。然而，匾与额之间又有不同。本专题教师将带领学生使用 3D 打印技术来制作匾额。

（一）探究匾额的含义与功能

（二）三维设计与 3D 打印

（三）上色与完善

专题 4　3D 打印故宫神武门

神武门是故宫的北大门，也是我国古代建筑艺术的巅峰之作。本专题教师将带领学生了解神武门的建筑结构，并使用 3D 打印技术来制作神武门模型。

（一）探究神武门的建筑结构

（二）三维设计与 3D 打印

（三）上色与完善

专题 5　戴上 VR 进故宫

VR 技术，大家已经不陌生了。本专题教师将带领学生通过 VR 技术来欣赏故宫的美景。

（一）探究和掌握 VR 设备的操作

（二）通过 VR 设备观察故宫的美景

课程实施

本课程的 5 个专题内容独立却又相互联系，在故宫的主题引领之下在高一全体学生中轮流进行。每次课程选择 20 名学生，并配备桌面式 VR 设备和

3D 打印机。本课程共 14 课时（每课时共 80 分钟）。

课程评价

本课程的评价主体包括教师和学生两个部分，特别需要指出的是，参与评价的学生评价比重显著高于教师评价比重。每一位参加综合实践活动的学生都需要进行自我评价和对他人评价，其中自评的比例为 60%，他人评价的比例为 30%。这样设计的目的在于鼓励学生进行自我评价，这有助于提升学生的学习兴趣和学习动力，还可以利用学生的自我评价来促进学生回顾自己在参加综合实践活动全过程中所掌握的知识和技能。与此同时，他人评价是其他同学对于自己的评价，这在一定程度上锻炼了学生的表达能力，提升了自信心。

另一方面，教师评价的比例为 10%，之所以采用这样的设计是因为强调以学生为主的评价，而教师只是根据自己的判断来对每一位同学进行评价，有效地避免了教师主观的刻板印象对于评价的影响，尽可能地保持评价的客观、公正。

"故宫人物"课程纲要

课程类型：提升课程

课程领域：人文与社会、科学与技术、艺术与审美、生活与健康

授课对象：高二、高三年级学生

课程简介

故宫作为明清两代国家权力中枢，帝王后妃、文臣武将、文化名士、能工巧匠、域外使臣等都在这一历史舞台上悉数登场，这些人物与明清两代经济、社会、军事、科技、文化、外交等发展紧密相关。故宫博物院的成立标志着故宫走向了新生，又有一大批关心中华文脉的仁人志士呕心沥血地为故宫文化的传承和创新做出重大贡献。这门课程对于青少年了解和研究故宫文化具有积极意义，能为青少年提供更加宽阔的历史视角认识故宫文化的历史意义和深刻内涵，从而为故宫文化的传播与创新奠定坚实的基础。

课程目标

本课程以增强学生对中华优秀传统文化的理性认识为重点，引导学生感悟中华优秀传统文化的精神内涵，增强学生对中华优秀传统文化的自信心。通过对历史人物生平和历史功绩的学习，认识人民群众创造历史的决定作用和杰出人物的贡献，汲取前人的经验和智慧，培养豁达乐观的人生态度和抵抗困难挫折的能力。引导学生深入理解中华民族最深沉的精神追求，更加全面客观地认识当代中国，看待外部世界，认识国家前途命运与个人价值实现的统一关系，坚定做故宫文化的传承者与创新者。

课程内容

第一部分　帝王后妃

（一）永乐皇帝——朱棣

（二）五全皇后——洪熙帝朱高炽的张皇后

（三）嘉靖皇帝——朱厚熜

（四）万历皇帝——朱由检

（五）李自成

（六）孝庄皇后

（七）康熙皇帝——玄烨

（八）乾隆皇帝——弘历

（九）慈禧太后

（十）末代皇帝——溥仪

第二部分　文臣武将

（一）解缙

（二）于谦

（三）王阳明

（四）袁崇焕

（五）纪昀

（六）曾国藩

（七）李鸿章

第三部分　能工巧匠

（一）郭守敬

（二）徐光启

（三）蒯祥

（四）样式雷

（五）唐英

第四部分　外国人士

（一）利玛窦

（二）汤若望

（三）郎世宁

（四）马戛尔尼

第五部分　近代人物

（一）李煜瀛

（二）易培基

（三）马衡

课程实施

本课程共 30 课时（每课时 80 分钟），主要以学生阅读教师制定的参考文献和自主查阅相关文献阅读了解历史人物生平和事迹。小组合作交流读书心得体会，从多个角度对历史人物做出评价，认识历史人物的积极性和局限性。组织学生参观考察故宫博物院，增加感性认识，激发学生历史研究兴趣和故宫文化研究兴趣，客观理性、自信包容地理解历史人物的功过是非，深刻认识明、清社会的历史规律以及对当代社会的启示与借鉴。发挥学生学习的积极性和创造性，鼓励学生提出问题，并就有关问题开展小课题研究，进行项目式学习或研究性学习，撰写研究报告或小论文，学会运用多学科知识分析和解决研究中的问题，提升学科核心素养和学科核心能力。

课程评价

本课程评价分为对学生学习的评价和对本课程内容的评价两方面。在对学生学习评价方面，以过程性评价和终结性评价相结合。过程性评价根据学生在文献查阅、自主课题研究情况、小组合作学习情况等方面进行评价。终结性评价根据学生合作小组的研究成果汇报和研究报告情况，分为"优秀""良好""合格"等级。

在对课程内容评价方面，设计调查问卷。在课程结束后对学生进行问卷调查，了解学生对课程内容的评价。召开课程开发相关教师座谈会，反思本课程内容和实施方式的优势和不足，提出课程改进的意见和建议。

"故宫遗产"课程纲要①

课程类型：提升课程

课程领域：人文与社会、科学与技术、艺术与审美、生活与健康

授课对象：初二、初三年级学生

课程简介

通过团队合作的形式、鲜明的主题以及多样的活动，在实践中了解、学习故宫遗产文化，做一名自主、自愿、自觉的文化传承者。

课程目标

总体目标：培养学生的民族精神和爱国情感，树立保护世界遗产的意识，以及传承民族文化的责任感、使命感，推动校园世界文化遗产的建设。

具体目标：让学生了解故宫遗产文化，培养学生团队合作、自主探究的能力。

---

① 本纲要由北京市第六十五中学孙育老师提供。

课程内容

第一部分　了解故宫

课时1　故宫印象

你对世界文化遗产的知识了解多少呢？现在就让我们从明清时代中国文明无价的历史见证——故宫，开始我们的探索之旅。

每个人心中都有一个不一样的故宫，请你从网络上查找故宫的照片及相关的文字资料，选一张你认为最能体现故宫特色的照片，粘在下方的相框中，然后说说你对故宫的印象吧。

课时2　故宫影像

中央电视台系列纪录片《世界遗产在中国——明清故宫》从多个视角讲述了这座帝王圣殿，让我们一起来感受吧。

交流分享：在视频中，你都了解到了故宫的哪些知识？故宫纪录片中最让你震撼的是哪一部分？哪些建筑和馆藏文物给你留下最深的印象？询问一个朋友的感受，并做简短的记录。

课时3　故宫文化

故宫，承载着一个国家厚重的历史，彰显着一个国家灿烂的文明。故宫博物院是世界上极少数同时具备艺术馆、建筑博物馆、历史博物馆、宫廷文化博物馆等特色，并且符合国际公认的"原址保护""原状陈列"基本原则的博物馆和文化遗产。故宫的设计思想和营造规制是什么？故宫中的色彩都有哪些？它们分别有什么寓意？明清故宫继承了哪些前朝建造宫殿的理念？

第二部分　走进故宫

课时1　准备故宫行

百闻不如一见，在对故宫的厚重历史文化有了初步了解以后，让我们走进故宫，近距离和故宫亲密接触，切身地去体会和感知故宫这座浓缩了古代劳动人民和科学家智慧的艺术之宫。登录故宫博物院官方网站，熟悉故宫的游览路线和中轴线上9个主要景点的方位，自行设计游览线路。你准备走哪条线路？请在导览图中画出来。

课时2　实践故宫游

盼望已久的故宫游即将拉开序幕。和你的组员们一起合作整理一下收集好的景点资料，熟悉你将要参观的主要景点及其特点。如果有机会，感兴趣的同学还可以挑战一下真实的导游体验。制定自由活动的主题，并做好活动方案。

课时3　感悟故宫美

从悠久的皇城中走出来，我们更增加了对她的敬畏与仰慕。这次故宫之行，什么令你难以忘怀，什么又让你感慨良多？《感悟故宫美——我眼中的故宫》演讲比赛要求：每个小组推选一位参赛者进行演讲。每小组时间为5分钟。和选手一组的学生不参与评价，其他学生帮忙打分。

第三部分　解析故宫

课时1　故宫知识竞赛

通过实地走入故宫，你一定对故宫有了更深入的了解，也更增加了对故宫文化的探究意识。我们一起以故宫为背景准备知识竞赛吧！

活动一，编辑知识竞赛：题目可参考书目《故宫学概论》（郑欣淼）、《故宫学问》（章宏伟）、《故宫答问》（故宫出版社）。

活动二，知识竞赛：请感兴趣的同学踊跃报名，比赛得胜的同学有机会作为故宫形象大使向全班、全年级甚至全校来宣讲普及有关故宫文化遗产的知识。

课时2　故宫文化艺术大赛

故宫的历史、文化、建筑等方方面面都有许多可深挖的细节，你是否关注过故宫里的宝贝？又或者是否关注过屋檐上的走兽？只要你有一双善于发现的眼睛，你就可以成为这个领域的小小专家。

想不想在角色扮演情景剧中过把导演瘾呢？想不想成为大家追捧的明星呢？现在就有这样的一个机会，让我们穿越回明清时代的故宫，去体味当时发生在这宫殿里的一个个传奇故事。

1. 以小组为单位，自编剧本，剧本内容可以根据史实编排。

2. 最好有真实感较强的道具和服装。

3. 要有2~3张在故宫实景拍摄的剧照。

课时3　自主探究

通过前面的学习，你是不是对故宫有了更深入细致的了解呢？现在我们就自己感兴趣的课题进行自主的深入探究吧！选择某一个自己感兴趣的故宫文化特色进行进一步研究。交流各组研究的课题，写下你的收获。

第四部分　宣传故宫

课时1　问卷调查

了解社会中各阶层、各年龄段的人对世界文化遗产——故宫的了解情况。通过网络问卷以及街头发放问卷的形式，调查人们了解故宫的程度。

课时2　纸艺服装设计

开展宣传推广活动，将文化遗产故宫的元素融入纸艺服装的设计中，让更多的人接触、熟悉、热爱遗产。

要求：

1. 提供可选择的主题：如园林风韵、贴身建筑、书法艺术、剪纸艺术等。

2. 每位学生都选择一个主题进行设计。

3. 以组为单位组内交流，互相评价每位同学的方案，选择大家公认的好的方案进行服装制作。

4. 每组展示自己的作品并讲解自己的设计。

课时 3　故宫文创

让我们的世界遗产——故宫文化走进生活、融入生活，让古老的遗产文化发扬光大，人人保护，代代传承，让她拥有新时期的生命力。确定故宫文创作品的方向和主题，阐述该作品的设计意图、理念。

第五部分　保护故宫

课时 1　倡议书

世界文化遗产是我们人类文明的见证，如何既能合理地开发和利用，又能保护文化遗产，是摆在我们面前的一个严峻的课题。针对人们在遗产开发过程中出现过的一系列问题，你来说说我们可以从哪方面为故宫遗产的保护尽一份力呢？

课时 2　实地考察

通过采取各项措施，故宫的保护在近些年得到全面加强。请大家走进故宫，考察故宫的工作人员在遗产保护中做出的努力。对于故宫的遗产保护现状，从旅游规划、建筑文物修复、景区内服务设施分布等方面进行实地考察，并记录总结考察结果。以小组为单位总结收获。

课程实施

本课程共 14 课时（每课时 80 分钟），课程实施中应注重对学生研究问题的视角、手段、表达方式、跨学科能力的培养。利用好学校周边资源，多进入故宫之中开展实地考察和探究。

课程评价

按照小组合作成果评判。

"故宫文化"课程纲要①

课程类型：提升课程

课程领域：人文与社会、科学与技术、艺术与审美、生活与健康

授课对象：高二、高三年级学生

课程简介

故宫文化是中华优秀传统文化的一个重要组成部分。认识故宫文化，继承故宫文化，发扬故宫文化，是摆在我们面前的一项重要任务。本课程从历史、语文、英语、政治等学科角度对故宫文化进行探索，充分挖掘学科资源，

---

① 本纲要由北京市第六十五中学张胜佳老师提供。

从故宫的历史入手，结合学生与学科的需求，从故宫的宫室、官职、服饰、青铜器、科举等方面对故宫有一个更为直观的了解和认识；以《兰亭集序》和《清明上河图》为例，引领学生关注故宫的书画艺术，提高审美情趣；以故宫的内部陈设和楹联做窗口，让学生感受皇家家居文化和文字的契合之美；以饶有趣味的动漫和故宫文创产品为依托，让学生在喜闻乐见的形式中触摸、感受，从而领略故宫的文化精髓。

课程目标

通过以上课程的规划思路，课上的讲解与讨论，给学生提供一些思路，帮助学生逐步形成研究"故宫文化"的意识，在深入学习"故宫文化"的基础上，影响自己和身边的人自觉、主动地关注故宫，开始有意识地收集、整理故宫的文化知识，成为故宫文化的传播者。

课程内容

第一章　故宫博物院内典藏荟萃

（一）青铜器、铁器、金器典藏介绍

（二）书画艺术品分析

第二章　明代文物赏析

（一）明代典型文物介绍

（二）文物形成的历史背景分析

第三章　清代文物赏析

（一）清代典型文物介绍

（二）文物形成的历史背景分析

第四章　青铜艺术品文物赏析

（一）故宫中青铜文物荟萃

（二）青铜器产生的历史背景分析

第五章　文物保护的基本介绍

（一）文物的基本内容及分类

（二）故宫博物院内的文物的主要分类及介绍

第六章　故宫博物院内文物的保护方法

（一）金属类文物保护（比如青铜器、铁器、金器）

（二）纸质文物保护（主要包括纸的发明和发展、纸质文物变质糟朽的主要原因、纸质文物的保护处理）

（三）陶瓷砖瓦类文物保护（主要包括陶瓷烧制工艺简介、陶瓷及砖瓦类文物损坏的主要原因、保护修复实例——粉彩俑的保护研究）

第七章　博物馆环境保护

（一）博物馆的防火知识介绍

（二）故宫博物院建筑与环境要求

第八章　古代建筑保护与维修

（一）中国古代建筑遭受的破坏和出现的病害

（二）故宫博物院的几次维护和重建过程

课程实施

立足于"故宫文化"相关教材，又不拘泥于教材，提前给学生布置相关的任务，让学生有兴趣去准备课前的相关资料，充分利用网络资源，让学生对故宫文化有更广泛的了解。在课上，师生通过研讨、座谈、访谈、实地考察等多种方式去感受故宫文化，同时也与中高考的传统文化相关联，调动学生学习的积极性，改变学生被动学习的局面，通过"故宫文化"的深入学习，试图转变学生的学习状态，让学生在学习中有发现，在发现中有探索，在探索中有思考，在思考中有创新……

课程评价

学生在"故宫文化"课程的学习中，每位老师都会在自己侧重的知识讲解中与学生形成良性的互动，同时也会围绕学科所关联的内容设计一些与课程紧密衔接的学习任务，引导和督促学生在教材的基础上进行拓展和延伸。同时以故宫小百科的形式帮助学生普及一些学生应知应会的故宫文化知识，力争让"故宫小百科"也起到抛砖引玉的作用，带动学生去发现和收集更多的知识，使学生愈来愈意识到故宫文化的博大精深，从而更自觉地参与到更多形式的故宫文化的学习中去。最后课程结束的时候，让学生从中选出一个自己感兴趣的层面进行深入的挖掘与探索，完成一个相关内容的学习报告，让每个学生的本次学习都能有真正的收获。

故宫博物院原院长郑欣淼先生曾这样论述过故宫："故宫有着深厚的历史文化内涵，人们可以从不同角度去研究和认识。但是不管怎么说，都无法回避它作为皇宫时特有的价值与意义。故宫曾是明清两代的皇宫，当时叫紫禁城，曾先后有 24 位皇帝在此居住执政。这里是封建王朝的权力中枢，在国家历史中曾起过非常重要的作用。从文化的角度看待故宫，或者说了解故宫文化，对我们认识故宫是很有裨益的。"① 我们所开展的"故宫文化"课程对于庞大厚重的"故宫文化"而言无疑是管中窥豹，但我们已经做了这样的尝试，就应该认真做下去，并努力把它做好，使这门课程能够让师生在共同研究故宫的历程中获得提升，并做好故宫文化的使者。

---

① 郑欣淼. 谈谈故宫文化［J］. 党建，2011（01）：51-53.

第六章

故宫课程群的实施

　　课程实施是指把课程计划付诸实践的过程，也就是将书面的课程转化成具体教学实践的过程。无论有多好的课程理念和科学合理的课程目标，还是体系化的课程内容与结构，如果没有课程实施，或者在实施中走样，那么所有这些都失去了意义和价值。因此，课程实施就成为课程开发过程中一个重要的环节，一个实质性的阶段。

　　课程群实施的本质就是要使原有的课程要求转变为新的课程计划的要求①。就转变的取向而言，有三种不同的观点：一是忠实观，即忠实地执行预定的课程计划。二是相互适应观，即认为课程实施是课程设计者与课程实施者共同对课程进行修订调整的过程。三是创生观，即认为课程不是在实施前就固定下来的，而是师生在具体教学活动中共同合作创造的。故宫课程群的实施主要根据师资条件、学生需求、课程实际等情况采取合适的观点。就转变的路径而言，故宫课程群主要是通过传统的学校课堂教学、故宫游学活动、故宫项目式学习、故宫在线课堂等途径将课程纲要转变为具体教学实践。本章分别就这四条路径来阐述故宫课程群的实施。

第一节　故宫课程群的教学设计与实施

　　教学是课程实施的主要途径，居于课程实施的核心地位。教学是教师以适当方式促进学生学习的过程，是学生在德智体美劳全面发展的最主要途径，是落实立德树人根本任务的"最后一公里"。教学活动是教师和学生以课程为中介开展的教与学的活动。所以教学过程受教师、课程、学生三个因素影响。教师在课堂教学中都会采取各种教学策略，这些教学策略有些是课堂临时生成的，而大部分是课前预设的。这种课前预设的教学策略就是课堂教学设计的重要内容。

---

　　① 钟启泉，等.课程与教学论［M］.上海：华东师范大学出版社，2008：168.

一、故宫课程群的教学设计模式

所谓教学设计，是指对整个教学系统的规划，是教师教学准备工作的组成部分，是在分析学习者的特点、教学目标、学习内容、学习条件以及教学系统组成部分的基础上统筹全局，提出具体教学方案，包括一节课进行过程中的教学结构、教学方式、教学方法、活动形式、知识来源、板书设计等①。无论什么样的教学设计都是在一定的教学理论或教学思想的指导下完成的。故宫课程群的教学设计思想是现代教学理论——认知心理学的建构主义理论。

（一）教学设计理念

建构主义是一种关于知识和学习的理论，强调学习者的主动性，认为学习是学习者基于原有的知识经验生成意义、建构理解的过程，而这一过程常常是在与社会文化的互动中完成的。建构主义所蕴含的教学思想主要反映在知识观、学习观、学生观、师生角色的定位及其作用、学习环境和教学原则六个方面②。具体而言，建构主义的知识观认为，知识是人们对客观世界的一种解释、假设或假说，它将随着人们认识程度的深入而不断地变革、升华和改写，出现新的解释和假设。在具体的问题解决中，需要针对具体问题的情景对原有知识进行再加工和再创造。对知识的真正理解只能是由学习者自身基于自己的经验背景而建构起来的，取决于特定情况下的学习活动过程。建构主义的学习观认为，学习不是由教师把知识简单地传递给学生，而是由学生根据自己的经验背景，对外部信息进行主动的选择、加工和处理，从而获得自己的意义建构过程。学生不是简单被动地接收信息，而是主动地建构知识的意义，这种建构是无法由他人来代替的。同化和顺应，是学习者认知结构发生变化的两种途径或方式。同化是认知结构的量变，而顺应则是认知结构的质变。同化—顺应—同化—顺应……循环往复，平衡—不平衡—平衡—不平衡……相互交替，人认知水平的发展，就是这样的一个过程。学习不是简单的信息积累，更重要的是包含新旧知识经验的冲突，以及由此而引发的认知结构的重组。学习过程不是简单的信息输入、存储和提取，是新旧知识经验之间双向的相互作用过程，也就是学习者与学习环境之间互动的过程。建构主义学生观认为，学习者并不是空着脑袋进入学习情境中的，他们会基于以往的经验，依靠他们的认知能力，形成对问题的解释，提出他们的假设。教学不是"填鸭"，应当把学习者原有的知识经验作为新知识的生长点，引导学习者从原有的知识经验中获取新的知识经验。教师与学生，学生与学生之

① 顾明远.教育大辞典：第1卷［M］.上海：上海教育出版社，1990：210-211.
② 钟志贤，徐洪建.建构主义教学思想揽要［J］.中国电化教育，2000（02）：17-19.

间需要共同针对某些问题进行探索，并在探索的过程中相互交流和质疑，了解彼此的想法。建构主义在师生定位上认为，教师的作用从传统的传递知识的权威转变为学生学习的辅导者，成为学生学习的高级伙伴或合作者。教师应该给学生提供复杂的真实问题。他们不仅必须开发或发现这些问题，而且必须认识到这些复杂又真实的问题有多种答案，激励学生对问题解决提出多种观点。教师必须创设一种良好的学习环境，学生在这种环境中可以通过实验、独立探究、合作学习等方式来展开他们的学习。教师要成为学生建构知识的积极帮助者和引导者，应当激发学生的学习兴趣，引发和保持学生的学习动机。教师应尽可能地组织协作学习，展开讨论和交流，并对学生协作学习的过程进行引导。学生的角色是教学活动的积极参与者和知识的积极建构者。在建构意义的过程中要求学生主动去收集和分析有关的信息资料，对所学的问题提出各种假设并努力加以验证。要善于把当前的学习内容尽量与自己已有的知识经验联系起来，并对这种联系加以认真思考。建构主义认为，理想的学习环境包括情境、协作、交流和意义建构四个部分。在教学设计中，创设有利于学习者建构意义的情境是最重要的环节或方式。协作包括师生之间、生生之间的协作。交流是协作过程中最基本的方式或环节。意义建构是教学过程的最终目标，就是要帮助学生对当前学习内容中所反映的事物的性质、规律以及该事物与其他事物之间的内在联系达到较深刻的理解。

（二）教学设计原则

建构主义蕴含的这些教学思想对于指导故宫课程群的教学设计与实施具有重要的价值。换句话说，故宫课程群的设计理念就是建构主义学习理论。同时，在这一教学理念下，确定了故宫课程群的教学设计原则：一是以学生为中心，在故宫课程学习中充分发挥学生的主动性、积极性和创造性。二是突出情境创设，情境既要符合儿童青少年年龄特点和认知规律，又要符合知识本身的特点和规律。比如，既可以有故宫课堂也可以有虚拟故宫。三是强调协作与交流，通过师生、生生之间的协作交流互动，建构起自己的知识结构。四是落实意义建构，教学过程的最终目标是学生都能在自身已有的认知基础上建立起对故宫文化内涵以及相关联的事物之间的内在联系，形成深刻的文化理解，并内化为一种信念。

（三）教学策略

教学策略是教学设计的有机组成部分，是在特定教学情境中为完成教学目标和适应学生认知需要而制订的教学程序计划和采取的教学实施措施①。故

---

① 张大均，余林．试论教学策略的基本涵义及其制定的依据［J］．课程·教材·教法，1996（09）：6-8.

宫课程群的教学策略也是在建构主义学习理论的指导下来设计的。故宫课程的教学设计强调要发挥儿童青少年在故宫课程学习过程中的主动性和建构性，根据学段的不同，分别有自上而下的教学设计思想和知识结构网络的概念，突出"情景""协作"在教学中的重要作用。根据建构主义提出的一系列以"学"为中心的教学策略，如支架式教学策略、认知学徒教学策略、随机进入教学策略、抛锚式教学策略、社会建构教学策略等，设计出相对应的故宫课程教学策略。这些学习策略为构建故宫课程的建构主义教学设计模式奠定了很好的基础。故宫课程群的建构主义教学设计强调学生是认知过程的主体，是意义的主动建构者，因而有利于学生的主动探索、主动发现，有利于创造型人才的培养。

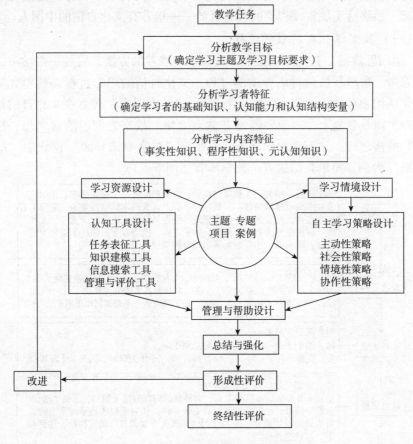

图6-1 故宫课程群教学设计模式①

综上所述，故宫课程群的教学设计模式（见图6-1）是以学习任务为核

———————————

① 参考余胜泉等《基于建构主义的教学设计模式》并有所修改。

心，学习任务包括故宫课程提出的主题、专题、项目、案例等，围绕这一核心先后开展教学目标的分析、学习者特征的分析、学习内容特征的分析，特别是进行学习情境的设计、学习资源的设计、学习策略的设计以及认知工具的设计，通过在教师引导和支持下的学生自主学习、小组合作等开展过程性评价，根据评价反馈情况，进行教学目标和任务的改进，最后进行故宫课程群的终结性评价。

二、故宫课程群的教学过程与方法

教师对故宫课程进行了教学设计之后，就要进行课堂教学。故宫课程群的课堂教学就是完成教学设计提出的教学任务，实现教学目标，进而完成课程目标，最终落实故宫课程群的教育目的——培养有文化自信的中国人。

（一）故宫课程群的教学过程

"学问思辨行"是儒家提倡的一种认识和修养的方法，它是一个学习、寻问、思考、辨析及最后付诸行动的过程。文化自信的培养过程必然包含对民族文化认识和对文化价值认同的一个过程。"故宫课堂"建立在文化自信培养的实践逻辑基础之上，一般要经过"故宫之学、故宫之问、故宫之思、故宫之辨、故宫之行"这五个教学环节。下面以"故宫双语导游"课程中"故宫太和殿"为例，简单介绍这五个教学环节（图6-2）。

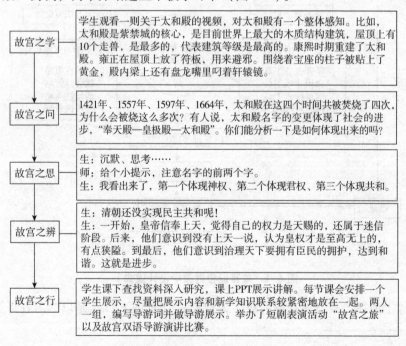

故宫之学	学生观看一则关于太和殿的视频，对太和殿有一个整体感知。比如，太和殿是紫禁城的核心，是目前世界上最大的木质结构建筑，屋顶上有10个走兽，是最多的，代表建筑等级是最高的。康熙时期重建了太和殿。雍正在屋顶上放了符板，用来避邪。围绕着宝座的柱子被贴上了黄金，殿内梁上还有盘龙嘴里叼着轩辕镜。
故宫之问	1421年、1557年、1597年、1664年，太和殿在这四个时间共被焚烧了四次，为什么会被烧这么多次？有人说，太和殿名字的变更体现了社会的进步，"奉天殿—皇极殿—太和殿"。你们能分析一下是如何体现出来的吗？
故宫之思	生：沉默、思考…… 师：给个小提示，注意名字的前两个字。 生：我看出来了，第一个体现神权、第二个体现君权、第三个体现共和。
故宫之辨	生：清朝还没实现民主共和呢！ 生：一开始，皇帝信奉上天，觉得自己的权力是天赐的，还属于迷信阶段。后来，他们意识到没有上天一说，认为皇权才是至高无上的，有点狭隘。到最后，他们意识到治理天下要拥有臣民的拥护，达到和谐。这就是进步。
故宫之行	学生课下查找资料深入研究，课上PPT展示讲解。每节课会安排一个学生展示，尽量把展示内容和新学知识联系较紧密地放在一起。两人一组，编写导游词并做导游展示。举办了短剧表演活动"故宫之旅"以及故宫双语导游演讲比赛。

图6-2 "故宫太和殿"教学流程

（二）故宫课程群的学习方式

现代教学理论强调以学生为中心，加强对学生学习方式的研究。故宫课程群根据教学目标和教学内容确定适合学生的学习方式，教师引导学生不仅要"学会"，更要"会学"。经过教师的大量实践，故宫课程群总结出以下几种不同的学习方式。

1. 场馆学习

场馆学习是与人、场馆、展品和文化相关的具体的学习机制、学习方案与学习过程。场馆学习的特点主要体现在：场馆学习的情境性、自主选择性、主动探究性以及结果输出的多元性。根据课程内容的不同，教师可以采取"先校后馆"或"先馆后校"等方式进行故宫实地学习。故宫课程群的大部分课程都有走进故宫实地学习的内容和环节。还有"御花园的石子画""八旗娃娃""故宫藏品阅读""我在故宫洗石头"等课程都是在故宫内完成。

2. 项目学习

项目学习就是一个特殊的将被完成的有限任务，它是在一定时间内，满足一系列特定目标的多项相关工作的学习掌握。项目学习的所有项目都是真实的。每个项目都是独立的，学生参与到复杂的、真实的问题解决中，接受挑战，主动探究，创造出某件作品并完成重要知识的学习。比如，故宫课程群中的"故宫斗拱""故宫瓷器""故宫神兽""故宫窗灯""故宫百科"等课程都是以项目式学习方式进行。

3. 影视学习

影视是通过画面和声音，在银幕上运动的时间和空间里塑造形象，再现和反映生活的一种艺术，其主要特点是直观性、逼真性、通俗性。这种声、色、光、影的完美融合，能极大地激发学生的学习欲望。用影视推进课程实施，学生不仅"听得到"，而且"看得见"，这样有利于学生对知识的形象理解。比如，"国家宝藏""故宫100""我在故宫修文物"等都是课程实施中应用的资源。

4. 主题学习

主题学习是围绕一个或多个经过结构化的主题进行学习的一种方式。在这种学习方式中，"主题"成为学习的核心，而围绕该主题的结构化内容成了学习的主要对象。主题学习以综合多学科知识运用为主，提升学生综合应用知识的能力。如"故宫文化"课程中设计有"故宫文化的传播""故宫文化的创新""故宫文化与现代文化"等主题。

5. 沉浸学习

沉浸学习是指为学习者提供一个真实或接近真实的学习环境，学习者通过深度参与、高度互动而获得知识、提升技能、陶冶情感的学习方式。它通过虚拟现实技术、借助虚拟学习环境而实现。比如"故宫虚拟现实与导游"课程就是在学校虚拟现实实验室进行学习。

6. 网络学习

故宫课程群开发运用网络课程建立了网络学习环境和大量网络学习资源。学生和教师可以打破时间、空间的障碍，通过互联网进行学习交流。"我爱故宫"就是故宫课程群运用网络环境开发的一门故宫课程，师生通过网络进行故宫课程的学习，促进了信息技术与传统文化教育的融合。

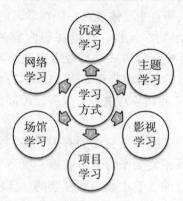

图 6-3　故宫课程群学习方式

虽然故宫课程群可以有不同的学习方式，但最终目的都是培养具有文化自信的中国人。而文化自信的培养属于情感方面的培养，它是"知情意行"的有机统一，需要循守"致知""激情""诚意""力行"的实践逻辑。"知"，重在构筑教育指南；"情"，意在彰显教育艺术；"意"，旨在突出教育深度；"行"，力在实现教育宗旨。四者相互渗透、相得益彰，使文化自信培养真正"融进"故宫课程群。

"致知"关注的是文化自信培养中的认知问题，重在认知、感知，主要在知识层面。文化认知是文化认同的基础与逻辑起点。教师通过精心的教学设计、严密的逻辑论证，帮助学生获取对以故宫文化为代表的中华优秀传统文化的理性认知，形成全面、深刻的价值判断和坚定的政治观点，并将这些判断和观点内化到自身原有的价值体系中，成为自身的行动指南。

"激情"关注的是文化自信培养中的情感问题，旨在彰显教育艺术。教师精心创设教学情境，运用综合的教学技能技巧，按照教学规律和美的规律而进行的创造性教育活动。也就是教得巧妙，教得有效，教出美感，教出特点。课堂教学中采取启发式、体验式、探究式等多种教学方式，学生在这个过程中有思维的碰撞、情感的共鸣，就会自发地产生对民族文化的自豪感和归属感。

　　"诚意"关注的是文化自信培养中的意识问题，重在突出教育深度。体现课程实施深度有无的关键不在于是否习得了大量的文化知识，而在于是否养成了坚定的文化意识。唯有坚定的文化意识，才能促使学生产生文化认同、形成文化责任，进而在长期的生活中一以贯之地践行。一般认为，人的个体意识的形成要遵循"他律—自律"的规律。因此，文化自信培养的诚意需经历一个由外铄到内化的过程。

　　"力行"关注的是文化自信培养的实践问题，力在实现教育宗旨。依教育实践逻辑而言，文化自信培养是一种由知人情、以情达意、诚意至行的教育过程。一方面，以文化自信培养引领生活实践；另一方面，借生活实践推进文化自信培养。"力行"不能"守旧复古"，而要在文化继承中发展，在发展中创新，做到不忘本来、吸收外来、面向未来。

　　总之，故宫课程群的学习是在教师、学生、环境等互动中完成的，在这一过程中，从知到行，再由行到知，最终实现知行合一，这就是故宫课程学习循环（图6-4）。这一循环不是简单的平面循环，而是在螺旋式上升，通过知识结构上的同化和顺应，以及儿童青少年对故宫文化的心理认同，文化自信这一情感目标才能得到实现。

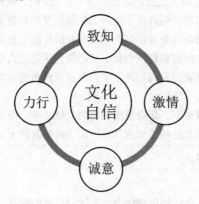

图6-4　故宫课程群学习循环

三、故宫课程群教学设计典型案例

　　为了对故宫课程群的教学设计与教学过程有更加直观的了解，下面选取几个有代表性的教学设计和教学案例，供大家参考借鉴。

表 6-1　"我眼中的故宫"教学设计①

课题名称	我眼中的故宫		
课程名称	走进故宫	年 级	初一
课程领域	人文与社会、艺术与审美		

指导思想与理论依据

　　了解明清故宫的基本情况及其在建筑上的主要特点，让学生通过对故宫的参观和学习，了解中国古代高超的建筑技术技艺。学生将会接触和了解最大的古代宫殿建筑群、疏朗雄伟的三大殿、严谨富丽的内廷建筑、藏品丰富的文物宝库、世界建筑艺术的瑰宝等，从建筑、历史、文化等方面，讲述明清故宫作为世界文化遗产的价值。

教学背景分析

　　一、教材分析

　　"明清故宫"中的北京故宫是中国古代帝王宫殿建筑中至今留存的最大、最完整的古建筑群。世界遗产组织对故宫的评价："紫禁城是中国五个多世纪以来的最高权力中心，它以园林景观和容纳了家具及工艺品的 9000 个房间的庞大建筑群，成为明清时代中国文明无价的历史见证。"

　　1987 年，北京故宫根据文化遗产遴选标准（Ⅲ）（Ⅳ）被列入《世界遗产名录》。

　　故宫为中国明清两代的文明提供了特殊的见证，是园林建筑、室内陈设、艺术珍品的真实再现。同时，它也是几个世纪以来满族惯有的传统文化和生活习俗的特殊见证。

　　故宫展现了中国最大的宫殿建筑全景，是建筑艺术的杰出典范。他们集中体现了清代、明代早期和元代的皇家建筑的威严恢宏以及富有特色的满族文化。

　　二、学生情况分析

　　教师已带领学生参观故宫，切身感受故宫的宏伟壮丽、豪华精致，体会故宫建筑的严谨和智慧。在学生对故宫的相关知识具有一定了解的基础上展开课堂讨论交流。

教学目标、教学重点和难点

　　教学目标：

　　通过回顾交流参观故宫的经历和体会，表达对故宫的感受，增进对故宫文化的亲切感。通过对故宫文化的初步了解，认识到故宫作为世界文化遗产的意义和价值，初步树立保护遗产的意识。能根据一定的目的设计故宫游览路线，并能撰写一份故宫遗产保护倡议书。

　　教学重点：

　　通过团队合作的形式，鲜明的主题以及多样的活动，在实践中了解、学习故宫遗产文化，做一名自主、自愿、自觉的文化传承者。

　　教学难点：

　　如何确定故宫游览路线设计的依据，如何确定故宫保护倡议书的具体内容。

①　本教学设计由北京市第六十五中学方源老师提供。

续表

教学过程			
教学阶段	教师活动	学生活动	设计意图
介绍你眼中的故宫	上节课我们去故宫进行了实地考察,请将你手里拍摄的故宫照片拿出来和大家一起分享。在参观中,你都了解到了故宫的哪些知识?哪些建筑和馆藏文物给你留下最深的印象?	学生分组介绍《我的故宫印象》(手抄报或PPT)照片+文字	对上节故宫实地考察进行回顾、交流
介绍故宫文化	故宫,承载着一个国家厚重的历史,彰显着一个国家灿烂的文明。故宫博物院是世界上极少数同时具备艺术馆、建筑博物馆、历史博物馆、宫廷文化博物馆等特色,并且符合国际公认的"原址保护""原状陈列"基本原则的博物馆和文化遗产。讲解相关知识。	观察思考:故宫中蕴含着哪些中国古老的智慧和文化	联系自己观察实际进行思考探究
设计一份故宫游览路线	故宫都有哪些主要景点呢?你最感兴趣的建筑和文化是什么?请根据你的参观感受,为身边同学设计一份体现某一主题的故宫游览路线。	小组合作,设计参观路线图	知识的迁移运用
保护故宫倡议书	问题1:故宫内的建筑文物修复得怎么样?问题2:在故宫景区内的清洁程度如何?地面是否有很多垃圾?问题3:故宫内部的信息服务处、纪念品店、饮品店等服务设施你觉得怎样?问题4:在参观游览故宫后,你觉得故宫的保护现状如何?	对于故宫的遗产保护现状,从旅游规划、建筑文物修复、景区内服务设施分布等方面进行实地考察,并记录总结考察结果。	让学生重视故宫的保护,并提出自己的建议

续表

学习效果评价
1. 评价的目的是检查本节课的教学目标是否达成，即学生能用自己的语言表达交流故宫参观的感受和体会，能设计出一条突出某一主题的故宫游览路线，能撰写一份故宫保护倡议书。 2. 评价内容是交流发言表达得体、语言流畅、思想端正，表达出对故宫的热爱之情。故宫游览路线设计合理，有特色。故宫保护倡议书能突出故宫保护中某几个方面，能反映出对故宫文化遗产的关注。

表 6-2　"凉亭结构的设计与制作"教学设计①

课题名称	凉亭结构的设计与制作		
课程名称	故宫建筑	年级	高一
课程领域	科学与技术		

指导思想与理论依据
建构主义学习理论认为，学习者的知识是在一定的情境下，借助他人的帮助，如人与人之间的协作、交流、利用必要的信息等，通过意义的建构而获得的。教学应使学习在与现实情境相类似的情境中发生，以解决学生在现实生活中遇到的问题为目标。在这种学习中，学习者可以形成对概念的多角度理解，并与具体情境联系起来，形成背景性经验。

教学背景分析
一、教学内容分析 　　本节课内容选自故宫课程群的"故宫建筑"课程。本节课之前，学生已经学习了结构的基本性质，对结构的稳定性和强度有了一定认识，知道改善结构稳定性和强度的基本方法，并设计制作了简单的承重结构模型，具有一定的理论和实践基础。本节课通过凉亭模型的设计与制作，旨在引导学生从技术和文化的角度理解结构的设计方法，是对本章内容的总结与提升。 　　二、学生情况分析 　　高一学生已经学习了结构的基本理论知识，并具有一定的实践经验，对结构设计中的稳定性、强度、成本等问题有初步理解，但在实践中容易偏重技术设计而忽略文化内涵，或过分注重外观设计而忽略结构的技术指标。本节课的难点是引导学生在凉亭模型的设计与制作中，关注结构设计中怎样把技术与文化有机结合。

教学目标、教学重点、难点

---

①　本教学设计由北京市第六十五中学张蕾老师提供。

教学目标
1. 了解简单木结构凉亭建筑。
2. 通过设计与制作凉亭模型，加深对结构力学性质（稳定性与强度）的理解。
3. 从技术和文化的角度设计与欣赏结构作品。
教学重点
从技术和文化的角度设计与欣赏结构作品。
教学难点
凉亭模型的设计与制作。

教学环节	教师活动	学生活动	设计意图
课题引入	我校地处皇城根，紧邻故宫，其中华丽恢宏的宫殿建筑令人叹为观止，历经 600 年依然保持着动人的风采。这些建筑是如何设计和建造的？值得我们深入去研究。万事从易到难。我们就从故宫建筑中相对最小巧、结构最简单的凉亭建筑开始研究吧！御花园中的凉亭	思考	通过学生熟悉的故宫引入课题，调动学生学习兴趣。
新知探究	一、凉亭建筑结构的基本组成与功能观察与思考：你认为这座凉亭有哪些基本组成部分？各部分有什么功能？（亭顶、立柱、护栏、底座、宝顶）凉亭除了供人们休息、遮阳避雨、方便人们观景，其整体外观造型还具有一定的造景功能。二、常见凉亭的种类从形状上看，常见凉亭包括：四角亭　　六角亭从亭顶来看，常见凉亭有单檐亭与重檐亭：	观察、分析、讨论、回答问题	引导学生从凉亭结构的组成、功能、类型、文化内涵和受力特点等多角度，理解凉亭建筑结构，为设计和制作凉亭模型做准备。

155

"上圆下方"的重檐亭

三、凉亭建筑结构的受力特点

厚重的亭顶仅靠几根立柱支撑，可能还有游人倚坐休息，因此保证结构的稳定性和强度是凉亭力学结构设计的关键。

观察这些凉亭的内部结构，你认为它们是如何保证凉亭结构的稳定性和强度的？

学生实践	任务：三人一组，设计一座凉亭结构模型，并尝试制作。 要求： 1. 结构完整，具备凉亭的基本功能。 2. 外形美观，具有一定的造景功能。 3. 整体结构具有一定的稳定性和强度，受力不易变形或开裂。	讨论、填写学案。	引导学生从技术和文化的角度完成凉亭结构模型的设计，突出教学重点。
展示交流	分组展示设计思路和设计草图。 教师点评与总结。	展示与交流	交流、点评与提升。

结构模型设计报告

高一_____班 第_____组小组成员	
设计题目	凉亭建筑·结构模型
设计要求	1. 结构完整，具备凉亭的基本功能（遮阳、休息、观景等）；（30分） 2. 整体造型美观，在环境中具有一定的造景功能；（40分） 3. 模型整体高度不低于15cm，且具有一定的稳定性和强度，不易晃动、变形、开裂。（30分）

续表

整体造型图	亭顶与立柱的内部连接细节放大图
立体图或双方向的平面图，标出整体长、宽、高等基本尺寸	保证必要的稳定性与强度
文化寓意	力学分析
表达了什么样的思想观念和人文精神，寄托了什么样的理想等	将在什么环境中使用，整体设计想要体现哪些意境，哪些部位受力容易出现晃动、变形、开裂，如何改进

表6-3 "故宫四季"教学设计①

课题名称	"品味中英，雅赏故宫"—— 思维导图辅助下的虚拟现实 VR 故宫中英双语导游课程之——故宫四季篇 *Good Taste in Appreciating the Palace Museum，Harmonious Communication Between Chinese and English——Mind Map-Aided VR Bilingual Tour Guide Course Designed for the Palace Museum——The Four Seasons in the Forbidden City*		
课程名称	故宫双语导游	年级	高二
课程领域	人文与社会、艺术与审美		

指导思想与理论依据

  以英语学科核心素养中的培养学生的语言能力、学习能力、思维品质、文化品格为指导，以思维导图为辅助，以北京市第六十五中学的虚拟现实 VR 设备为工具和平台，实现故宫双语导游的最大化研究与演绎：通过包括中英对译介绍、旅游句式、旅游小贴士、中英双解词汇学习、思维导图创作、文化核心问题要素、故宫与音乐、故宫与四季、故宫与珍宝等篇章的学习和介绍，能够真正让学生在学习知识的基础上，达到美的熏陶和文化艺术享受，并能让学生用中英双语产出自己对于故宫相关内容的观点和见解，以期达到立德树人的目的。

---

① 本教学设计由北京市第六十五中学张戍敏老师提供。

学习内容分析
（一）阅读材料分析： 阅读材料内容分为八个篇章，第一篇章是"古今交汇，虚拟现实"，主要介绍了故宫的概况，还有虚拟现实、思维导图等内容；第二篇章是"品鉴中英，雅赏故宫"，主要介绍了故宫各个重要景点的中英导游介绍，具体包括中英文导游词、旅游英语句式、旅游小贴士、中英双解词汇、相关景点的思维导图产出、文化核心要素问题的思考等；第三篇章是"故宫与四季"，主要描述了故宫一年四季的变换和美景；第四篇章是"故宫与音乐"，讲述了故宫与音乐的关系，并且让学生在不同的音乐背景下体味故宫不同的景点，能够生发感慨，形成思想与语言；第五篇章是"故宫与珍宝"，介绍了关于点翠、流苏、金银器物的知识；第六篇章是"故宫导游实例"；第七篇章是"故宫须知"，包括故宫开放时间、门票、出行、故宫餐饮和中华美食等内容；第八篇章是"人体、药品名称等"，介绍了人体一些器官的中英文名称、药品的中英文名称和各种疼痛的中英文说法。 （二）教学重点： 1. 学习各个篇章的内容，能够用中英文介绍故宫各个主要景点，并且能够用中英文描述故宫与四季、音乐、珍宝之间的关系。 2. 能够运用思维导图创建相关景点或内容的结构图，对所创建的内容结构能有整体的把握。 3. 能够用相关的句式或者词语介绍故宫相关景点，并描述自己对故宫相关景点的理解，能表达独到的思想感情，能将故宫与四季、音乐、舞蹈、珍宝等关乎自然、关乎文化艺术等范畴联系起来并进行创作。 （三）教学难点： 1. 用思维导图将故宫相关内容构建并用中英文进行表达。 2. 将故宫与四季、音乐、舞蹈、珍宝等关乎自然、关乎文化艺术等范畴联系起来并进行独到的思想描述。
教学方式
四人一组，学习、欣赏、体验与创作方式。
技术准备
多媒体电脑，投影，虚拟现实 VR 设备，3D 快门眼镜，操作手柄，舞蹈道具，黑板，粉笔
本课教学目标
1. 学生在欣赏与故宫四季相关的音乐舞蹈之后，创作出相关季节与故宫关系的思维导图。 2. 学生运用中英文相关句式和词语，以 VR 设备为展示平台，用自己的语言描述出脑海中的故宫四季。

教学过程与教学资源设计			
教学过程	教师活动	学生活动	设计意图
准备	确保虚拟现实 VR 设备启动并且运转正常，多媒体设备等教学设备正常开启。教师做好授课准备。	舞蹈人员盛装做好准备，人手一本阅读材料。笔记本与学案准备好。	教学的各项硬件设备一应俱全，为课程的顺利进行做好准备。
第一步 故宫 （7分钟）	1. 用 VR 设备展示故宫，中英文介绍故宫概况（3分钟）。 2. 请学生用中英文分别说出提到故宫时，脑海里想到的可以描述故宫的中英文词句，并写在黑板上（4分钟）。	1. 学生用中英文分别说出提到故宫时，脑海里想到的可以用来描述故宫的中英文词句，并写在黑板上。	引发学生思考并描述与故宫相关中英文词语和句子。
第二步 春夏秋冬 （4分钟）	请学生用中英文分别说出提到春夏秋冬四季时，脑海里想到的中英文词句，并写在黑板上（4分钟）。	学生用中英文分别说出提到春夏秋冬四季时，脑海里想到的中英文词句，并写在黑板上。	引发学生思考并描述与四季相关的中英文词语和句子。
第三步 故宫与春天 （26分钟）	1. 向学生提问：当把故宫和四季联系起来的时候，你们脑海里的图景是怎样的？（1分钟） 2. 请学生朗读阅读材料中关于故宫与春天的中英文段落。画出自己认为重要的词或者句子。（5分钟） 3. 请相关同学通过音乐舞蹈表现故宫的春天（2分钟），学生在观赏的时候要做好记录，表演结束后给学生一定的时间去讨论、记录、创作思维导图、形成语言描述（14分钟）。 4. 请学生用自己的语言，合并黑板上的语言与词汇，利用 VR 设备场景展示，运用中英文描述故宫与春天，或者春天的故宫（4分钟）。	1. 学生朗读阅读材料中关于故宫与春天的中英文段落。画出自己认为重要的词或者句子。 2. 相关同学通过音乐舞蹈表现故宫的春天，学生在观赏的时候要做好记录，表演结束后讨论、记录、创作思维导图、形成语言描述。 3. 学生用自己的语言，合并黑板上的语言与词汇，利用 VR 设备场景展示，运用中英文描述故宫与春天，或者春天的故宫。	唤醒学生思考故宫与四季的关系，引发学生思考如何创作故宫与春天的思维导图，并且通过音乐舞蹈的展现表达出故宫与春天的关系，对促发学生表达出自己对故宫与季节关系的独特文化情感与情操起到了铺垫与诱导作用。

第四步 故宫与夏天 （25 分钟）	1. 请学生朗读阅读材料中关于故宫与夏天的中英文段落（5 分钟）。 2. 请相关同学通过音乐舞蹈表现故宫的夏天（2 分钟），学生在观赏的时候要做好记录，表演结束后给学生一定的时间去讨论、记录、创作思维导图、形成语言描述（14 分钟）。 3. 请学生用自己的语言，合并黑板上的语言与词汇，利用 VR 设备场景展示，运用中英文描述故宫与夏天，或者夏天的故宫（4 分钟）。	1. 学生朗读阅读材料中关于故宫与夏天的中英文段落。画出自己认为重要的词或者句子。 2. 相关同学通过音乐舞蹈表现故宫的夏天，学生在观赏的时候要做好记录、表演结束后讨论、记录、创作思维导图、形成语言描述。 3. 学生用自己的语言，合并黑板上的语言与词汇，利用 VR 设备场景展示，运用中英文描述故宫与夏天，或者夏天的故宫。	唤醒学生思考故宫与四季的关系，引发学生思考如何创作故宫与夏天的思维导图，并且通过音乐舞蹈的展现表达出故宫与夏天的关系，对促发学生表达出自己对故宫与季节关系的独特文化情感与情操起到了铺垫与诱导作用。
第五步 故宫与冬天 （23 分钟）	1. 请学生朗读阅读材料中关于故宫与冬天的中英文段落（5 分钟）。 2. 请相关同学通过音乐舞蹈表现故宫的冬天（2 分钟），学生在观赏的时候要做好记录，表演结束后给学生一定时间去讨论、记录、创作思维导图、形成语言描述（12 分钟）。 3. 请学生用自己的语言，合并黑板上的语言与词汇，利用 VR 设备场景展示，使用中英文描述故宫与冬天，或者冬天的故宫（4 分钟）。	1. 学生朗读阅读材料中关于故宫与冬天的中英文段落。 2. 相关同学通过音乐舞蹈表现故宫的冬天，学生在观赏的时候要做好记录，表演结束后给学生一定时间去讨论、记录、创作思维导图、形成语言描述。 3. 学生用自己的语言，合并黑板上的语言与词汇，利用 VR 设备场景展示，使用中英文描述故宫与冬天，或者冬天的故宫。	唤醒学生思考故宫与四季的关系，引发学生思考如何创作故宫与冬天的思维导图，并且通过音乐舞蹈的展现表达出故宫与冬天的关系，对促发学生表达出自己对故宫与季节关系的独特文化情感与情操起到了铺垫与诱导作用。

续表

第六步 作业： 故宫与秋天 （3分钟）	请相关同学通过音乐舞蹈表现故宫的秋天，学生在观赏的时候要做好记录，学生课下文字描写并用语言表达故宫与秋天，或者秋天的故宫，配以绘画。（参照黑板上的语言与词汇并用中英文描述）	记录作业内容，记录黑板上的关于秋天的中英文语言。	为后期学生创作做好铺垫。
第七步： 教师总结 （2分钟）	教师总结学习这节课的意义。	学生思考。	引发学生思考学习本课的意义，达到升华。

学习效果评价

通过学生绘制的思维导图和对故宫与四季关系的中英文语言描述判定学习效果。

表6-4　"水彩画——故宫的银杏叶"教学设计①

课题名称	水彩画——故宫的银杏叶		
课程名称	故宫书画	年级	高一
课程领域	艺术与审美		
学情分析	本课主在水彩课堂渗透故宫之美。学生为高一的学生，有一定的绘画素养和造型能力，大多数学生清楚物体的结构以及明暗关系。明确一定的色彩知识与关系。但对于透明水彩还很陌生，本课是本单元的第二课时，学习水彩的绘画方法是本课的重点，如何把这些方法应用到实践中去是本课的难点。		
教学内容 与目标：	1. 了解水彩的特点，学习水彩的基本技法，并尝试创作故宫之美的写生小品。 　　2. 通过欣赏、探究、实践，学习水彩画的常用技法和方法。 　　3. 在学习水彩画的过程之中不断激发学生丰富的想象力与创造愿望，在潜移默化中影响学生对故宫之美的理解。		

①　本教学设计由北京市第六十五中学田雄飞老师提供。

教学重点	了解水彩画绘制过程中常用的一些技巧与方法，并能掌握和运用其中的部分技巧与方法。
教学难点	能够将所学水彩技法应用到故宫之美的表现中去。
教师准备	课件、范画
学具准备	教材、十六开水彩纸、水彩用具
教学环节	教学过程
导入新课	找不同，分析水彩画与中国画的联系与区别。 欣赏：出示水彩故宫建筑作品和中国画的故宫建筑作品。 老师：同学们，在上课之初我们先来看两幅作品，一幅是中国画故宫作品，一张是水彩画故宫建筑作品，两者有哪些异同？ 国画与水彩画在绘画工具上都使用了毛笔，在材料上都采用水性颜料，在表现技巧上水色交融的方式有很多相似相通之处。 但由于东西方文化的差异所造成观察与创作思维方式、审美观念等诸方面，使得水彩画与中国传统绘画成为两种完全不同的概念。 异同使然，让我们今天一起来探究水彩画的独特魅力。 引题：让我们一起来探究水彩画的魅力。（板书）
讲授新课	一、抓特点，明确定义，通过欣赏了解水彩画的历史及特点 老师：既然我们要探究水彩，我们先来了解一下水彩画。 设问：那什么是水彩画呢？ 定义：从广义上讲，一切可以被水调和的色彩画都是水彩画，像以水粉、丙烯这些不透明为主的色彩，但我们今天所谈的水彩是狭义的水彩，是以水调和可溶的透明性颜色制作的绘画，一般绘制在纸本上，其特点明朗、轻快、滋润，水色交融。 历史：最早源于欧洲文艺复兴时期，我们看这张来自丢勒的城堡，水彩技法的运用已非常娴熟了。水彩画在18世纪在英国发展成为独立画种。按严格着色程序画出的"单色素描"式的早期水彩作品，逐步发展为用笔用色，已非纯理性的"单色渲染"所能比拟的了。 我们来聊一聊水彩的特点，（板书：特点）水彩可以画得很快，寥寥数笔就能表现出物象的造型与色彩，它的透明深受写生画家的喜爱，（板书：快捷、透明、质感）水彩展现了它强大的可能性，它可以奔放洒脱，潇洒地去用不同明度的色块去表现物象；也可以利用水的流动表现烟雨下的归舟；也可以用它细腻的明度关系去表现人物；这张更为细致，并用水彩表现出不同静物的不同质感。 欣赏：不同风格的水彩画。 （淡彩、湿画法水彩，写实风格水彩等）

讲授新课	二、做分析，小组合作分析水彩画的常用技法 老师：学习水彩画的技法，我们先来细致地分析一幅作品， 分析：同学们觉得这张水彩画画家用什么样的方法去创作的？ 通过绘画的局部放大进行分析猜想画法。 学生：猜想不同部分的不同画法。 老师：这些方法同学们猜想得都棒，为我们的绘画提供了很多可能性，那我们就来细致地说一说这些水彩画的技法。 第一组：水彩的干与湿 干画法便是上好一遍色待漆完全干透后再上第二遍色的多层画法，是水彩画中最古老同时也是最基本的技巧。 湿画法便是第一遍色未干时紧接着着第二遍色，能很好体现水彩画滋润流畅，水色交融的特点。 第二组：水彩的色彩叠加 多个色层叠加后形成的色彩效果细腻而微妙，体现水彩的透明性，色块与色块之间边缘清晰，互不重叠渗化。 两块未干的色块相遇时，水分多的色块相遇时，水分多的色块会向水分少的色块渗化。 第三组：水彩的色彩渐变 单色渐变是用色彩加水形成的一种渐变效果 邻近色渐变是用邻近色自然渗化的效果。 第四组：水彩的留白 可以直接流出白纸，或使用遮盖液先行涂抹，作品完成后用橡皮轻轻擦去。这是由水彩画颜色的透明性所决定的，也是水彩画的重要技法之一。 老师：我们再来回忆一下大家的方法…… 水彩有干画法与湿画法，水分决定画面的走向；当然水彩还有很多奇妙的效果，可以用到我们的绘画中去。 三、看故宫，领略故宫之美 欣赏：故宫的建筑（斗拱、五脊小兽、光影下的故宫小景……） 四、看示范，了解水彩画的绘制程序与常用技巧的应用 老师：我们如何将这些方法利用到水彩绘故宫中去呢？画水彩画是一个怎样的程序呢？请看屏幕。 教师进行水彩示范： 1. 浅色画起，先整体后局部； 2. 色彩方法的使用； 3. 色彩中的明暗关系； 4. 透明色彩中的不透明用色。

续表

讲授新课	五、画小品，实践故宫风情的水彩魅力 主题：用水彩表现你身边的故宫小景。 要求： 1. 用水彩的方式表现故宫小景，并在银杏叶画框中完成一幅相对完整的小品画。 2. 应用所学方法、绘画程序完成表现内容； 3. 注意画面整洁，主题突出。 六、评作品，笔尖上水彩味道的追寻 以黑板组织小型画展。学生自评、互评、师评。 评价要点： 1. 能够运用所学水彩绘画方法表现画面； 2. 利用色彩表现所描绘物体的形体与明暗关系； 3. 画面整洁，主题突出。 七、赏故宫，水彩也可以变身为大景色 老师：今天我们用水彩表现了故宫小景，我们欣赏来自画家笔下的故宫美景。
板书设计	水彩画——故宫银杏叶 特点：快捷　　　　方法：色彩干湿 　　　透明　　　　　　　色彩渐变 　　　质感　　　　　　　色彩叠加 水彩留白 工具使用

第二节　故宫游学的设计与实施

随着我国经济社会的发展，特别是教育综合改革，研学旅行成为协同学校、家庭、社会三方的力量，成为促进儿童青少年开阔眼界、增长见识，推进素质教育的重要教育活动。2013 年国务院印发的《国民旅游休闲纲要（2013—2020 年）》中提出了"逐步推行中小学生研学旅行"。2014 年，国务院又发布《关于促进旅游业改革发展的若干建议》，将"加强对研学旅行的管理，规范中小学生集体出国旅行"作为重点任务进行分工和推进。同年，教育部发布《关于进一步做好中小学生研学旅行试点工作的通知》提出："研学旅行是面向全体中小学生，由学校组织和安排，以培养中小学生集体观念、生活技能、创新精神和实践能力为目标，并通过集体旅行、集中食宿的方式开展的一种普及性的教育活动。"2016 年 12 月教育部等 11 个部门发布《关于推进中小学生研学旅行的意见》，进一步剖析了研学旅行的内涵，提出研学旅行是一项将研究性学习与旅行体验相结合的校外教育活动。同年，文化和旅游部公布首批"中国游学旅游目的地"和"全国游学旅游示范基地"，将 95 家博物馆及相关机构列入全国中小学游学实践教育基地名单，故宫博物院位列其中。

研学旅行是一个新概念，但不是新生事物。从历史上看，研学旅行继承了我国从春秋战国时就已开始的游学活动和"读万卷书，行万里路"的教育理念。从世界范围看，16—17 世纪欧洲兴起"大游学"运动，第二次世界大战以后，欧洲出现营地教育，日本在 20 世纪 60 年代的修学旅行成为中小学校的常规教育活动①。这些都表明研学旅行虽然是近些年来提出的教育概念，但作为一项教育活动或文化活动在历史上早已有之。

博物馆研学旅行是研学旅行的重要组成部分。作为研学旅行的一种特殊类型，我国在这方面的理论研究始于 2013 年，主要包括对实施对策、产品开发、意义探究、问题分析、国外启示、概念界定、评估分析、政策规范等的讨论②。可见，博物馆研学旅行的研究内容覆盖面较广泛，还有很多问题需要从理论和专业的视角加以研究。故宫游学是指在故宫开展研学旅行活动，本节主要是围绕故宫游学的内涵及其特征，以及故宫游学设计与实施路径与策略等方面进行探讨，回答故宫课程群中的研学旅行课程如何实施的问题。

一、故宫游学的内涵与特征

故宫游学，即故宫研学旅行，是在故宫以故宫文化为主要内容的研学旅行活动。如何认识故宫游学，把握故宫游学的内涵与特征，对于故宫游学的健康发展，发挥故宫博物院的教育功能以及加强学校教育与社会教育的有机融合都具有重要的意义。

（一）故宫游学是故宫课程群实施的一条路径

从政策文件看，研学旅行属于基础教育课程体系中的综合实践活动课程范畴。2017 年教育部出台《综合实践活动课程纲要》，指出研学旅行是综合实践活动课程的一种活动方式，体现了研究性学习的基本精神。因此，学界出现大量有关研学旅行课程的研究。作为博物馆研学旅行中的故宫游学，理

① 刘璐，曾素林.国外中小学研学旅行课程实施的模式、特点及启示［J］.课程·教材·教法，2018，38（04）：136-140.
② 周婧景.中国博物馆"研学旅行"研究发展述略——基于文献视角［J］.中国博物馆，2020（03）：43-50.

论上也可以设计开发成一门课程。同时，故宫游学也是故宫综合实践活动课程的一种活动方式或学习方式。显然，故宫游学不是故宫旅游，也不是仅停留在教室里的故宫文化的学习，而是在故宫实地，基于实际情境和真实任务，在教师指导下的体验式的研究性学习活动。因此，故宫游学既是一门课程，也是一种学习方式。从故宫课程群的角度看，故宫课程群的实施路径不仅可以在学校课堂里进行，而且可以到故宫实地考察，开展体验式的研究性学习，这种学习对儿童青少年来说更具有吸引力，更能激发他们对故宫的热爱和学习热情。可以说，故宫游学就是将故宫课程通过在故宫进行体验式研究性学习的方式转变为教学实践的一个过程，它是故宫课程群实施的一条路径。所以，本书将故宫游学的内容安排在故宫课程群的实施部分。

（二）故宫游学是家庭、学校、社会教育协同的产物

虽然故宫游学属于课程和学习方式范畴，但由于这种学习大部分时间是发生在传统的学校课堂之外，这就表明故宫游学不完全是学校教育。另一方面，虽然故宫游学大部分时间发生在故宫，但也不能说它就属于社会教育。参与组织故宫游学活动有学校、家庭、故宫博物院、旅游机构、社会教育机构。学校是故宫游学活动的主导力量，负责游学课程和活动方案的设计，将故宫游学纳入综合实践活动课程，作为学校课程改革和推动学生综合运用多学科知识的重要路径。故宫作为故宫游学的发生地，对其提供的文化资源、观众服务，还有相关专家对于故宫游学的理论学说都有重要的支撑作用。家长支持也是故宫游学顺利开展的重要因素。旅游机构和社会教育机构提供的交通、饮食等生活服务和安全保障对于故宫游学也是不可或缺的。因此，故宫游学作为一种教育活动已经不能简单地认为是学校教育，还是校外教育、社会教育，而是家庭教育、学校教育和社会教育相互协作的一种教育活动。从这个意义上说，它对于构建家校社教育共同体具有积极作用。

（三）故宫游学是以故宫文化理解与传承为目标

从研学旅行的活动内容看，有自然类、历史类、地理类、科技类、人文类、体验类等多种类型的活动课程。结合故宫课程群的内容，故宫游学在这些类型上都有所涉及，如自然类的有"故宫生态"，历史类的有"故宫历史"，地理类的有"故宫地理"，科技类的有"故宫科创"，人文类的有"故宫文化"，体验类的有"故宫文创"等。这些课程都可以通过故宫游学活动来加以实施。无论是哪一类活动课程，其游学目标都是为课程目标服务的，正如教学目标是为课程目标服务一样。所以，故宫游学活动的总目标是一种了解故宫、感知故宫，在故宫围绕故宫文化开展的体验式研究性学习，增进我们对故宫文化的理解与传承，最终实现故宫课程群的目标和教育目的——培养文化自信的中国人。

综上所述，故宫游学是在以故宫文化理解与传承为目标的引导下，由学校、家庭、社会三方共同开展故宫课程实施的一条路径。由此可知，故宫游学具有以下几个特征。一是教育性，这是故宫游学的本质属性，是与"游而不学"的根本区别。故宫游学需要结合学生的身心特点、接受能力和实际需要，注重系统性、知识性、科学性和趣味性，为儿童青少年全面发展提供良好的成长空间。二是实践性，故宫游学是在故宫完成的故宫文化综合实践活动，通过考察、实验、调查、访谈等实践活动，学生在具有深厚文化底蕴的故宫拓宽视野、丰富知识、参与体验、实践创新。三是综合性，故宫游学不是单一学科知识的实践活动，而是多学科知识，面对真实情境和任务，与同伴、教师、专家等协作交流，综合运用跨学科知识理解、传承、创新故宫文化。

二、故宫游学的设计模式

故宫游学设计是指在故宫课程群内容的基础上进行故宫游学活动背景、学生情况、活动目标、活动流程和任务、效果评估等方面的准备和设计。故宫游学设计方案是故宫游学设计形成的文本，主要包括活动背景分析、活动目标、活动流程和内容、活动评价、活动保障五部分。

（一）活动背景分析

活动背景主要是指开展本次游学活动的由来。可以从本次游学活动围绕的是一个什么主题或问题，这一问题在学科课程和故宫课程中处于什么地位，有何意义和价值等方面来分析。还可以是故宫实地有关这一问题或主题的情况介绍和分析，说明研究这一问题的重要性和必要性等。

活动背景分析还包括学情分析，主要分析本次游学活动的学生情况，他们的学习基础、学习需求，他们的年龄特点和认知情况，他们在故宫游学上的期待，以及学生目前存在的优势和不足等。学情分析是设计游学目标和内容的重要依据。

（二）制定故宫游学活动目标

从学生发展核心素养出发，故宫游学的目标也可以从文化基础、自主发展、社会参与三方面来设计。具体而言，文化基础方面，既要考虑在学校学科课程上的目标如何在游学活动中得到落实，也要结合故宫文化内容，落实故宫文化理解与传承的目标。自主发展方面，既要学生学会学习，在故宫实地运用拍照、测量、访谈等多种方法，同时养成与同学、教师的合作意识和能力。社会参与方面，既要通过游学活动增强对故宫文化的认同感，又要培养文明旅游意识，养成文明的旅游习惯，提升爱护故宫、保护遗产的意识和能力。比如在"北京故宫选址探究"游学活动中，设定目标为：了解北京城市形成和发展的历史。从地理学的角度，尤其通过对城市区位因素的相关内容的学习，学会分析北京的城市区位条件。通过对北京乡土地理的回顾学习，增强学生热爱故宫、热爱北京的情感。

（三）设计活动流程与内容

活动流程与内容是游学设计的主体，需要在活动目标的引导下，根据故宫实地情况和学生情况来设计哪些活动，以及开展活动的先后顺序。活动内容对学生来说就是活动任务，包含学生通过哪些活动方式或学习方式，运用哪些工具，采取什么步骤或技术来完成任务，最终达到什么目标。活动流程与内容的设计不仅仅包括故宫游学在故宫实地的活动内容，还要包括游学前的准备活动，以及游学后的总结汇报交流等内容。比如"北京故宫选址探究"游学活动设计内容包括：游学前，学生查阅北京地形图、水系图、区划图和相关北京城历史文献资料，了解北京城的历史变迁和相关气候、水文、地形等情况。在活动准备上，按照自愿组合和教师制订方案相结合的方式组成游学小组，并确定研究小课题，设计研究计划，准备地图、相机、皮尺、笔记本、录音笔、计时器、温度计等研究工具。在游学中，研究小组根据研究计划和活动任务开展故宫实地研究性学习，考察北京城市的区位因素。游学后，研究小组撰写研究报告或论文并进行汇报交流，制作相关研究图标或模型，提出保护城市环境或城市发展的政策建议等。

活动流程与内容的设计还要体现在游学活动任务单上。通过任务单，引导学生在游学活动中自主或合作完成任务，记录活动过程，作为活动评价的依据之一。一般地，在任务单里主要有三大部分内容，第一部分是游学前的任务，包括查阅资料、学科课程内容回顾、活动分组、活动相关准备事项等。第二部分是游学中的任务，包括研究计划、小组分工、具体任务、活动记录等。第三部分是游学后任务，包括资料收集、效果评价方法、感悟体会、活动总结等。

（四）活动评价

故宫游学活动评价注重过程性评价，采取表现性评价方法。在游学活动前就需要教师进行设计，采取逆向设计，将其与游学活动目标相结合，这样确保在设计活动内容时就要考虑到评价的科学性和可行性。同时，学生在故宫游学活动之处也能了解活动最终要达到的目标以及如何评估自己和团队是否达到了活动目标。这部分内容将在本书第七章详细论述。

（五）活动保障

故宫游学活动坚持安全第一。在游学设计上要将游学活动的交通、食宿，故宫实地参观考察等各项服务保障工作做好。教师要提前对故宫游学路线、环境等进行考察，做好学生游学的安全教育，告知家长注意事项和需要配合的内容，制定安全应急预案和学生游学活动安全要求等。同时，要与旅游公司或教育机构签订规范合同，保障师生合法权益等。

总之，故宫游学设计不仅是教师个人教学理念和能力的反映，也是跨学科教师团队协作能力的体现，还是学校教育理念以及家校社协同教育水平的反映。因此，故宫游学设计不仅具有教育属性，还要在课程教学理论和思想的指导下完成，而且需要协调校内校外、学科内学科外等不同方面，在多种因素综合下完成。在总结故宫游学活动的经验基础上，故宫课程群提出故宫游学设计模式（见图6-5）。

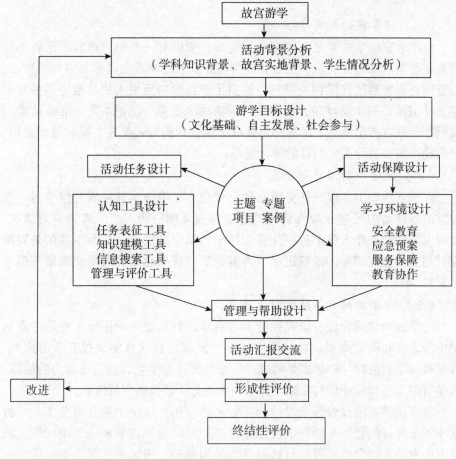

图 6-5 故宫游学设计模式

三、故宫游学实施过程

故宫游学实施是按照故宫游学设计方案来进行的，主要包括以下几个环节（见图6-6）。

图6-6 故宫游学实施过程

（一）游学前的相关准备

由于故宫游学主要是在故宫实地完成，所以有一些学习内容或准备工作需要在游学活动前完成。学生需要按照任务单上的要求完成相关内容的预习，如查阅将要考察的宫殿相关资料、提前了解宫殿的历史人物故事等。做好游学活动中需要的工具准备，如相机、采访的录音笔、笔记本等，准备访谈的提纲等。故宫游学活动大部分都是采取小组合作的形式完成，提前做好分组，并明确小组成员分工，制订游学计划等。

（二）游学中的活动与记录

在游学活动中，按照任务单和预定计划，小组合作开展研究性学习。在故宫游学活动中要遵守故宫管理规定，养成文明行为习惯。遇到突发情况，及时向老师和工作人员汇报，注意在游学活动中的安全。最为重要的是要根据计划完成预定任务，做好记录，为游学后的成果总结和展示交流留下第一手资料。

（三）游学后的成果展示与交流

游学活动是综合性、研究性的学习活动，对其效果的评价主要是考察活动中的表现和研究成果。这些研究成果一般都是在故宫实地探究学习之后，在学校课堂上进行。游学成果的展示与交流既是对学生表达交流能力的锻炼，也是对游学活动的评价与反思，为下一次游学活动提供有益借鉴。

故宫游学实施过程需要发挥学生的主体作用，鼓励学生分组合作，在游学中善于发现问题，并能创造性地综合应用跨学科知识分析和解决问题。教师需要对故宫游学全过程进行针对性指导和调控，确保每一名学生在活动中都有收获。故宫游学实施过程也是对故宫游学设计的一种检验，重点检验游学活动的目标、任务、活动流程以及任务单设计是否科学合理。

四、故宫游学设计典型案例

在故宫课程群实施的过程中，故宫游学活动是重要路径和组成部分。为了更好地呈现故宫游学设计模式和实施过程，下面以几个有代表性的故宫游学设计为例，供大家借鉴参考。

"走进故宫"游学设计

课程领域：人文与社会

适合年级：初一

活动背景：

经过课堂学习，同学们已经对故宫建筑布局有了初步的了解，但对故宫建筑的不同形制、名称等细节方面还需要有进一步的了解。故宫开发区域越来越大，除经典的游览路线外，还有很多值得学生来设计突出某一主题的游学路线。本次活动为学生进入初中以来第一次集体组织到故宫参加游学活动，需要在设计上更加细致全面。

活动目的：

1. 通过考察故宫建筑的布局和类型及功能，体会帝王宫殿的文化意义；

2. 通过考察故宫建筑名称，分析其特点，初步了解其文化含义；

3. 通过观察、拍照、查阅资料，了解故宫建筑的门、窗、屋顶的形制和含义。

活动流程：

11 月 13 日 15：00 校门口集合

15：00 集合带队到故宫

15：20 到达午门

15：30—16：30 学生进入故宫游学，路线分为左、中、右三线

16：40 在神武门解散

游学任务单

"走进故宫"游学任务单				
班级		姓名	小组名及成员	
活动目标				
1. 通过考察故宫建筑的布局和类型及功能，体会帝王宫殿的文化意义； 2. 通过考察故宫建筑名称，分析其特点，初步了解其文化含义； 3. 通过观察、拍照、查阅资料，了解故宫建筑的门、窗、屋顶的形制和含义。				
活动流程				
15：20 到达午门集合 15：30—16：30 教师带领分组活动 16：40 在神武门解散				

续表

活动任务			
一、游学准备			
查阅资料名称及主要内容			
团队任务分工情况	照相	记录	访谈　　　其他
游学活动工具材料清单	书包□　笔记本□　笔□　相机□　故宫地图□　其他□		

二、游学任务

任务 1：设计本小组故宫游学路线，标注重点考察的故宫建筑，画出示意图。

任务 2：对本小组重点考察的故宫建筑进行拍照，并做文字说明。

任务 3：收集本小组游学路线上的建筑名称和匾额相片，查阅资料，了解名称的含义。

任务 4：采访故宫游客对故宫游览的感受和体会，并做好记录。

任务 5：观察下图，判断这三座建筑的名称。并在故宫找到相应的拍照位置，验证你的判断。

任务 6：交流分享本次故宫游学活动的感受和体会。

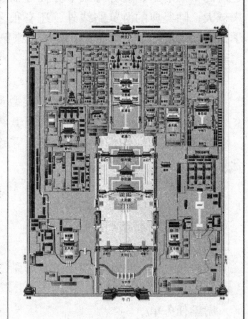

"故宫遗产"游学任务单①

班级		姓名		考察日期		带队教师	
你走的哪条线路？考察了哪些建筑？							

遗产地类型			被批准为世界遗产的时间		
遗产地经历朝代				规制	
建筑 特色	拍摄你认为有特色的地方，保留好照片，课上交流使用。				
珍稀 文物	保留好照片，课上交流使用。				
服务配 套设施 评价	遗产地标志、停车场、洗手间、信息服务处、展览柜、纪念品、废品箱、清洁度、向导、小食部等。				
保护现 状评价 及建议					

---

① 本任务单适合初中学生，由北京市第六十五中学侯瑶玲老师提供。

"故宫彩画" 游学任务单①

班级：_____ 姓名：_____

任务：探究后宫中的和玺彩画

资料：

1. 和玺彩画根据建筑的规模、等级与使用功能的需要，分为金龙和玺、金凤和玺、龙凤和玺、龙草和玺和苏画和玺五种。

2. 全画龙图案的为金龙和玺彩画。一般应用在宫殿中轴的主要建筑之上。如故宫三大殿，以表示"真龙天子"至高无上的意思。

3. 画金凤凰图案的为金凤和玺彩画。一般多用在与皇家有关的如地坛、月坛等建筑上。

4. 龙凤图案相间的为龙凤和玺彩画。一般画在皇帝与皇后、皇妃们的寝宫建筑上，以表示龙凤呈祥的意思。

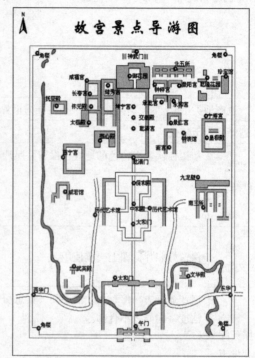

5. 画龙草相间图案的为龙草和玺彩画。用于皇帝敕建的寺庙中轴建筑上。

6. 画人物山水、花鸟鱼虫的为苏画和玺彩画。用于皇家游览场所的建筑上，代表园林风格。

任务 1. 观察皇帝与皇后、皇妃们居住的寝宫建筑上的彩画名称是什么？

任务 2. 观察彩画的色调，以什么为主？有什么含义？

任务 3. 观察并拍照或临摹彩画的图案，以什么为主？有什么含义？

任务 4. 自主设计一份带有故宫彩画样式的作品，并说明设计意图。

任务 5. 开展班级或年级彩画设计展览活动。

---

① 本任务单适合初中学生，由北京市第六十五中学田雄飞老师提供。

"故宫文化"任务单①

班级：＿＿＿＿＿＿＿　姓名：＿＿＿＿＿＿＿

任务一：探究故宫宫殿名称的由来

太和殿	
中和殿	
保和殿	
乾清门	
乾清宫	
交泰殿	
坤宁宫	

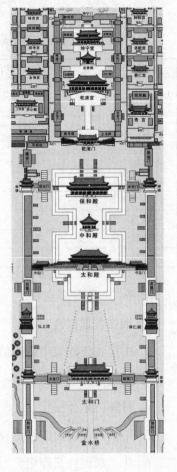

任务二：探秘故宫的井

1. 故宫的井的数量。

2. 故宫的井的位置和讲究。

3. 考察珍妃井的现状。

任务三：千里江山图的用料初探

1. 网上收集"千里江山图"的用料特点。

2. 走访故宫书画专家，掌握更权威的材料。

3. 由千里江山图窥视古今书画的审美差异。

任务四：故宫宫殿脊兽的排列原因及其作用

1. 实地考察故宫脊兽的排列情况。

2. 解决研究课题中的实际困惑。

任务五：故宫嫔妃的头饰探寻

1. 搜集、整理故宫嫔妃的典型头饰。

2. 实地感受头饰中所蕴含的文化。

3. 对中国古代妇女头饰有更直观的认识。

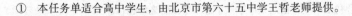

① 本任务单适合高中生，由北京市第六十五中学王哲老师提供。

"走进故宫"游学任务单①

班级：＿＿＿＿＿＿　姓名：＿＿＿＿＿＿

任务一：探索故宫中轴线上的主要建筑。

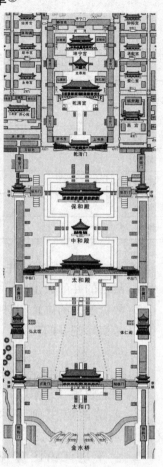

建筑	功能
午门	明代庭杖，清代进献俘房
金水桥	
太和门	明代御前听政
太和殿	
中和殿	
保和殿	
乾清门	
乾清宫	
交泰殿	
坤宁宫	

任务二：探秘景仁宫

1. 谁住在景仁宫？

2. 中国古代建筑中影壁的作用。

3. 景仁宫的布局图。

4. 丹陛石是什么？

5. 中国古代屋顶的种类有哪些？

6. 斗拱起到什么作用？

7. 中国古建筑的"八作"分别是什么？

8. 皇帝服装的"十二章纹"分别有什么寓意？

图案												
名称	日	月	星辰	龙	华虫	山	火	宗彝(yí)	藻	粉米	黻(fú)	黼(fǔ)
寓意												

9. 皇子的生活大致有哪些活动？

---

① 本任务单适合初中学生，由北京市第六十五中学王哲老师提供。

"故宫建筑"游学任务单①

班级：_____ 姓名：_____

任务一：角楼探秘

观看角楼的外观，你的感受是什么？

进入角楼后你认为角楼有哪些神奇
之处？

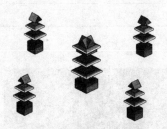

任务二：参观东华门古建筑展

"样式雷"是谁？他都做过什么事？

你认为烫样这种设计形式有什么好处？

近距离观看故宫脊兽，你认为和你在远处观看的脊兽有什么区别？

故宫的建筑都用到哪些材料？你认为哪一种装饰手法让你觉得最神奇？

东华门展览的斗拱是做什么用的？和你在地面看到的斗拱有什么区别？

任务三：

查阅文献资料，以"故宫角楼与数字"为题，分组合作，撰写一篇小
论文。

要求：不能抄袭，字数1000左右。

---

① 本任务单适合初中学生，由北京市第六十五中学王哲老师设计。

"故宫陶瓷"游学任务单①

班级		姓名		研究题目	

任务一：东、西六宫的"前世"

小组考察的宫殿名称：
建筑布局：
曾经的主人和发生的故事：
有关陶瓷的布置情况：
相片：
体会与思考：

任务二：分组完成本组课题研究

陶瓷发展史组： 记录各朝代精品代表型瓷器	
"瓷母"釉彩的烧制组： 查询釉彩的烧制温度和特点	
故宫瓷器使用组： 不同建筑中瓷器物的实际情况	
瓷器图案纹饰组： 不同纹饰的代表性器物笔记	
任务三：观察右图，在故宫陶瓷馆找出图中的瓷器。结合文献资料，说说这些瓷器的艺术价值	

---

① 本任务单适合高中学生，由北京市第六十五中学杨晓白老师提供。

第三节 故宫项目式学习的设计与实施

20 世纪初，美国教育家威廉·赫德·克伯屈（William Heard Kilpatrick）提出的设计教学法（Project Method）被普遍认为是项目式学习（Project-Base Learning，简称 PBL）的前身。设计教学法是建立在学生兴趣和需要的基础上，主张把有目的的活动作为教育过程的核心和有效学习的依据，让学生基于脑海中已有的知识和经验，自己主动去建构知识并制订相应的学习计划，经过实践来解决实际问题。20 世纪 30 年代，这种教学方法在美国中小学得到了广泛应用。20 世纪八九十年代，由于信息技术飞速发展，知识经济凸显，项目式学习在西方一些发达国家兴盛起来。21 世纪初，北京、上海等地部分高校和中小学开始开展项目式学习，与此同时，相关理论研究也发展了起来。

项目式学习是以学科的概念和原理为中心，以制作作品并将作品推销给客户为目的的，在真实世界中借助多种资源开展探究活动，并在一定时间内解决一系列相互关联着的问题的一种新型的探究性学习模式[①]。由此，项目式学习是一种探究性的学习方式，这种学习方式的理论基础是多元智能理论、建构主义和"从做中学"理论等。故宫课程群的实施倡导师生运用项目式学习方式，有利于实现跨学科的探究性发现，在文化基础、自主发展和社会参与三方面素养得到提升，特别是对培养学生文化理解与传承能力，坚定文化自信具有重要作用。因此，本节主要探讨故宫项目式学习的内涵与特征，故宫项目式学习的设计与实施等问题。

一、故宫项目式学习的内涵与特征

故宫项目式学习是故宫课程群实施的一条重要路径，是以提升青少年文化素养，坚定文化自信为目标，以故宫文化为主要内容的一种建构性的教与学方式，教师将学生的故宫文化学习任务项目化，指导学生基于故宫文化的真实情境而提出问题，并利用相关知识、信息资料和博物馆资源开展研究、设计和实践操作，最终解决问题并展示和分享项目成果的一种综合型、研究型学习方式。

故宫的项目式学习具有项目式学习的一般特征：有一个驱动或引发性的问题，有一个或一系列最终的学习作品，注重多学科知识综合应用，强调学

---

① 刘景福，钟志贤. 基于项目的学习（PBL）模式研究 [J]. 外国教育研究，2002
（11）：18-22.

习活动中的协作与交流，学习具有一定的社会效益，学习是在现实生活中探究，学习需要运用多种认知工具和信息资源等。同时，在综合性、情境性、探究性、多样性等方面的特点更加突出。

（一）目标和内容的综合性

故宫项目式学习的综合性是针对故宫项目式学习的目标和内容而言的。从目标上看，故宫项目式学习也不仅是培养某一方面的能力，而是将知识、技能和认知策略、情感态度价值观等融为一体，成为项目式学习最终的预期。就内容而言，故宫项目式学习不是单一的围绕某一学科开展的项目式学习活动，而是多学科、多领域内容的一种综合性学习。在故宫课程群中的提升型课程，每一门课程都是多个课程领域的综合，每一个研究主题或专题都是有多学科教师走进故宫与相关专家反复研究设计的需要由多学科知识和方法才能解决的一些问题。比如，"故宫珍宝"课程里有个项目式学习的项目"国宝玉山"的课程探究内容中，以故宫宁寿宫乐寿堂的"青玉大禹治水图山子"这件国宝为研究对象，以"为什么在乐寿堂放置重达5000千克的玉山？"为驱动问题，以有关玉山为主题的研究报告或研究论文为最终作品，在目标设计上，提高综合应用多学科知识的能力，理解中国玉文化，以及民族团结和劳动人民的智慧和创造精神等。项目学习过程中，学生需要在内容上与历史（大禹治水、康乾盛世）、地理（青玉的产地）、化学（玉文化和青玉山的制作过程）、思想政治（新疆和田玉以及我国是多民族国家）、美术（玉山艺术表现形式）等学科知识都有联系。同时，在完成最终研究论文或报告的过程中需要查阅文献资料和团队协作，这是能力目标的组成部分。

（二）问题设计的情境性

由于项目式学习的理论来源之一是建构主义学习理论，而建构主义学习理论认为学习是学习者认知建构的过程，是学习者原有认知结构与学习环境之间通过同化和顺应两种方式建立起新的认知结构。学习环境是由情境、协作、交流和意义建构四个主要因素组成。其中情境对于学习者建构认知结构具有重要作用。故宫项目式学习的情境性体现在问题设计上，通过问题串联的形式，层层深入，为儿童青少年进行认知建构起到支架作用。还是以"国宝玉山"为例，在问题设计上，教师设计了如下一些问题：这座玉山来自哪里？这座玉山是怎样运来的？这座玉山讲述了什么故事？为什么要做这座玉山？假如你是负责这座玉山的大臣，你如何向皇帝汇报？假如你和外国朋友一起来参观，你如何向他们介绍这座玉山？假如乾隆皇帝今天还在，他看见这座玉山会做何感想？这些问题既有简单的"是什么"问题，也有"为什么"的问题，还有"如果怎样，会怎样"的问题。这些不同问题的背后反映的是对这一项目研究的不同深度。通过这一问题情境设计，使得项目式学习与实际联系得更加紧密。

（三）学习过程的探究性

项目式学习本质上是探究性学习，要求学生像研究者一样思考。也许学习者目前还不具备研究者的知识和能力基础，但由于他们所接触到的学习材料和问题都是经过教师或教育专家加工过的材料和问题。虽然他们的思考与真正的专家学者相比略显稚嫩，但思考的策略、路径、方法等与专家学者的具有相似性。故宫项目式学习注重引导儿童青少年自主探究、合作探究，乐于探究、善于探究。还是以"国宝玉山"为例，设计了三个探究任务：大禹治水玉山的进京路线，中国玉文化的历史和意义，大禹治水玉山的文化价值。这三个任务都需要学生开展故宫实地考察，查阅资料，了解玉山的建造过程和历史背景，以及它所蕴含的政治、文化意义。对玉山进京路线的考察不仅要查阅古籍，而且要结合地理知识和历史知识，进行多方考证，注重证据和在严谨的逻辑推理基础上得出可靠的结论。这些既是在提高学生的探究能力，也是在加深学生对问题的理解。

（四）学习路径的多样性

项目式学习有一个或一系列最终的学习作品，有具体明确的学习目标，这是项目式学习取得成效的重要标志。但是，项目式学习强调自主探究与合作学习，尤其是在团队合作过程中，不同的团队可能采取不同的研究路径和研究方法，这是提倡和鼓励的。项目式学习就是以项目为核心，发挥学生的积极性和创造性，形成学校路径的多样性，最终完成项目目标。在"国宝玉山"项目式学习上，有的小组是先分头查阅资料，再集中到故宫考察，再分头撰写材料，最后集中研讨交流，形成报告。有的小组是集中到故宫考察并请专家讲解，再分头查阅资料，撰写材料，最后集中交流研讨，完成报告。不同小组的学习路径可能不同，每人的学习风格和学习方式也不完全相同，但在小组合作中，能够取长补短，相互借鉴，在真实情境和真实问题的驱动下的学习，激发了学生的创造性和积极性。实际上，学习路径的多样性就是学生创造性的表现。

二、故宫项目式学习设计模式

项目式学习首先应该是一种打破学科的逻辑结构，以项目来统整课程的课程模式，项目式学习也就是一种核心的教学策略及发展学生高级能力的学习方式①。因此，故宫课程群项目式学习设计可以从课程、教学策略、学习方式等角度来进行。基于课程重构理念进行学科知识的项目式转化是实现项目

---

① 王海澜. 论作为学科学习框架的项目式学习［J］. 教育科学，2003（05）：30-33.

式学习与故宫课程以及学科课程融合的重要途径。将故宫课程转化为项目式学习课程，或者直接依据故宫课程群目标开发设计故宫项目式课程，都是故宫项目式学习设计的重要内容。依据建构主义学习理论和课程重构理论，故宫项目式学习设计模式如图6-7所示。

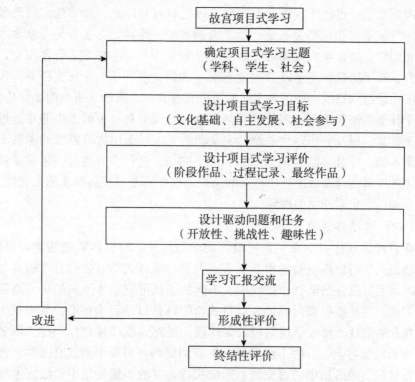

图6-7　故宫项目式学习设计模式

（一）确定项目式学习主题

在项目式学习设计中，确定项目式学习主题是核心技术。项目式主题代表了这个项目的核心，也是"项目"的代名词。学生开展项目式学习就是围绕这个选题开展研究的。好的选题就是好项目，能够将故宫文化与学科知识巧妙结合起来，能够激发学生的好奇心和探究欲，能够高效达成故宫课程群的目标。故宫项目式学习主题可能是由教师提出的，也可能是由学生提出的。可能是在课堂上提出的，也可能是在备课中想到的。无论是教师还是学生提出的选题，都还需要进一步论证，必要时请相关专家进行指导，看这一选题是否适合作为项目式学习的主题，还要怎样修改完善等。判断一个主题是否适合开展项目式学习包括以下三个因素，选题是否在学生的最近发展区，选题是否与故宫课程目标相契合，选题是否为社会生活中的真问题。比如，"铜鼎复制"是信息技术教师将 3D 打印技术与故宫青铜器馆中的文物结合起来，以青铜器为原型，开展以故宫青铜器模型复制为主题的项目式学习。这一主题既是信息技术学科、历史学科中课程内容，也符合学生认知基础，在学生的最近发展区内。同时，将信息技术应用到文物保护与修复中是故宫文化传承与创新的重要内容，也是将现代与传统相结合。

（二）项目式学习目标设计

项目式学习主题确定以后，就需要研究开展这一主题学习，学生从中能有哪些收获，这就是项目式学习目标的设计。故宫项目式学习目标要依据故宫课程群的总体目标和学段目标，从学生发展核心素养的文化基础、自主发展和社会参与方面综合考虑。特别强调的是，项目式学习设计要体现学生学习的自主性。因此，项目式学习目标的设计和项目式主题的确定一样，教师鼓励学生提出自己的想法，可以先自己定义项目式学习目标，然后与教师共同协商确定最终的项目式学习目标。以"铜鼎复制"项目为例，师生共同协商制定学习目标：学生初步了解青铜器的纹饰、形制，历史价值和文化价值。选择故宫青铜器馆中适合用 3D 打印技术打印的青铜器，并了解其历史。学会3D 打印技术，并能运用到青铜器复制上。通过青铜器复制并体会文物的价值，感受文物保护与修复的价值。

（三）项目式学习评价设计

项目式学习要求最终有学生作品，学生通过自己或团队的作品展示学习成果。项目作品必须体现项目式学习目标，是项目式学习评价的基础。因此，设计项目式学习评价方案、制定项目评价表等，对于保证目标实现非常关键。简单来说，教师和学生可以共同协商确定项目的最终作品，在项目式学习过程中还需要有阶段性的作品，也是对学习过程的一种调控。设计项目式学习过程记录单，学生将学习过程记录下来，作为过程性评价的依据。"铜鼎复制"项目的阶段性作品是青铜器的三维计算机模型，最终作品是青铜器复制模型，要有具体的评价标注，从颜色、纹饰、铭文、尺寸等规格与原文物的一致程度，同时要对所复制的青铜器进行文字说明。过程记录包括选择青铜器文物的理由、复制的步骤与技术要点、复制过程中遇到的困难及解决办法等。

（四）驱动问题和任务设计

驱动问题是项目式学习的开端，它是由项目式学习主题和内容提炼成一个具有启发性、真实性、挑战性的问题。设计驱动问题，可以参照下列原则：驱动问题能够激发学生兴趣，驱动问题是开放性的，驱动问题能直至某个科目或主题的核心内容，驱动问题是有挑战性的，驱动问题可以是现实生活中的两难问题，驱动问题与课程标准的内容应保持一致①。驱动问题一般由教师设计，也可以从学生对项目的疑问中提炼出来。项目式学习任务的设计主要是由学生来设计，这是学生开展项目式学习的主体。"铜鼎复制"的驱动问题是"如何更好地让观众观摩故宫青铜器馆中的文物？"这一问题激发学生去考察故宫目前是如何展示青铜器文物的，为什么要观摩青铜器文物？青铜器文物有什么特点和价值？如何改进展览的方式？如何通过信息技术改进展览方式？可见这一问题具有趣味性、挑战性和开放性。

（五）开展评价与改进

项目式学习过程具有探究性，在项目式学习中教师对项目式学习进行指导和调控，在经历项目式学习的形成性评价之后，可以对项目式学习进行比较全面的评估，从而更好地把握这一选题是否符合学生实际，项目式学习目标是否达成，还需要对选题进行怎样改进。经过反复改进，项目式学习的设计才会更加科学。"铜鼎复制"项目经过多次迭代升级，不断完善，如对青铜器复制模型评价表更加突出纹饰、铭文等细节，突出青铜器文物价值的表现等。这就使得项目式学习更加深入。

需要强调的是，项目式设计要有学生参与。项目式设计通常在学生开展项目式学习之前已经完成，但在此之前一定要有部分参与项目设计，包括选题的确定、学习目标的制定等。教师要发挥学生的主动性和积极性，实现学生参与项目式设计的最大化。

三、故宫项目式学习实施过程

故宫项目式学习实施过程是学生开展项目式学习的过程。一般来讲，学生项目式学习实施过程包括确定项目、制订计划、活动探究、作品制作、成果交流、总结评价六个环节（见图6-8）。

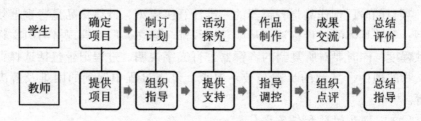

图6-8　故宫项目式学习实施过程

---

① 美国巴克教育研究所.项目学习教师指南：21世纪的中学教学法：第2版［M］.任伟，译.北京：教育科学出版社，2008：45-47.

　　确定项目。教师可以为学生提供一个或多个项目，供学生选择，学生自主选择感兴趣的研究项目开展研究，将更有动力和效果。在学生确定项目的过程中，教师给出驱动问题，激发学生研究兴趣，也能初步了解项目。同时，学生还可以就项目提出疑问，比如项目的最终作品要求、完成项目需要哪些条件或资源、项目学习的目标等。教师应鼓励学生大胆提出问题和质疑，有些项目也还可以根据学生的提问和疑惑做出调整和改进。

　　制订计划。项目确定后，学生以小组团队的形式开展研究。研究团队需要共同根据项目主题和研究目标制订项目研究计划，所需资源和研究工具，研究方法等。研究计划包括研究过程中各个时间节点及需完成的任务，最终作品的形式和人员分工等。在这一过程中，以学生团队研究为主，教师可以做指导，但不能包办代替学生给出研究计划或方案。

　　活动探究。学生小组按照项目式学习计划开展探究。教师可以为学生提供学习支持，相关学习资源或工具，为学生创设问题情境或提供协作交流平台。教师要组织和指导学生开展学习，关注项目进展，收集学生项目式学习记录，特别要关注学习有困难的学生，给予必要的指导和帮助。

　　作品制作。项目式学习的最终作品是反映项目式学习成果的重要证据。作品的形式多种多样，可以是模型、说明书、研究报告、研究论文、小视频、微电影、情景剧、辩论会、报告会。可以是有形的，也可以是无形的。这些作品是在小组分工协作的基础上完成的，体现着每个成员的智慧和劳动。

　　成果交流。教师组织学生进行学习成果展示交流，小组集体展示作品，并就作品介绍研究过程和感悟体会。其他同学和教师对最终作品和展示情况进行点评，给出意见建议。成果交流是对学习过程、成果的梳理和反思。

　　总结评价。教师组织学生、小组自评，运用提前设计的评价工具组织相关专家对学生作品进行评价，对学生的作品、平时表现、合作情况、过程记录等进行综合评定，给出学生项目式学习的终结性评价。

四、故宫项目式学习典型案例

　　故宫项目式学习是故宫课程群实施的重要路径。为了更好地呈现故宫项目式学习设计与实施过程，下面以几个有代表性的故宫项目式学习设计为例，供大家借鉴参考。

"故宫中的脊兽" 项目设计①

项目名称	故宫中的脊兽	负责教师	马欣
适用年级	初一	课程领域	艺术与审美、科学与技术
项目介绍	在故宫，有很多相关的纪念品，游客们往往也会买上一两个景点的特色纪念品，无论是回去赠送给亲朋好友还是自己收藏都十分有意义，故宫的纪念品琳琅满目，但其中包含的意义又有多少人去深究呢？本课程在通过观察故宫后，对其相关元素进行加工再创造，形成特色工艺品。		
项目目标	1. 通过查阅资料、现场观察，了解故宫脊兽的形状特征和文化含义。 2. 通过观察故宫壁画、影壁、脊兽等相关元素，对其进行再创造，创作出相关作品。		

项目作品	整体描述	对于故宫中的元素进行加工再创造
	设计标准	1. 学习故宫脊兽及其蕴含的含义。 2. 根据所选择的元素设计并制作浮雕装饰画。
	作品评价	1. 故宫脊兽相关研究报告。 2. 故宫特色工艺品。

驱动问题	故宫太和殿的屋顶上有多少只小神兽？	
时间	学生	教师
第一周	查阅资料，探究有关故宫元素的知识，并撰写研究报告	针对该主题，请学生提出问题，通过头脑风暴提出大量的问题，记录关键词，应用于查阅文献，指导学生写文献综述
第二周	根据所查找的资料，对于故宫中的元素进行加工再创造，绘制设计图，并进行调色与准备工作	指导设计图的绘制，完成制作前的准备工作
第三周	制作浮雕装饰画	指导浮雕装饰画的制作
第四周	对制作的装饰画进行互评，查找问题或对不合理的地方进行修正	组织学生间互评与修正
第五周	对作品进行文字说明，并以小组为单位进行作品展示交流	组织学生进行项目作品展示交流和点评
第六周	开展小组和组间评价，总结反思学习过程	组织开展项目学习评价，总结学习成果

---

① 本项目设计由北京市第六十五中学马欣老师提供。

"故宫花窗投影灯"项目设计①

项目名称	故宫花窗投影灯	负责教师	马欣
适用年级	初二	课程领域	艺术与审美、科学与技术

项目介绍	以故宫中的窗为蓝本，将窗的出现与发展、分类及寓意融入课程中。电学是初中物理必修之一，电路基本连接也是常见的物理实验，与生活中一些基本常识息息相关，其理论知识清楚，符合初中阶段学生的知识认知水平。 　　本活动将传统文化与电学相结合，采用拼插和焊接两种方式搭建电路。在学生学习传统文化知识的同时，锻炼学生动手能力，并能收获一个亲自动手制作的投影灯。

项目目标	1. 通过查阅资料、现场观察，了解故宫窗户的样式及其文化含义 2. 通过观察故宫窗户样式等相关元素，对其进行再创造，创作出相关作品

项目作品	整体描述	展示故宫花窗研究成果，反映出故宫花窗的特点
	具体成果	1. 花窗投影灯 2. 根据所选择的元素设计并制作浮雕装饰画
	作品评价	1. 脊兽的神态及文字说明 2. 见评价表

驱动问题	故宫里的窗户有哪些样式？

时间	学生	教师
第一周	选定项目，制订计划，小组分工	组织学生分组，指导制订计划
第二周	查阅资料，实地观察故宫窗户的样式	提供相关资料，带领学生考察
第三周	探究投影灯相关知识和制作技术	项目指导，过程调控
第四周	阶段性作品展示与交流	组织学生交流互评并修改
第五周	分工协作完成最终作品，完成研究报告	指导学生完成最终作品
第六周	作品展示交流并总结评价	组织作品展示交流和终结性评价

附：制作花窗投影灯材料及制作步骤

基本材料：

❖ 拼插件×7

❖ 食人鱼 LED×1

❖ 开关×1

❖ 电池盒×1 电池×1

---

① 本项目设计由北京市第六十五中学马欣老师提供。

❖ 导线×3

锡焊技术

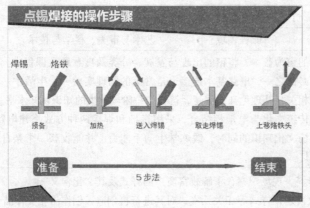

制作步骤

1. 中间隔板安装 LED

正面安装 LED，反面按正负极接入导线。

2. 连接电池盒导线

3. 安装开关

4. 拼装

最终效果

"故宫日晷" 项目设计①

项目名称	故宫日晷	负责教师	李博	
适用年级	初二	课程领域	艺术与审美、科学与技术	
项目介绍	日晷是古代人利用日影来定时刻的计时器,是人类天文计时领域的重大发明,被人类所用达千年之久。在故宫中一些重要宫殿前都有日晷,既有实用功能,也有象征意义。			
项目目标	学生了解日晷的工作原理。学生掌握与日晷相关的数学知识(射影、线面关系、简单几何体、三视图、轴对称)。通过制作日晷,培养学生动手操作的能力。体验数学与生活的联系,感受数学的应用价值。增加对我国文化遗产的了解。通过了解古代日晷的构造及原理,让学生感受古人的睿智,增强学生的民族自信心和自豪感。			
项目作品	整体描述	探究故宫计时工具,制作日晷模型,说明其理论依据		
	设计标准	既可以做赤道式日晷,也可以做水平式日晷等 赤道式日晷晷面与水平面夹角等		
	作品评价	具有科学性和艺术性,将数学、艺术、地理学科综合		
驱动问题	故宫里用什么工具来计时?			

① 本项目设计是由北京市第六十五中学李博老师提供。

时间	学生	教师
第一周	探究日晷的种类，故宫的日晷有哪些类型，故宫里还有哪些计时工具	组织分组，指导小组制订学习计划
第二周	探究日晷能如此准确的计时原理	组织考察故宫
第三周	查阅资料，探究日晷的形成历史	教师指导并调控学生学习过程
第四周	阶段交流查阅资料情况	对过程评估和指导
第五周	设计最终作品，并展示交流	组织展示交流
第六周	总结评价，撰写学习体会	组织总结评价与反思

"铜鼎复制" 项目设计①

项目名称	铜鼎复制	负责教师	李岩	
适用年级	高一	课程领域	艺术与审美、科学与技术、人文与社会	
项目介绍	"铜鼎复制"项目是故宫课程的组成部分，是依托故宫资源，根据故宫课程的整体目标，针对热爱科技并希望将科技与传统文化相结合的学生群体开发而成，是学生深入了解故宫历史、全面提升科技素养的实践类课程。本项目借助现代科技手段（虚拟现实、3D打印）呈现故宫之美和传统文化精髓，学生在探究实践中实现科技与传统的完美融合。			
项目目标	学生初步了解青铜器的纹饰、形制，历史价值和文化价值。选择故宫青铜器馆中适合用3D打印技术打印的青铜器，并了解其历史。学会3D打印技术，并能运用到青铜器复制上。通过青铜器复制体会文物的价值，感受文物保护与修复的价值。			
项目作品	整体描述	选取故宫青铜器馆中的合适青铜器，查阅资料，运用3D打印技术复制其模型，并用美术方法上色，模拟青铜器颜色		
	设计标准	尺寸、纹饰、铭文、颜色等与原青铜器的一致程度		
	作品评价	从艺术性、科学性等角度考察，具体见评价表		
驱动问题	如何更好地让观众观摩故宫青铜器馆中的文物？			

———————

① 本项目设计是由北京市西城区德胜中学李岩老师提供。

续表

时间	学生	教师
第一周	确定项目，项目分组，制订计划	提出项目，给出驱动问题
第二周	文物探究，考察故宫青铜器馆	组织考察，提供资料
第三周	查阅文献，了解所选择的青铜器的历史背景	过程指导与调控
第四周	学习 3D 打印技术，并建立青铜器三维模型	阶段性作品检查与反馈
第五周	完成最终作品，并撰写文字说明	技术指导与调控
第六周	作品展示交流与评价	组织展示与评价活动

第四节　故宫课程群在线学习的设计与实施

信息技术的飞速发展为人类学习提供了新的途径。借助信息技术开展的学习变革是 21 世纪学习的显著特点，如网络学习、慕课、翻转课堂、混合学习、移动学习等成为学校教育和社会教育中常见的学习方式。故宫课程群在这一时代背景下积极探索课程实施新路径，将故宫课程资源转化为网络资源，构建在线学习空间，建立故宫虚拟学习社区，实现了故宫课程数字化，为传统文化教育方式创新打开了新的渠道。本节主要探讨故宫课程在线学习的内涵与特征，在线学习的平台建设，以及在线学习的流程等问题。

一、故宫课程群在线学习的内涵与特征

故宫课程群在线学习是基于网络所开展的故宫课程群教学活动的重要组成部分，是学习者以及与之相关的学习群体为了完成以故宫文化为代表的传统文化教育，利用网络与外部学习环境进行的交互总和。故宫课程群在线学习区别于传统的线下学习，具有以下几大特征。

（一）故宫课程群在线学习是基于网络资源的自主学习

由于故宫课程群在线资源的开放性，所有学习者可以自主决定学习的时间和内容。在线学习相比于线下学习，对学习者在学习时间和条件上更有弹性，这就给了学习者更多自主安排学习时间的权利。故宫在线学习为学习者提供了完全自主学习的空间，能有效地激发学习者对故宫文化的兴趣。

（二）故宫课程群在线学习是个性化学习

故宫课程群在线学习平台不要求统一的进度和统一的学习顺序，学习者

可以根据自己的喜好和自己的时间个性化地选择学习方式和学习进度。学习者的在线学习改变了在课堂上单一的线性递进模式，可以多向度、发散性地根据自己的需求和爱好，进行探究式、发现式的学习。显然，这种学习更能符合学习者本人的学习特点。

（三）故宫课程群在线学习是交互式合作学习

学习者通过在线学习既可以在学习平台下载资源，也可以上传个人作品，还可以与老师和同学交流。无论是在集中统一的学习时间，还是在平时，这种交互合作大大地提高了学习者的学习效率。这种交互还体现在学习者与网络资源、学习环境之间的互动。在大数据和人工智能技术的支持下，根据学习者的偏好，在线学习平台可以推送学习者感兴趣的内容，实现学习更有针对性。

（四）故宫课程群在线学习是开放式学习

故宫课程群在线学习不是简单地把课堂搬到网络上，而是基于网络开放式的教与学活动。在线学习突破了线下学习的时间、空间的局限，特别是学习资源的局限。故宫课程群的内容与故宫紧密相关，故宫数字文物、故宫虚拟场景、故宫数字产品等网络资源使得在线学习具有超越时空的特点。同时，故宫课程群在线学习不仅面向儿童青少年，成年人和家庭成员也可以参与在线学习，从中有所收获。

二、故宫课程群在线学习的设计与实施

从设计的角度看，在线学习活动包括学习任务、学习过程、监管规则、学习支持、评价规则和学习资源 6 个构成要素①。根据这些要素，对故宫课程群内容进行分析，转化为在线资源，并搭建在线学习平台，设计在线学习活动。

（一）故宫课程群在线学习资源建设

学习资源是在线学习活动的构成要素，也是开展在线学习的基础条件。为此，需要将故宫课程群的内容进行转化，成为在线学习的资源。一方面，将故宫课程群的学生读本内容和教学课件等以电子版的形式放置在故宫课程群在线学习平台，学生可以在网上阅读这些材料进行学习。另一方面，组织教师将线下课程转换成微视频，成为每节 10 分钟左右的微课，然后上传至学习平台。每节微课重点讲解一个小专题，引导学生自主探究。故宫课程群微课资源建设流程如图 6-9 所示。

---

① 李松，张进宝，徐玲．在线学习活动设计研究［J］．现代远程教育研究，2010（04）：68-72.

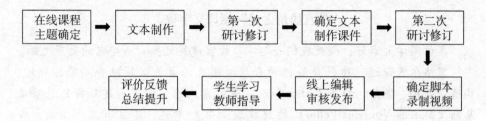

图6-9 故宫课程群在线学习设计与实施

这些微课,以学科课程为生长点,以故宫为学习载体,对原有的故宫课程群内容进行了创新式开发。包括故宫之美、故宫历史、故宫珍宝、故宫建筑、故宫数学、故宫语文、故宫英语、故宫文创、故宫科创、我讲故宫10个系列。

(二)故宫课程群在线学习平台建设

为了学习者更便捷地学习,故宫课程群开通微信公众号,通过微信公众平台发布微课视频。微信公众平台内容易于传播,也具有留言互动功能。同时,学生也可以将自己或团队小组合作完成的微课资源上传到微信公众平台,与同学们分享。微信公众平台这一简便易行的学习平台,在故宫文化传播和展示学习成果方面起到了积极的作用。

(三)故宫课程群在线学习活动实施

在线学习活动实施主要是发挥学生的主动性,在微信公众平台发布微课视频后,学生自主观看,并可以留言谈感受体会,或提出问题,或与同学交流研讨,也可以继续围绕微课中的问题开展探究等。教师定期对学生学习情况进行了解和分析,微信公众平台后台也能统计学生的学习时长、留言数量、点赞等情况,教师可以组织学生总结交流在线学习经验和体会。教师根据在线学习存在的问题和不足,丰富微课内容,改进推送方式,进而提高在线学习质量。

三、故宫课程群在线学习典型案例

故宫课程群在线学习作为信息社会故宫课程群的重要学习方式,还处在研究探索起步阶段,在实践中虽然有一些探索,但是还需要从理论和实践上进一步深入研究。为了更好地呈现我们的探索成果,下面提供一些有关故宫课程群微课视频的文字稿,供大家借鉴参考。

"故宫建筑之美"微课文字稿①

各位同学大家好，今天我们一起学习故宫建筑之美，感受它的无声之韵。

黑格尔曾说过，建筑是凝固的音乐。建筑的审美必须结合功能、环境、构造、结构、条件、经济、社会和人文等因素来看。古罗马建筑师维特鲁威马斯（Marcus Vitruvius Pollio）的《建筑十书》中说，建筑有三个层次，即"实用、坚固、美观"。实用与坚固是我们在物质性层面的基本要求，而故宫之美则是我们在超越了物质性目的之后在心理上的一种精神需求。

那么我们将从以下几个方面了解故宫建筑艺术。

首先是故宫建筑序列。

下面两座宫殿建筑，一座是法国的卢浮宫，一座是我们的故宫，从建筑序列上看，与西方建筑较重视自身完美相比，故宫更注重群体的布局。为什么故宫要采取这样一种空间布局方式呢？其背后的原因是什么呢？故宫庞大的建筑群象征着君权对臣民的统摄，给人一种世俗力量的规整美。要敬天地，故要营建用于人与天地沟通的场所；要孝亲法祖，所以有宗庙；要彰显君权至上的观念，所以皇城设计要中正有序，那么皇城、宫殿及建筑群就必须严格按照中轴对称布局，主要的建筑物必须位于南北中轴线之上。故宫对单体建筑的重视远远低于群体空间的组合。正因为注重序列与群组的空间关系，通过建筑物的高低配置、大小组合，由连绵起伏的屋顶组成了具有韵律的故宫建筑群落，"群"构成了故宫建筑的灵魂。

下面我们说一说故宫建筑的空间。

故宫空间设计习惯把外部空间视为建筑整体的一部分，它不仅仅是一个物理空间，更是情感的空间，具有时空的变化色彩。故宫中的庭院、檐廊、门窗、亭台楼榭，通过建筑单元之间、内外之间的转接处理，形成了虚实相映的空间意象。尤其是门窗之"虚"，使序列空间得以渗透、交流，形成一种虚中见实、实中有虚、虚实互映的情趣，不仅未将建筑隔绝于自然，反而将建筑与自然融为一体，构成了故宫鲜明的空间特色。

故宫的建筑用材和中国传统建筑一样，主要是土和木，因此有"土木的诗篇"之誉。建筑形式多为宫殿，主要为抬梁式结构。

斗拱是中国古代建筑中最具特色的建筑元素。它本是立柱与屋顶之间的传力构件，位于檐下，起结构作用，也有较强的造型意义，后来成了建筑的重点形象处理部位。

雕梁画栋是中国建筑之美的精髓所在。故宫建筑以木构架为主，大量的

---

① 本文字稿由北京市第六十五中学田雄飞老师提供。

梁架、立柱与门窗，还有墙壁、基座、柱础等砖石构件，这些构件的艺术处理成为重要的装饰，无论是色彩、图案还是装饰手法，都把工匠们高超的制作技艺展现得淋漓尽致。这些装饰手法不仅出于中国人审美价值的选择，亦是天人合一的象征。在色彩上中国传统建筑有严密的等级制度，具有尊卑高低的文化特性。西周时规定红、黄、青、白、黑为正色，清代规定公侯的门屋为金色，一至二品为绿色，三至九品为黑色，民居只能用灰色。由于宫殿象征中央政权，黄、红两色在宫殿建筑中用得最多，追求繁艳绮丽、金碧辉煌的效果，呈现出错彩镂金的美。

故宫之美涵盖万千，今天我们仅从建筑艺术的角度进行总说，希望大家在其中有所感受，谢谢大家的倾听。

"营建北京"微课文字稿①

同学们大家好：

2020 年是故宫 600 岁的生日，在这个特殊的有纪念意义的时间里，我将为大家介绍故宫相关的历史。今天为大家介绍故宫系列课程——营建北京。

我们今天生活的北京城从金朝开始就成为都城，当时叫作中都，后来历经元、明、清、北洋政府，再到我们今天的中华人民共和国，算起来大概有 900 年的历史了。北京作为都城，其保留下来的世界上现存规模最大、保存最完整的木质结构宫殿群就是明清两代的宫殿——紫禁城，也就是我们常说的故宫。故宫于明永乐四年（1406 年）开始修建，到永乐十八年（1420 年）建成，建成至今已历经整 600 年的历史，所以今年是故宫 600 岁的生日。今天我将带着大家一起了解关于北京城的营建，回到那峥嵘岁月。

首先我们先来了解一下营建北京。同学们我们历史课上曾经学过，明朝的开国皇帝是朱元璋，1368 年推翻了元朝的统治，在应天府称帝，应天府就是今天的南京。朱元璋建国后采用分封藩王的形式，除了嫡长子朱标留守应天外，其余各子分封到地方，但是朱标英年早逝，朱标死后，嫡长孙朱允炆继位。朱允炆继位后，采取了削藩的方法，开始削弱他这些叔叔们的势力。其中朱元璋的第四个儿子朱棣，也就是朱允炆的四叔，被分封到燕，燕就是今天的北京，他被封为燕王。朱允炆削弱燕王的势力，造成了燕王造反，这就是历史上的靖难之役。从 1399 年到 1402 年，经过四年的靖难之役，最终燕王战胜了朱允炆，夺取了皇位，成为明朝历史上的第三位皇帝。

朱棣最初还是在应天（南京）做皇帝，后来为什么要迁都北京呢？我带着大家一起去寻找历史的真相。首先给大家介绍一个历史人物，这个人叫方

---

① 本文字稿由北京市第一七一中学张月帅老师提供。

孝孺。方孝孺是明朝初期的大臣，曾经辅佐过朱元璋和朱允炆，靖难之役之后，很多原来的旧臣都投降了，但是方孝孺拒绝投降，而且拒绝为朱棣草拟即位诏书，最后被凌迟处死，且诛"十族"，除了九族被处死以外，还有他的学生也被处死，一共杀了873人。可以说应天府成为一片血海，从中我们也可以看到朱棣的统治在应天并不安稳，所以朱棣就希望能够回到他统治的故地，也就是北京。

除此之外，还有什么原因要迁都北京呢？我们来看《明实录：太宗实录》中的记载："北平，北枕居庸，西峙太行，东连山海，南俯中原，沃野千里，山川形胜，足以控四夷，制天下，诚帝王万世之都也。"另外我们知道元朝是蒙古族，明朝推翻了元朝的统治之后，元朝最后一位皇帝元顺帝逃亡大漠，后来蒙古部分裂为瓦剌和鞑靼，时刻想着越过长城，向明朝进犯，所以朱棣迁都北京还有一个重要原因就是要"天子守国门"。另外大家还能从哪些角度去思考迁都的原因呢？比如前面我们提到了明朝之前北京就做过金和元的都城，其实在金朝之前，北京这片土地就有其重要的地位。

在北京西城区广安门附近的蓟城柱是北京城建城的标志性建筑。著名的历史地理学家侯仁之先生在《北京建城记》中这样写道："北京建城之始，其名曰蓟。"《礼记·乐记》载，孔子授徒曰："武王克殷反商，未及下车，而封皇帝之后于蓟。"

《史记·燕召公世家》称："周武王之灭纣，封召公于北燕。"燕在蓟之西南约百里。春秋时期，燕并蓟，移至蓟城。

……金朝继起，扩建其东西南三面，改称中都，是为北京正式建都之始。……

金元易代之际，于中都东北郊外更建大都，明初缩减大都北部，改为北平；其后展筑起南墙，始称北京……历明及清，相沿至今，遂为我人民首都之规划建设奠定基础。

通过这段史料，我们可以知道北京从最初作为封国，到金朝正式建都，再到元明清成为国家都城的发展历程。所以同学们，我们现在生活的这个城市，是具有千年历史的古城，我们生活在这片土地上，应该了解城市的历史，更加热爱这座城市。

明代定都北京之后，接下来就要营建宫殿，也就是营建紫禁城，那么关于紫禁城的营建又有什么故事呢？我们下节课再给大家分享。谢谢大家。

"游故宫，学英语" 微课文字稿①

Hello, guys! Welcome to our Palace Museum Course——"游故宫，学英

---

① 本文字稿由北京市第六十五中学朱娟老师提供。

语——走进故宫"。上节课小导游 Cloe 告诉了我们一些游览前的攻略。今天，咱们就一起走进故宫去看看吧！

进入故宫，你一定会被这些气势恢宏的建筑所吸引。据统计，故宫中保存至今的建筑共有 980 座。这么多，先逛哪一处呢？我们先来看看它们的整体布局吧！以乾清门前为界，它们被分为外朝和内廷两大部分。

外朝（the outer court）是皇帝处理朝政、举行大典的地方，也就是办公区（office area），主要包括中轴线上的三大殿以及两翼的武英殿和文华殿。

内廷（the inner court）是皇帝及其家人居住和生活的地方，也就是住宅区（residential area），主要包括皇帝皇后居住的后三宫、妃嫔们居住的东西六宫、太后妃太上皇居住的慈宁宫、宁寿宫以及御花园。

你是不是很好奇，皇帝的办公区是什么样的呢？现在咱们就去逛逛吧！从午门检票进入后，向左走，穿过熙和门，我们就来到了武英殿前，虽然名为武英，但它基本上发挥着文化功能，是曾经的皇家出版社和印刷厂。这里风景秀丽，内金水从门前缓缓流过，伴着浓郁的花香，确实很有一番书香气息。

从武英殿出来，我们向东走，穿过协和门，来到文华殿前。在明清两代，文华殿最重要的功能是充当皇帝"经筵"的殿堂。"经"，指经典；"筵"，指竹席、席位，此处引申为讲座。也就是说这里是皇帝听讲官讲解经典、上课学习的地方。

参观完这两处书香气十足的院落，我们回到中轴线上，穿过太和门，来到外朝的核心区。这里明显和前两处景观不一样：空旷大气、庄严肃穆。

首先映入我们眼帘的是气势恢宏、金碧辉煌的太和殿，俗称金銮殿，它是皇权的象征。我们在影视剧里看到皇帝坐在金銮宝座上，说的就是太和殿里的这个宝座。单看它的外观，我们就知道太和殿为什么被誉为我国现存最高、最大、最尊贵的木质结构建筑了。因为等级高，所以在明清两代，重大的仪式如皇帝登基大典、宣布殿试结果、册封太子等均在这里举行。

太和殿后面的这个方形圆顶建筑是中和殿，寓意"天圆地方"。明清两代，在举行各种大典之前，皇帝会在这里小憩。它就相当于我们大礼堂旁边的休息室。此外，这里也是皇帝去先农坛"亲耕"前检阅用具的地方。中和殿位于太和殿、保和殿之间，规格也介于两者之间，体现的就是一种"中"与"和"的理念。大殿中的牌匾"允执厥中"（从右往左念）体现的也是这种含义。它告诉我们，说话、做事要执中，不偏激、不走极端且公平公正。

接下来，咱们来看看外朝最后一处建筑——保和殿。它相当于皇家宴会厅，每年除夕、帝后寿辰和重要节日，皇帝会在此宴请王公大臣、文武百官。1790 年以后，科举殿试也由太和殿移到这里举行。保和殿后面的这块云龙大石雕很值得一看，当初为了把它从房山运到这里，一万多名农夫历时一个月才完成。英国 BBC 拍的纪录片中把它誉为紫禁城的秘密之一。到底是个什么样的秘密，咱们下次再探讨吧！

今天的参观暂且告一段落，下面我们来聊聊与此相关的英语。

首先咱们来看看这几个大殿的英文名。故宫里出现的殿或宫，基本上都翻译成了 hall 这个词，它是礼堂、大厅的意思。

武英殿 The Hall of Martial Valor（martial：军人的，valor：英勇）

文华殿 The Hall of Literary Brilliance（literary：文学的，brilliance：才华）

此处采用的是直译法，两座殿一文一武，暗含文武兼备、含英咀华之意。

三大殿的翻译：

太和殿 The Hall of Supreme Harmony

中和殿 The Hall of Middle Harmony

保和殿 The Hall of Preserving Harmony

核心词是 harmony（和谐）。太和用的是 supreme（程度）很大的，中和用的是 middle（中间的），保和用的是 preserving（保存）。

从它们的英文名可以看出，太和殿强调的是非常和谐；中和殿强调的是中度和谐；而保和殿强调的则是保存和谐。看了它们的英文名，你是不是对这几个殿印象更深了呢？

不知大家有没有注意到，我们每讲一处建筑，都会提到它的功能，"这是一个做某事的地方"。用英语怎么表达呢？对啦，可以用定语从句 It's a place where…

咱们来玩个猜谜游戏吧！猜猜以下地点是哪里。

1. It's a place where the emperor attended lectures on the Classics.

（attend lectures 听讲座、听课，the Classics 经典著作）

Yes，The Hall of Literary Brilliance. 文华殿。

2. It's a place where the emperor often had a rest before attending important ceremonies.（have a rest 休息）

Right，The Hall of Middle Harmony. 中和殿。

3. It's a place where the emperor gave banquets to his ministers.

（banquet 宴会、盛宴，minister 大臣、部长）

Very good! The Hall of Preserving Harmony. 保和殿。

用这个句式介绍具体的大殿，把主语 it 换成大殿名字就可以了，需要注意的是 where 后面跟的句子语义相对完整（某人/某事怎样了，不缺主干）。

例如：外朝曾是皇帝工作的地方。

The outer court was the place where the emperor worked.（emperor 皇帝）

太和殿曾是举行重要仪式的地方。

The Hall of Supreme Harmony was the place where important ceremonies were held. （ceremony 典礼，仪式）

你能试着用该句式描述这几个大殿吗？咱们先来听听双语导游课的同学们是如何介绍的吧！

同学们的导游词：

1. 武英殿曾是修书印书的地方。（印刷 print）

The Hall of Martial Valor was the place where books were written and printed.

2. 文华殿曾是皇帝学习听讲座的地方。（听讲座 attend lectures）

The Hall of Literary Brilliance was the place where the emperor attended lectures.

3. 太和殿是册封太子的地方。（册封 entitle，太子 the crown prince）

The Hall of Supreme Harmony was the place where the crown prince was entitled.

4. 中和殿位于太和殿后面，它是皇帝参加大典前休息的地方。

（位于 lie/ be located）

Lying/Located behind the Hall of Supreme Harmony, the Hall of Middle Harmony was the place where the emperor often had a rest before attending important ceremonies.

5. 武英殿周围很美丽。在那里，你可以看到流淌的河水、闻到芬芳的花香。

（流淌的河水 flowing river，花香 fragrance of the flowers）

It's very beautiful around the Hall of Martial Valor, where you can see the flowing river and smell the fragrance of the flowers.

感谢几名同学的精彩介绍！该句式用途很广，当你不知道一个地点的名称时，可以用"它"（it），比如：It's a place where the students have their meals. 别人就知道你是在说"canteen"或"dining hall"了。有时一句话描述不清楚一个事物或者我们在写作中想让句子升级，也可以用定语从句，比如：The Palace Museum is a superb place where you can appreciate the splendid architectures as well as the unique treasures. （故宫是一个很棒的地方，在那里你可以欣赏到宏伟的建筑和罕见的宝物。）

接下来的时间同学们试着练一练这个句式吧！

好了，本期的课程就到这里。感谢大家观看！Bye!

"文脉流芳"微课文字稿①

序言：紫禁至今书犹香

各位同学大家好，今天我们再一次走进巍巍故宫。你或许知道故宫有九万九千九百九十九间半的房屋，但你知道这红墙碧瓦的宫城之中哪里读书最舒服？哪里藏书最丰富吗？今天我们换个角度来谈谈故宫这座书香之城。

偷得浮生半日闲——摛（chī）藻堂

若问入住故宫的众多主人中，谁最会享受，恐怕声称自己为"十全老人"的乾隆皇帝首屈一指了。

我们的脚步先从神武门进入故宫，来到御花园堆秀山东侧的摛藻堂。摛藻堂的西耳房曾经是乾隆皇帝最喜欢的一间书房。"摛"，是传扬、铺展的意思，"摛藻"意为弘扬文化。清朝时此地主要用于贮藏《四库全书荟要》。《四库全书荟要》是《四库全书》中挑出来的精华，一式两份，其中一份贮藏于摛藻堂，供乾隆皇帝随时翻览。

摛藻堂的匾额是乾隆皇帝题写的"摛藻抒华"四字，楹联为"庭绕芳毯铺生意，座有芸编结古欢"。其中"芸编"一词中的"芸"指多年生草本植物芸香，古人常把芸香夹入书中以防虫蛀，故以芸编称古书。西门外的楹联为"左右图书，静中涵道妙；春秋风月，佳处得天和"。

西室小屋的门楣有乾隆皇帝题写的匾额"宿风"，楹联为"从来多古意，可以赋新诗"。小屋装饰很朴素，但当年的乾隆皇帝散朝后经常到这里来，进了西耳房，半卧床榻，看书之余，顺着小屋冰裂纹的窗户望出去，一棵古柏成了最好的窗景图。这棵古柏曾经被乾隆皇帝写进诗里，如今它也依旧静立在摛藻堂外，仿佛对我们诉说着乾隆皇帝那闲适的读书时光。

经函近对御筵开——文华殿

然而身为一国之君的乾隆皇帝，毕竟不能太久地留恋闲散时光，更多的精力还是要放在治国理政、提升身为君主的自我修养上。我们的脚步来到外朝协和门以东的文华殿，在这里举行的"经筵日讲"便是帝王学习治国之道的重要途径之一。经筵日讲起源于宋朝，举行经筵日讲的目的是探究经书中的微言大义，并从中吸取治理国家的经验和教训。明清两朝，每岁春秋仲月，都要在文华殿举行经筵之礼，讲习"四书五经"。

开经筵是朝廷的盛事。除了皇帝本人亲自参加外，六部尚书、左右都御

---

① 本文字稿由北京市第六十五中学刘霓老师提供。

史、内阁大学士和有爵位的朝臣勋戚都要参加，给事中、御史等也常出现在听讲的行列。讲官讲述的过程中，所有人员都要凝神静听，皇帝也不能例外。一旦皇帝出现懈怠，哪怕是坐姿不正，讲官也会立即停止讲授而去劝谏，直到皇帝恢复端正姿态。

清朝的康熙、雍正、乾隆诸帝文化素养都非常高深，讲习之余，还会指名文臣进行辩论。最后，作为对有幸参加典礼的文臣们的特殊奖励，皇帝会率领文臣们来到殿后文渊阁，赏赐文臣们翻阅阁中的藏书。文渊阁是藏书楼，《四库全书》便曾收藏于此。

具瞻楠架四库贮——文渊阁

如果说乾隆皇帝在摛藻堂读书是为了闲暇时怡情，在文华殿读书讲经是学习治国之道，那么贮藏在文渊阁中的这部四库全书，便是他与他的帝国对于那个时代全部的骄傲与荣耀——贯通古今文脉，使之流芳于千秋万代。

乾隆四十一年（1776年），一座绿色宫殿，在紫禁城由黄色琉璃和朱红门墙组成的吉祥色彩中拔地而起。它冷色为主的油漆彩画显得特立独行，彰显出藏书楼静穆深邃的精神品质。它，就是文渊阁。文渊阁是乾隆皇帝下江南时看到宁波范氏家族的天一阁受到启发而建成的。它面阔六间，这在紫禁城内也是绝无仅有的，因为紫禁城内的宫殿，开间数量全为单数。这是取"天一生水，地六成之"之意，表明它以水压火、保护藏书的意图，而这样的开间数里，也暗含着它与"天一阁"的联系。

不久之后，文渊阁迎来了它的主人——被称为中华优秀传统文化最丰富最完备的集成之作：《四库全书》。文渊阁从外面看是两层，里面实为三层。下层中央明间设宝座，是经筵赐茶的地方，《四库全书》主要藏在上下层的中间三间及中层的全层，其余地方放置《四库全书考证》和另一部采撷广博，内容非常丰富的大型类书《古今图书集成》。彼时，中国古代三部皇家巨作——《永乐大典》（收录在《四库全书》内）、《古今图书集成》和《四库全书》，全部在文渊阁里贮放。文渊阁也因此成为清宫最大的藏书处。

这座貌似低调的楼阁，见证了贯通古今文脉的创举，也见证了典籍四散的悲怆。

结语：文脉传承世流芳

1933年春，日寇侵略热河，北平危急。故宫博物院决定，将珍藏的历代文物精品装箱南迁，文渊阁中，包括阁本《四库全书》36 533册，《排架图》4函，《古今图书集成》5020册全部装箱，运至上海、南京。抗日战争全面爆发，这批皇宫文物辗转数千里，其中的无数辛酸苦楚以及诸多牺牲非言语所能形容。最终这批文物运抵蜀中等地。抗战胜利之后，再次运抵南京，后存台北故宫。如今，阁依旧，想必未来，书亦还。到那时，必又是一番盛景，我辈若能见之，幸甚至哉。

书，有时很脆弱，因为它在水火、虫蛀乃至战争面前常常不堪一击。然而它又如此强悍，因为组成书的一页页纸源于木，木的特质，则在于它的生长性。也就是说，纸张与文字可以消泯，但消泯的一切都将附着在纸页上再生，我们的文明，也因此而生生不息。而这关键的一环就在于那些真正的读书人。他们每每在中华文脉几乎断绝时挺身而出。于他们而言，有了书，人类的记忆、情感、知识、思想、信仰就找到了长久的贮存器，也让不同的思想情感可以交流激荡。可以说，书是人生命的延伸，是我们人类超越自我极限的最佳方式。因此，才有一代代知识精英投身到书的事业中，纵然粉身碎骨，九死不悔。

他们认为读书的意义，我想可以用宋代张载的横渠四句来印证：

"为天地立心，

为生民立命，

为往圣继绝学，

为万世开太平。"

最后，愿同学们也能找寻到自己读书的真意，谢谢大家的聆听。

第七章

故宫课程群的评价

在故宫课程群开发与实施的过程中，课程评价是贯穿始终的一个重要活动。评价，就是评定价值，课程评价就是对课程评定价值。课程评价的概念最早是由美国"课程评价之父"拉尔夫·泰勒提出的，之后被广泛运用于课程理论与实践中。理论界对课程评价没有严格统一的定义，这源于对课程评价有不同的价值取向。本书中我们将课程评价定义为：课程评价是根据定义的课程价值观或课程目标，运用一定的科学手段，通过系统地收集信息、资料，分析、整理，对课程方案、课程实施过程和结果等的价值或特点做出判断，从而为课程决策提供可靠信息的过程。[①] 由此，故宫课程群的评价就是对故宫课程群方案、故宫课程群的实施过程和结果进行价值判断的过程。本章主要探讨故宫课程群评价的理念与目标、评价工具与方法等问题。

第一节 故宫课程群评价的理念

一、故宫课程群评价的价值取向

20 世纪 80 年代美国教育评价专家库巴和林肯区分了自 1910 年以来成功的评价典范，分出了四代评价范式。第一代（1910—1930），教师使用测验及量表来测量学生的能力，并根据学生的表现列出名次表；第二代（1930—1967），认识到测量的局限性，认为测量是一种不充足的手段，学生的差异开始成为一个被考量的因素，教师对评价开始有所参与；第三代（1967—1987），这一阶段的主要特征是强调公平，认为评价者就是判断者，强调评价要做出判断，要求评价基于既定的标准；第四代评价（1987 年至今）强调持份者的参与，重视持份者之间的信息交流与共识的达成，重视评价环境的作用，支持更多的人参与，进行权利分享。[②] 课程评价改革一直在进行，其基本

---

① 钟启泉，等.课程与教学论 [M].上海：华东师范大学出版社，2008：251.
② 靳玉乐.校本课程开发的理念与策略 [M].成都：四川教育出版社，2006：172.

趋势是从第一代评价强调客观工具，到第二代评价强调目标达成度，再到第三代的基于标准的鉴定性评价，再到第四代重视协商与建构的发展性评价。

由此可见，每一代评价理论都有着各自的价值取向，也都有其优点和不足。评价理论的更新迭代，使得课程评价更趋完善与科学，这些都为故宫课程群的评价提供了理论依据。故宫课程群评价坚持科学主义取向与人文主义取向相结合，内部评价与结果评价相结合，形成性评价与终结性评价相结合。

（一）科学主义取向与人文主义取向相结合

科学主义取向主张通过实验处理的方式，控制实验过程中课程以外的各种变量，得到具有信度和效度的实验结果，然后对其评价。评价者持中立立场，客观地给出评价结果，他们认为这样评价的结果才是精确的。因此，客观的测验、收集材料的严格量化等成为评价的主要方式，第一代评价的取向基本上是科学主义取向，也可以认为，科学主义取向的评价是一种定量评价。人文主义取向强调社会现象是极其复杂的，很难对课程以外的变量进行控制，人类行为的表现都与一定的社会情境有关，如果要了解它们，就必须把它们置于原来的情境之中。而且评价者很难成为中立者，评价过程中必然有个人倾向。他们认为课程评价者要从课程设计者和实施者的角度来评价课程计划和内容。人文主义取向的评价者收集的材料大多是定性的，是一种对课程实施的过程和结果的描述性材料。在第二代评价中就有这种定性评价的成分。可以看出，这两种不同取向的评价是两个极端。故宫课程群的评价综合这两个取向的优点，既要注重实验的作用，采取量化的定量评价，如学生完成故宫项目式学习的作品数量、学生故宫课程学习学业评价等，又要在过程中注意情境的作用，采取定性评价，如学生对故宫文化的感悟和体会、教师参与故宫课程开发的收获与反思等，在课程评价中做到定量与定性评价相结合。

（二）内部评价与结果评价相结合

这里的内部评价是指对课程本身的评价，课程评价者就课程计划所包含的特定内容，课程内容的正确性，课程内容的排列方式，教学材料的类型，课程计划本身的价值等的评价。① 内部评价关注的是课程本身的价值，对课程目标、内容及结构进行评价。结果评价主要考查课程计划对学生所产生的结果，也可以考查对教师和相关人员产生的结果。这种评价取向关注课程是否达到目标的实际情况，通过实际结果来评价课程的价值。故宫课程群评价既注重对课程本身的评价，包括对课程开发的情境与目标定位的评价分析、对课程纲要和方案可行性的评价、对课程实施过程的评价等；又注重对课程实

① 施良方．课程理论：课程的基础、原理与问题［M］．北京：教育科学出版社，1996：152.

施的结果进行分析评估，包括学生的学习效果、预期的课程目标是否达成、课程对教师专业成长的影响分析、对学校课程领导和文化建设等效果的评价等。

（三）形成性评价与终结性评价相结合

形成性评价是指在课程开发与实施过程中为调整完善正在进行的课程计划所从事的评价活动。它是一种过程评价，目的是为改进课程开发与实施提供证据，不是评定课程开发与实施的优良程度。形成性评价可以是在课程开发的初始阶段，对课程方案和纲要进行评价，提供修订的依据；也可以是在课程实施阶段，对教学过程中学生的学习效果开展的评价，以便为改进课堂教学方式或项目式学习等其他方式做出参考。终结性评价一般是是在课程开发与实施之后对其效果的评价，也可以是在课程开发与实施的某一阶段结束之后进行。它是一种事后评价，目的是对课程开发与实施的最终效果进行评价，具有下结论或鉴定的意义。形成性评价取向与终结性评价取向的目的有所不同，在实施的时间节点上也有所不同，但是这两种取向对于课程开发与实施都有各自重要的作用。故宫课程群将这两种评价结合起来，根据评价目的选择不同的评价，通过评价实现诊断、改进和鉴定等多种功能。

总之，故宫课程群评价是故宫课程群开发与实施全过程的质和量的评价，既关注课程本身的科学性、可行性，也关注课程实施结果的有效性和一致性。

二、故宫课程群评价的目的和意义

故宫课程群的评价就是对故宫课程群的价值进行判断。故宫课程群对儿童青少年坚定文化自信、推动教育改革、服务首都发展具有重要而独特的教育价值。故宫课程群的价值主体包括儿童青少年、社会、教师和学校，也就是对故宫课程群价值的评价要看儿童青少年通过故宫课程群有何收获，对教师、学校和社会有何贡献。因此，故宫课程群评价的目的可以分为三个层次：评价课程对儿童青少年和社会的价值，评价课程对课程开发与实施本身以及对教师专业发展的价值，评价课程对学校治理体系建设的价值。

故宫课程群评价的三个层次目的的基础是对学校治理体系的价值评价，评价的最终目的是评定课程对学生和社会的价值，达成这一最终目的的中间环节是评估课程本身及教师专业发展得如何。通过三层次的目的，故宫课程群评价的意义主要体现在以下三方面：首先，故宫课程群的开发与实施为学生提供了什么样的发展机会，他们在故宫课程群的学习中获得了哪些经验，在文化基础、自主发展和社会参与等方面是否达到了预期的课程目标等。其次，通过课程评价，我们将获得大量有关课程开发与实施的信息，如某一门课程的目标、内容与学生的实际符合程度，课程与学科知识相匹配程度，故宫文化资源利用情况，课程专家指导情况，教师参与课程开发的态度、能力，教师的课程实施能力，教师团队的课程领导力得到提升的情况，等等，这些都为课程的实施与改进指明了方向。最后，通过课程评价，我们能了解到故宫课程群在学校课程体系中的地位，故宫课程群的管理情况如何，故宫课程群与其他课程协调发展的情况如何，故宫课程群能否从学校的课程特色成为特色课程，甚至成为学校的特色品牌、为学校发展做出贡献，等等。总之，故宫课程群评价不仅是对故宫课程群的开发与实施效果的评估和鉴定，而且可以为故宫课程群的不断改进提供依据。

三、故宫课程群评价的特征

在实践中，故宫课程群的评价注重发挥教师、学生、家长、专家等不同主体的作用，实施多主体综合评价。故宫课程群评价注重过程性评价与终结性评价相结合。概括起来，故宫课程群评价有以下四个主要特征。

（一）评价内容的全面性

不仅对故宫课程群的目标、内容和实施过程进行评价，而且对故宫课程群的两大主体"学生"和"教师"在开发与实施过程中的收获进行评价，如课程本身评价、课堂评价、学生评价、教师评价等。同时，对课程的评价不仅关注最终的结果，也关注课程开发与实施的过程，是对课程的一种全面评价。

（二）评价主体的多元性

故宫课程群评价以学校内部评价为主，辅以外部评价。内部评价由学校课程委员会、教师、学生等不同主体对故宫课程群进行评价。外部评价主要是邀请家长、专家和社区等相关人士对故宫课程群开展评价。通过多元主体对课程的评价，可以全方位地了解故宫课程群开发与实施的情况和效果，为课程改进提供更加全面可靠的证据。

（三）评价标准的差异性

由于故宫课程群具有"三层次、四领域"结构特点，所以对课程群内的不同课程的评价标准就必然不同。同时，在学生评价和教师评价上，根据学生的学业基础和教师专业发展现状，制定有层次的学生评价标准和教师评价标准，目的是使得各个发展层次的学生和教师都能在原有基础上获得发展。通过评价标准的差异性，评价学生和教师的发展状况，这也是发展性评价的客观要求。

（四）评价活动的全程性

故宫课程群评价不只是在学期期末进行，而是贯穿故宫课程群开发与实施的全过程。比如，在教师准备申请开发某一门故宫课程的时候，教师本人就已经对所申请的课程进行前期的调研和评价，课程委员会要对教师提交的申请课程纲要进行评审。在故宫课程内容选择和组织前，教师需调研学生需求，并对课程内容进行评估。课程实施过程中，开展教师听课评课，对课堂教学或实践活动情况进行评价，及时调整实施方式。学生评价更是注重学习过程的记录和监控，向学生反馈过程性学习情况。评价活动的全程性也表明，故宫课程评价实际上是课程开发与实施的重要组成部分，而不是独立于外的、为了评价而评价的一件任务。

第二节　故宫课程群评价体系

故宫课程群在现代课程评价理论的指导下，逐渐完善课程评价工具和方法，并在实践中构建起了故宫课程群评价体系。这一体系主要包括课程群评价的分析系统、操作系统和支持系统。本节主要围绕这三个系统来阐述故宫课程群的评价体系。

一、故宫课程群评价的分析系统

根据故宫课程群三个层次的评价目的，对应有不同的评价主体、评价对象、评价内容和评价标准等，这些内容构成了该课程评价的分析系统。

（一）故宫课程群评价的主体

故宫课程群是由学校教师、故宫专家、课程专家等多方人员共同参与开发的。在对故宫课程群进行形成性评价和终结性评价时都需要这些相关开发者参与。实践中，故宫课程群评价主体包课程委员会、课程开发教师、学生、家长、校外专家。这些不同的评价主体在评价中发挥的作用也有所不同。课程委员会成员主要包括学校课程主管领导、学科负责人、学科专家、故宫专家和课程专家等。课程委员会主要是对故宫课程群的总体目标与学段目标，以及故宫课程群的整体结构进行分析评价，还要对教师申请开发某一门具体课程的课程纲要、课程计划、教师的教学情况等进行分析评价；课程开发教师主要是对故宫课程群的实施情况和学生的学习情况进行形成性评价和终结性评价，还要对课程领导情况、课程对学校治理体系的贡献情况，以及对课程群里的其他课程的整体情况做出分析评价。

教师作为评价主体增加开发课程的积极性，也可以很好地根据亲身经历的课程开发与实施经验对同类课程进行分析评价。学生作为课程开发与实施的最终受益对象，参与课程评价实际上就是在参与课程的开发与实施，对故宫课程群的目标、内容，特别是实施方式可以提出自己的意见和建议，对课程进行价值分析评价，同时对教师的教学和学校的管理等也可以进行评价。家长对课程的评价主要是对学生学习故宫课程的效果进行评价，对学校课程领导和课程整体价值进行分析评价，由此可以了解故宫课程群对社会的价值。校外专家包括故宫专家和课程专家，他们从专业的视角来分析故宫课程群的专业性，有利于提高故宫课程群对故宫文化资源的利用效益和专业水平。

　　通过上述分析，可以看出故宫课程群评价对象主要是学生、教师、学校三方面。总之，不同评价主体对学生、教师和学校等不同对象开展评价，对于全面分析与评估故宫课程群的价值非常有必要。

　　（二）故宫课程群评价的对象

　　故宫课程群评价是对故宫课程群开发与实施的全过程的评价，也是对故宫课程群实施后的结果的评价。因此，故宫课程群评价对象包括故宫课程群目标、内容、实施、效果、领导五方面。其中，对课程目标的评价是指对故宫课程群的性质、理念、总体目标，学段目标的制定依据，是否明确具体，具有可操作性和可检测性等。对课程目标的评价主要是宏观层面的评价；对课程内容的评价主要包括课程内容选择的依据是否科学、课程内容是否适切、内容的组织是否符合学生认知规律和学科知识逻辑等；对故宫课程实施的评价主要包括对教学设计、游学设计、项目式学习设计，课程资源利用情况等进行评价，还包括对课堂教学情况、项目式学习情况、游学活动情况的评价等；对课程效果的评价主要包括学生学习的态度、行为表现、学习成果、课程目标达成情况、教师专业发展情况、课程特色等；对课程群领导的评价主要包括课程方案的规范性、可行性，课程的计划可行性，教师团队情况，课程组织领导，政策保障，专家支持等。故宫课程群评价的这些内容不是分开的，它们之间也是相互联系的。所以，在一次评价活动中，涉及的内容可能是某一方面，也可能是多方面。但总体上来讲，故宫课程群评价对象分为以上五方面。

　　（三）故宫课程群评价的框架

　　在明晰故宫课程群评价的主体、对象和内容的基础上，故宫课程群评价的基本框架就可以基本完成了。由表7-1，我们可以看到这一框架反映出评价主体、对象、目的等之间的对应关系。

表7-1　故宫课程群评价框架

评价主体	评价对象	评价目的
课程委员会、教师、校外专家	故宫课程群目标	分析、鉴定、改进
课程委员会、教师、校外专家	故宫课程群内容	分析、评审、改进
课程委员会、教师、学生、家长、校外专家	故宫课程群实施	诊断、完善、改进

评价主体	评价对象	评价目的
课程委员会、教师、学生、家长、校外专家	故宫课程群效果	诊断、改进、鉴定
课程委员会、教师、校外专家	故宫课程群领导	诊断、改进、鉴定

在评价框架中可以看出，某一评价对象的评价主体是多元的，并且是以这些为主，也会还有其他评价者参与评价。比如，对故宫课程群领导的评价主要是课程委员会、教师和校外专家参与评价，但在实际中也会有学生参与评价。另外，教师、学生、家长都对课程效果进行评价，其中就会有学生的自评和互评。这种多元主体的互动评价，增加了评价的丰富性，有利于提高学生的自我认知，达到评价的自我诊断和改进的目的，发挥三类价值主体的作用。

依据评价框架，评价主体就可以依据评价目的和评价内容设计具体的评价指标体系和标准，开发评价工具，选择不同的评价方法实施评价。

二、故宫课程群评价的操作系统

(一) 对故宫课程群目标的评价

对故宫课程群目标的评价既包括对课程群总体目标和学段目标的评价，还包括对课程群内具体的每一门课程目标的评价。对故宫课程群总体目标和学段目标的评价，从以下维度和指标来考查：故宫课程群总体目标和学段目标与国家教育方针政策的关系；学校教育哲学、价值追求在故宫课程群总体目标和学段目标中的体现程度；故宫课程群总体目标和学段目标与社区政治、经济、文化发展的协调程度；故宫课程群总体目标和学段目标与学生发展需求和学习兴趣的一致性程度；学校教师、学生对故宫课程总体目标和学段目标的认同感；故宫课程群总体目标和学段目标内在要素的协同性与发展性。就某一门课程而言，需要保持评价本门课程目标与课程群总体目标的一致程度，课程目标与内容的一致程度，课程目标是否符合学生、学科、社会的需求，等等。

(二) 对故宫课程群内容的评价

对故宫课程群的内容与结构的评价，主要从以下维度来考察：故宫课程群的课程设置是否以学科课程为基础，各类课程组合是否合理；故宫课程群的"三层次、四领域"课程结构的划分是否符合中小学培养目标、学生发展认知特点、学科和社会发展趋势等；故宫课程群内的不同课程是否形成了比较合理的课程结构；故宫课程群的各类课程是否具有内在逻辑联系，是否符合学生的心理发展顺序；每一门课程的课程内容的适切性以及课程内容组织是否合理，课程纲要是否规范科学，课程计划是否可行；等等。

（三）对故宫课程群实施的评价

课程实施的主要途径有课堂教学、故宫游学和故宫课程项目式学习等。这些实施方式都需要在活动前进行设计，体现在课程计划或教学设计、学习设计之中。课程委员会、校外专家、教师、学生对这些实施方式和教学设计进行分析评价。具体维度包括：教学设计与课程目标是否一致；教学环节是否合适；游学活动设计是否符合学生需求；项目式学习活动设计是否完成预期目标；课程实施策略、资源利用情况；等等。

（四）对故宫课程群效果的评价

对故宫课程群效果的评价，主要是对故宫课程群的目标是否达成的评价，对学校治理和社会有何贡献的评价等。从以下维度来考查：是否促进学生德智体美劳全面发展；是否达成了预期的课程总体目标和学段目标；能否促进学校改进课程领导；是否促进了教师课程领导力的提高；是否促进了学校特色课程的建设；是否促进了家长对故宫文化的理解；是否促进了家校社教育协同；是否促进了全社会对传统文化的传承与发展；等等。

故宫课程群开发与实施的最终结果主要是看学生的学习行为和结果。具体维度包括：学生的知识、技能、认知策略、情感态度价值观，特别是故宫文化理解与认同，对故宫文化的感知力和理解力；学习过程中的各种行为表现，如自主探究、小组合作情况。对学生学习表现和结果的评价要依据具体课程的目标和课程实施的特点，主要由课程开发教师或课程实施教师在课程活动前就需要进行设计，并且要把包括评价指标在内的评价方案提前告知学生，这样能够更好地发挥评价对课程目标落实的促进作用。同时，在评价工具和方法上，既需要设计可以量化的评价量表，也可以采取谈话记录、心得体会、反思感悟等定性评价方法。

教师是故宫课程群开发与实施的主导力量。一方面，反映故宫课程群实施之后学生的学习行为与结果需要由教师来进行评价，教师是评价的主体；另一方面，教师在故宫课程群的开发与实施过程中做得如何、有何专业成长等需要被评价，教师是评价的对象。对教师的教学行为和结果进行评价主要从以下维度进行：教师的教育观念是否与故宫课程群理念相一致；教师的教学行为是否促进了教学目标的达成；教师的故宫文化理解与传承能力是否得到提升；教师的课程领导力是否得到提升；等等。对教师教学行为评价的主体有教师自身，教师可以进行自我评价，自我反思；还有学生和家长，因为学生和家长都能直接或间接地受到教师教学行为的影响，学生和家长有权参与对教师教学行为和结果的评价，其评价能够促进教师更好地改进自己的教学行为、提高教学质量。

（五）对故宫课程群领导的评价

故宫课程群领导主要包括课程规划、组织领导、教师团队、政策保障、专业支持等方面。对课程规划的评价，主要包括对课程方案和课程计划的规范性、科学性、可行性等的分析评价。组织领导方面，考查课程组织领导体系是否健全，教师团队主要考查教师队伍现状、专业水平、教师培训等情况。政策保障主要考察是否有规范的课程领导制度，如课程审批制度、评价制度、奖励制度、经费保障等。专业支持主要考察专家参与程度等。

总之，对故宫课程群的评价主要分为以上五方面，这种划分只是依据课程开发与实施中的几大关键要素。需要强调的是，故宫课程群的评价既注重对每一个评价对象的评价，也注重对课程整体的评价。整体评价必须建立在对故宫课程群整体把握的基础之上，需要对具体课程的具体内容和实施情况、教师教学情况、学生学习情况等进行深入了解和综合评判。

三、故宫课程评价的支持系统

（一）教育行政与科研部门

故宫课程群属于学校课程，是在教育行政部门赋予课程自主权的条件之下开发与实施的。教育行政部门对学校和教师赋权增能，让学校真正发挥自我评价的积极性，承担自我评价的责任，增强了故宫课程评价的适用性，这是有效开展故宫课程群评价的先决条件。同时，故宫课程群的开发与实施的总体方案和每一门课程方案在学校课程委员会评价审核通过之后，还需上交教育行政部门的专业研究机构进行审核备案，这一过程实际上也是在对故宫课程群进行评价。教育科研部门对故宫课程群的开发与实施进行专业指导，增加了故宫课程群评价的专业力量。因此，教育行政与科研部门既是评价的监督者，又是评价的指导者。

（二）现代化学校治理体系

课程评价是一种对课程做价值判断的活动。不同的评价主体基于自己不同的立场和价值取向会做出不同的价值判断。故宫课程群评价强调多元主体协商式评价，体现评价主体的多元性。所以，这就要求学校不同群体都有权参与评价，都要被评价，这需要学校从管理转向治理，要求学校在课程领导模式上突破传统的层级式管理，向扁平化分布式管理转变，使得在故宫课程群开发与实施过程中能够全程评价、及时评价、客观评价，使得全校师生对故宫课程群的价值取得共识。同时，故宫课程群也需要师生、生生、干部与教师间形成相互平等、尊重的民主文化氛围，这样有利于互相进行对话和交流，促进故宫课程评价的有效性。此外，教师的自我反思意识和创新精神也是开展故宫课程群评价的重要支撑，只有教师在故宫课程群开发与实施过程中不断反思与改进，故宫课程群才能更新迭代，成为特色品牌课程，更好地为学生全面发展服务。

（三）校外专家与社会机构

故宫课程群是依托故宫文化资源，结合学科课程开发的一系列课程。在开发与实施过程中，校外专家对课程的专业性，对故宫文物的专业解读和文化挖掘都是学校教师无法独立完成的。在课程评价的过程中，对故宫课程群方案的分析评价，对故宫实施过程中的如游学活动和项目式学习活动中的专业指导和学生学习结果的评价，都有校外专家和社会机构的支持。在实践中，故宫课程群坚持共建共享的原则，邀请校外专家和社会机构参与包括课程评价在内的课程建设工作。

综上所述，在故宫课程群的评价体系（图 7-1）中，支持系统对课程评价活动提供政策支持、物质保障和专业指导；分析系统是对课程评价的核心要素加以明确，提出故宫课程群的评价内容主要是五方面，并分解细化评价指标，确定有层次的评价标准；操作系统是对五方面评价的评价指标、评价方法和评价过程进行管理和调控；目标系统是课程评价的最终目的。故宫课程群评价体系的四大系统是相互联系的一个整体，成为故宫课程群开发与实施的重要组成部分。

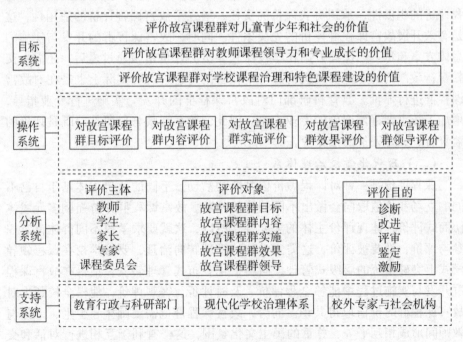

图 7-1　故宫课程群评价体系

第三节 故宫课程群评价过程

故宫课程群评价是一个动态的，贯穿课程开发与实施全过程的活动。在实践中，故宫课程群评价会经历这样一个过程：成立课程评价小组，研制评价指标体系，制订评价计划，按计划进行评价。下面以故宫课程群整体评价为例，说明故宫课程群评价的一般过程。

一、准备阶段

（一）成立课程评价小组

对于故宫课程群而言，有针对故宫课程群整体评价的课程评价小组，我们称之为课程群评价小组；还有针对课程群里具体某一门课程的课程评价小组，我们称之为故宫课程评价小组。这两类评价小组成员主要包括学校课程委员会全体成员、教师代表、校外专家、家长代表等。其中教师代表人数不少于总人数的三分之二，发挥学校教师的主导作用。课程评价小组制定详细的规程，定期组织会议，学习交流课程评价相关理论方法，研究故宫课程（群）评价问题。学期初，评价小组对教师申请提交的课程方案和课程纲要进行分析评价；学期中，对故宫课程（群）的实施过程与方法进行诊断、分析，提出改进意见和建议；学期末，对课程实施的整体效果进行分析评价。实践过程中，评价小组成员之间相互沟通交流，并在对故宫课程（群）的性质和理念、课程（群）的目标价值等方面达成共识，制定了故宫课程（群）评价工作规程和具体要求。

（二）研制评价指标体系

研制评价指标体系是课程评价中的关键环节，直接决定评价的最终效果。评价指标体系一般包括评价指标、评价标准、各项指标的权重系数以及指标评价的工具和方法等。故宫课程群评价根据不同的评价对象和内容，研制不同的评价指标体系。下面以故宫课程群整体评价为例，说明评价指标体系的研制过程。

1. 研究确定评价指标

课程评价小组通过文献研究和问卷调研，对学生、教师和家长等进行访谈，并组织专家咨询，初步确定评价对象和评价框架。然后，课程评价小组集体讨论确定故宫课程群的评价对象，主要包括课程群的目标、内容、实施、效果、领导五方面。在确定这五方面为评价指标体系的一级指标后，评价小组分别对每一指标下的二级指标进行讨论确定，分别为目标的一致性、目标的科学性、目标的引导性，内容选择、内容组织，实施设计、实施过程、实施评价，学生发展、教师发展、学校发展，课程规划、组织领导、课程保障，共14个二级指标。再对二级指标进行细化，共分解为41个三级指标（见表7-2）。

2. 研究确定指标权重

课程评价小组运用德尔菲法，通过"背靠背"的方式对相关领域专家进行书面咨询，经过四次反复咨询，最后得到较为一致的意见。其中，课程目标、内容、实施、效果、领导一级指标的权重系数分别为0.1、0.2、0.3、0.3、0.1；其他具体权重系数如表7-2所示。

表7-2　故宫课程群整体评价指标体系

一级指标	二级指标	三级指标	权重	评价方法
课程目标	目标的一致性	与国家培养目标一致	0.01	查阅资料 听取汇报 问卷调查 听课评课 座谈访谈
		与学校办学理念育人目标一致	0.01	
		与内部课程目标一致	0.01	
	目标的科学性	符合学生发展规律和需求	0.02	
		符合学科知识的性质和价值	0.01	
		符合社会发展的要求和趋势	0.01	
	目标的引导性	表述具体明确并且有可操作性	0.02	
		为不同学生提供不同发展空间	0.01	
课程内容	内容选择	体现学科知识与故宫文化的结合	0.04	查阅资料 听取汇报 问卷调查 座谈访谈
		符合学生的认知特点和规律	0.03	
		与课程目标相一致	0.03	
	内容组织	内容组织符合知识逻辑顺序	0.03	
		内容组织符合学生心理发展顺序	0.03	
		内容组织有横向关联和跨学科综合	0.04	
课程实施	实施设计	教学目标明确具体、可操作、可检测	0.04	查阅资料 听课评课 问卷调查 座谈访谈
		教学目标与课程目标一致	0.03	
		教学设计规范、科学	0.03	
	实施过程	实施过程充分发挥学生主体作用	0.04	
		教学策略方法多样	0.03	
		教学资源的充分合理运用	0.03	
	实施评价	评价方案完善具有可操作性	0.04	
		评价工具和方法科学合理	0.03	
		注重过程性评价并发挥评价激励作用	0.03	

续表

一级指标	二级指标	三级指标	权重	评价方法
课程效果	学生发展	故宫文化认知等文化基础得到发展	0.03	查阅资料 听课评课 听取汇报 问卷调查 座谈访谈
		学习故宫文化兴趣等自主发展有进步	0.03	
		传承故宫文化等社会参与得到发展	0.04	
	教师发展	教学理念与行为得到更新改进	0.03	
		故宫文化理解与传承能力得到提升	0.03	
		课程领导力与协作能力得到提升	0.04	
	学校发展	课程创新、特色逐渐显现	0.03	
		学校课程治理体系逐渐完善	0.03	
		成果提炼与辐射推广	0.04	
课程领导	课程规划	课程设计的前期调研论证	0.01	查阅资料 听取汇报 实地查看 问卷调查 座谈访谈
		课程方案、课程计划规范科学	0.01	
		课程群结构与设置科学合理	0.01	
	组织领导	有健全课程组织领导体制机制	0.01	
		有课程领导相关制度	0.01	
		校内外合作、共建共享机制	0.02	
	课程保障	有稳定的教师团队与专家团队	0.01	
		课程培训、研讨、交流	0.01	
		提供经费、场地、资源保障	0.01	

（三）制订评价计划

在完成评价指标体系之后，课程评价小组需要制订一份课程评价的计划，以便统一评价小组认识，明确分工，按照计划执行评价任务。在制订计划过程中，课程评价小组需要关注这些问题：评价什么？评价任务是什么？评价将会影响谁？哪些因素将会影响评价？评价中的关键问题是什么？评价目的能不能达到？通过这些问题，思考评价工作的准备是否充分，还需要做哪些前期工作。

评价计划主要包括：评价背景，阐述为什么要开展本次评价；评价目的，说明本次评价将会有什么结果，达到什么目标；评价设计，评价指标体系，评价所需要的资料，资料的来源，资料收集的办法、工具、计划；评价报告，说明评价报告的框架、评价结果的用途、评价报告反馈的对象和方式；评价任务安排及人员分工；等等。

二、实施阶段

评价计划制订之后，课程评价小组按照计划开始评价，在评价中根据评价指标体系和相应的评价工具、方法开展评价，收集信息，最后撰写评价报告，并提出意见建议，向相关人员反馈评价报告。

三、总结阶段

反馈过程既是将评价结果反馈给相关人员，也是对评价过程的一种梳理和反思，特别是对评价指标体系在实践中的应用是否合理的一种检验。因此，如果有些指标内容或权重系数存在不合理的情况，或者是评价信息收集得不够全面，那么就可以重新研制评价指标或权重系数，或者补充收集相关信息并做出更加全面的分析评价。

综上，故宫课程评价的一般过程分为三个阶段，如图7-2所示。课程评价的准备阶段，主要是成立课程评价小组、研制评价指标体系、制订评价计划；课程评价实施阶段，主要是执行评价计划，收集评价所需的各种资源，通过问卷调查、听课评课、听取汇报、座谈访谈、实地查看等多种方式对故宫课程群的目标、内容、实施、效果、领导等进行评价；评价的总结和反馈阶段，主要是撰写评价报告、反馈评价结果、提出课程改进的意见和建议。

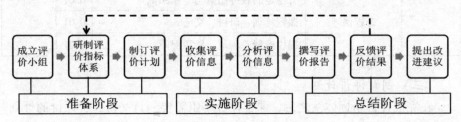

图7-2 故宫课程群评价过程

第四节 故宫课程群评价案例

为了更好地了解故宫课程群评价的具体内容和针对故宫课程群五个评价对象的具体评价情况，这里给大家提供一些案例，仅供参考。

关于故宫文化教育需求调查（教师问卷）

尊敬的老师：

您好！为了解故宫文化资源的利用情况，以及学校和教师对故宫文化资源的认识程度，请您协助我们完成这次问卷调查。本问卷采取匿名的方式，问卷的统计结果仅作为科学研究之用，希望您如实填写。

感谢您的合作与支持！

一、基本信息

1. 您的性别　□男　　　□女

2. 您的教龄是　□1～5 年　□6～10 年　□11～20 年　□20 年以上

3. 你的学历是　□大专　　□本科　　　□硕士研究生　□博士研究生

4. 您所教的科目是　□语文 □数学 □英语 □物理 □化学 □生物 □历史 □地理 □政治 □音乐 □体育 □美术 □劳动技术 □信息技术 □通用技术 □心理

5. 您任教的年级是　□初一 □初二 □初三 □高一 □高二 □高三

二、对于以下的表述，在相应的选项内画"√"

题目	非常同意	同意	不确定	不同意	非常不同意
1. 学生对故宫很感兴趣					
2. 学生对故宫的认识比较肤浅					
3. 学生愿意带着问题到故宫实地探究					
4. 学生对故宫历史和人物很感兴趣					
5. 学生不需要到故宫参加综合实践活动					
6. 故宫是重要的课程资源					
7. 故宫对学生理解传统文化具有重要的作用					
8. 故宫文化对学生坚定文化自信很重要					
9. 故宫资源可以方便地被学校利用					
10. 故宫课程资源还没有很好地被开发					
11. 学校领导应支持开展与故宫相关的活动					
12. 学校应开设故宫相关课程					
13. 学校应组织教师开展故宫文化培训					

续表

题 目	非常同意	同意	不确定	不同意	非常不同意
14. 学校应开展传统文化教育					
15. 学校不需要与故宫开展教育合作					
16. 我经常利用故宫课程资源					
17. 我对参观故宫很感兴趣					
18. 我愿意参加故宫文化教育相关培训					
19. 我对开发故宫文化教育相关课程感兴趣					
20. 我任教学科不需要与故宫文化相联系					

三、谈谈您对故宫文化的理解，以及您对故宫文化教育的意见和建议。

关于故宫文化教育需求调查（学生问卷）

亲爱的同学：

你好！为了调查故宫文化资源的利用情况，了解同学们对故宫的认识和对故宫学习活动的需要，请你协助我们完成这次问卷调查。本问卷采取匿名的方式，问卷的统计结果仅作为科学研究之用，希望你如实填写。

感谢你的合作与支持！

一、基本信息

1. 你的性别 □男 □女

2. 你所在的年级 □初一 □初二 □初三 □高一 □高二 □高三

二、对于以下的表述，在相应的选项内画"√"

题 目	非常同意	同意	不确定	不同意	非常不同意
1. 故宫只是旅游景点					
2. 故宫是世界文化遗产					
3. 故宫只是明清皇帝的宫殿					
4. 故宫里的展馆很吸引我					
5. 故宫让我对中国文化非常自豪					
6. 故宫对我理解传统文化具有重要的作用					

题　目	非常同意	同意	不确定	不同意	非常不同意
7. 故宫与我现在的学习关系不大					
8. 学校应组织我们参观故宫					
9. 学校应为我们开设故宫文化讲座					
10. 学校应开设故宫相关课程					
11. 学校应支持我们开展与故宫相关的活动					
12. 学校应成立故宫社团或学习小组					
13. 老师应在课堂上讲讲故宫有关的故事					
14. 老师应布置些有关故宫的实践活动					
15. 老师应多了解故宫相关的内容					
16. 我对故宫很感兴趣					
17. 我愿意参加故宫课程的学习					
18. 我愿意带着问题到故宫实地探究					
19. 我对故宫历史和人物很感兴趣					
20. 我没时间参加故宫综合实践活动					
21. 我喜欢阅读有关故宫的书籍					
22. 我不太关注故宫方面的内容					
23. 我对故宫的文创非常感兴趣					
24. 我愿意把故宫的故事讲给别人听					
25. 我希望有空的话经常去故宫					
26. 我希望对故宫专家进行访谈					

三、谈谈你眼中的故宫，以及你希望学校开展什么样的故宫学习活动。

对故宫课程效果评价的教师访谈提纲

1. 谈谈本门故宫课程的设计思路，特别是如何将学科知识与故宫文化相结合。

2. 您认为预期的故宫课程目标是否达到？如果没有达到，是什么原因？如何改进？

3. 本学期您是如何组织学生到故宫实地学习的？学生表现怎样？有何

体会？

4. 在您开发与实施故宫课程的过程中是怎样利用故宫课程资源的？

5. 您认为学校在故宫课程领导方面做得如何？还可以怎样改进？

6. 通过本门课程的开发与实施，您对故宫课程有了哪些新的认识和体会？

7. 您认为目前在故宫与学校教育相结合方面还可以怎样改进？

对故宫游学活动评价的教师访谈提纲

1. 您为什么要设计本次故宫游学活动？

2. 您是怎么设计本次故宫游学活动的？

3. 您是如何设计本次游学活动任务单的？

4. 您认为学生在本次游学活动中的表现如何？

5. 您对故宫游学活动有哪些意见建议？

对故宫游学活动评价的学生调查问卷

亲爱的同学：

你好！为了解故宫游学活动情况，为改进故宫游学活动设计提供建议和依据。问卷采用匿名形式，答案无对错之分，问卷的结果也不会对个人成绩产生任何影响，请根据实际情况作答。非常感谢你填写这份问卷！

1. 在出发前，你对本次游学活动目标和内容（　　）

A. 非常清楚　　B. 比较清楚　　C. 不太清楚　　D. 不清楚

2. 你是通过何种方式完成游学活动任务的（　　）

A. 独立完成　　B. 小组合作　　C. 老师指导

3. 在游学过程中，你是否做游学记录，如拍照、摄像、笔记等（　　）

A. 是　　　　　B. 否

4. 你做游学记录（拍照、摄像、笔记等）的主要目的在于（　　）

A. 拍照留念　　　　　　B. 拓展知识

C. 完成游学任务单　　　D. 其他

5. 在故宫游学中，当你遇到感兴趣或困惑的问题时，会通过哪些方式去解决（　　）

A. 询问老师　　　　　　B. 在研学地点寻找信息

C. 通过网络搜索信息　　D. 与同伴交流讨论

6. 你平均花费多长时间完成游学任务单（　　）

A. 10 分钟以下　　　　　　　　B. 11~20 分钟

C. 21~30 分钟　　　　　　　　D. 30 分钟以上

7. 对于本次游学活动，你感到（　　）

A. 非常满意　　　B. 比较满意　　　C. 基本满意

D. 比较不满意　　E. 非常不满意

8. 你认为本次研学旅行的活动安排（　　）

A. 非常合理　　　B. 比较合理　　　C. 一般

D. 不合理　　　　E. 较不合理

9. 你在本次游学活动中有哪些收获或体会？

10. 你认为本次研学旅行活动还有哪些地方需要改进？

表 7-3　故宫课程项目式过程记录表

项目名称		指导老师	
项目成员		完成时间	
工作进展	已解决的问题	待解决的问题	
第一周 月　日 至 月　日			
第二周 月　日 至 月　日			
第三周 月　日 至 月　日			

续表

第四周 　月　日 　　至 　月　日		
第五周 　月　日 　　至 　月　日		
第六周 　月　日 　　至 　月　日		

说明：每周填写本周的项目任务的工作进展，每周五由组长上交给指导老师
　　　已解决的问题：简要叙述本周项目完成的哪些工作，解决了哪些问题
　　　待解决的问题：简要叙述本周项目学习未解决的问题和下周需解决的问题

表7-4　故宫课程项目式学习研究报告评审表

项目名称		班级	
指导老师		课题组成员	
课程领域		评审时间	
一、书面研究报告			
选题的科学性	很好　较好　不太好	选题的可行性	可行　一般　不可行
报告表述	清楚　一般　不清楚	研究目标	适切　一般　不明确
研究内容	完整　一般　不完整	研究计划	合适　一般　不合适
人员分工	合理　一般　不合理	研究成果	合适　一般　不合适
二、现场报告答辩			
表达条理	清晰　一般　不清晰	团队协作	很好　一般　不太好
仪表仪态	很好　较好　不太好	时间把控	很好　一般　不太好
答辩反应	敏捷　一般　不太好	回答问题	正确　一般　不正确
三、综合评价			
研究报告综合成绩：　A（100）　　B（90）　　C（80）　　D（70）　　E（60）			

故宫知识竞赛题目①

一、必答题

1. 故宫为什么又叫紫禁城？

答：紫禁城名称的由来源于天上的紫薇垣。上古时期的中国人通过观察星象，发现满天星斗都是围绕着北极星在运转，因此他们有理由相信那是天帝居住的星座，并按照中国传统的文化赋予它一个吉祥的名称——紫微星。而皇宫又作为禁城，因此称为紫禁城。

2. 皇宫规制何为"左祖右社"？

答：紫禁城是在元大内的基础上，按照《周礼·考工记》中王室规制"左祖右社、前朝后市"建立起来的皇宫建筑群。紫禁城正是严格按照这一布局思想，沿一条南达永定门、北抵钟鼓楼，全长8千米的中轴线，建成了"五门三朝"的九重宫阙。以紫禁城为中心，两侧对称排开。左边是皇帝祭祀祖先的太庙；右边是皇帝祭祀土地和谷神的社稷坛；前边是国家施政的重要场所；后边神武门外有经商贸易的市场，称为"内市"。

3. 皇帝怎样举行登基仪式？

答：在即位仪式中，嗣皇帝首先要前往天坛、地坛、太庙、社稷坛举行隆重的祭告活动，然后在太和殿举行盛大的登基仪式。举行典礼的当天凌晨3点钟左右，紫禁城便开始了紧张忙碌的准备工作。嗣皇帝身穿白色孝服，等到钦天监官员高唱"吉时已到"，便在乾清宫先帝灵前行三跪九叩的大礼，敬告受命。之后便换衮冕，前往慈宁宫，在皇太后面前依礼行三跪九叩礼。与此同时，乾清门中门垂下幔帘，表示丧事暂停，恭候新皇入位。当嗣皇帝落坐在太和殿的金銮宝座上时，表明他已经正式成为君临天下的帝王。

4. 养心殿为什么是清朝的中枢心脏地区？

答：养心殿地处西六宫最南端。这里是清代皇帝居住的寝宫之一。养心殿真正成为清代皇帝的寝宫，是在康熙皇帝去世以后。养心殿自清代雍正帝移居此处以后，就成为清朝后8位皇帝日常办公和居住的场所，也成为清朝政治、军事和最高权力机构的中心。特别是军机处近在咫尺，有利于皇帝日常迅速处理军务要事。事实上，这里就是清朝皇帝的日常办公室，凡是官员引见、召对臣僚均在此进行。

5. 官员如何出入紫禁城？有凭证吗？

答：官员平时出入禁宫，要凭门籍。门籍上面写着该人的官爵级别、姓

名、相貌特征。所经之门各放一份，以备查核。夜间，紫禁城宫门关闭，若有紧急事务须奉旨开门，还要遵守一种"合符"制度。"合符"就是对合符节，上面涂金，携有阳文"圣旨"字样，外面用匣子装好，然后锁住，收藏在大内。夜间有事开门的时候，要到大内拿出阳文原符，与颁发的阴文符样对照相合，完全一致相符后，才准许开门放人。

6. 紫禁城的皇帝都住在哪些宫殿？嫔妃住在哪里？

答：康熙皇帝最早曾以养心殿为寝宫，但他的祖母孝庄文皇后以"皇帝住宫不住殿"的理由令他搬回乾清宫正寝。清代的雍正皇帝在康熙皇帝去世以后，以养心殿作为"倚庐"守孝 27 天，孝满之后却将这里当作正式寝宫。从此以后，清代后 8 位皇帝均以养心殿作为正式居住场所。明代皇后居住在正宫坤宁宫，皇贵妃、贵妃、妃、嫔等皇帝的宝眷们分别住于东西六宫。清代的皇帝大多居住在养心殿，坤宁宫仅是皇帝和皇后新婚之夜的喜房。

7. 皇宫怎么样举行迎春仪式？

答：中国古代在立春之时，有供春牛、春山的风俗。明清两朝每年立春时，顺天府要按钦天监所进的《春图》制三座春山，名叫"春座"。届时，大兴、宛平县令，将象征春耕和丰收的春山、春牛抬到午门广场前，举行"进春礼"，象征从这一天起，全国将开始春耕播种，并预祝这一年风调雨顺，五谷丰登。在午门前，顺天府、宛平、大兴县令率护春吏升春座，恭敬地宣布，将春牛和春山进奉给帝、后、太后。进献皇帝的春山，收贮在太和殿东暖阁；恭进皇后的春山，贮藏在保和殿东暖阁；恭进皇太后的春山，奉至慈宁宫安置在前殿暖阁贮存。同时，抬走旧岁所贡的各座春山。

8. 清代皇帝怎样进行军事典礼？

答：清代皇帝亲征非常有特色，有一种独特的典礼，称为"堂子祭天"。堂子，相传是取古代明堂会祀群神之意。皇帝亲征启行前三日，分别遣官祭告天地、宗庙、社稷、太岁。出征之日，遣官致祭道路、火炮诸神。皇帝亲自祭祀堂子，不随征的王贝勒、贝子等候于午门前，跪接圣驾出征。从征的王、贝勒、贝子等候于外金水桥，圣驾过时先行礼候随往。届时，皇帝身着戎装，佩刀，在护卫的前后簇拥下，乘骑出宫。午门随之鸣钟鼓。皇帝面向南立，率群臣行三跪九叩礼。礼毕，角螺齐鸣。皇帝起驾，乐队奏乐，亲军高举旗帜，随征将士浩浩荡荡地踏上征途。

9. 太和殿广场为什么不种树？

答：活动中要大摆仪仗，有旗、幢、伞及各种长柄武器，一起举开如树林一般遮天蔽日；除此之外，盛典中还有卫队和庞大的乐队。如果广场上广植树木，必定会妨碍仪仗，影响皇家威严。另外，不植树是为了避免出现"木克土"的大忌。自古以来，皇帝择中而居。而象征皇权的太和殿更是处于五行中央大"土"的位置，如果在太和殿广场上广植树木，就会犯"木克土"的大忌，对中央政权显然不利，因此，太和殿广场不种树。

10. 怎样划分外朝和内廷？主要功能是什么？

答：紫禁城主体分为外朝、内廷两大部分。外朝以著名的太和殿、中和殿、保和殿为中心，称为"前三殿"，包括天安门、午门，是国家举行重大典礼的场所；左右辅翼文华殿、武英殿区域，是皇帝讲经刻书的地方。后廷以乾清宫、坤宁宫、交泰殿为中心，统称"后三宫"，是皇帝、皇后居住的正宫；两翼左右对称排列着整齐的东、西六宫，共十二宫，是供皇帝的嫔妃及幼年子女居住的区域。内廷还包括养心殿，是皇帝日常办公处理政务的中枢重地；宁寿全宫，是乾隆为自己建的养老院；慈宁宫，为太后、太妃们颐养天年的居所。区分皇宫外朝、内廷的显著标志，便是保和殿后一处称为"横街"的小型广场。君主时期，这里是戒备森严的禁地。广场东边是景运门，西边是隆宗门。横街以南，是举行国事的外朝；横街以北，是帝后嫔妃的生活区。

二、抢答题

1. 紫禁城是哪个皇帝建的？有多少个皇帝在这里居住过？（朱棣，24 个皇帝）

2. 紫禁城的面积有多大？（占地面积 72 万平方米，现在建筑面积近 16 万平方米）

3. 紫禁城中最年轻的建筑是哪座？（太和门）

4. 故宫里的大铜缸是做什么用的？（储水防火、装饰）

5. 御花园的面积有多大？（1.2 万平方米）

6. 清朝最长寿的皇帝是谁？（乾隆）

7. 紫禁城内有多少座戏台？（10 座，保存完好的有 5 座：畅音阁戏台、倦勤斋戏台、漱芳斋戏台、风雅存戏台和长春宫戏台。）

8. 清朝哪两个皇帝以乾清宫作为寝宫？（顺治、康熙）

9. 交泰殿横匾上的字为？（无为）

10. 康熙帝生于哪个宫？（景仁宫）

11. 故宫中规模最大、规格最高的建筑是哪一个？它屋脊上的走兽数量是多少？（太和殿，10 个走兽）

12. 太和殿基座上象征皇帝拥有向天下万民授时权利的物品是什么？（日晷）

13. 故宫中的铜狮，其实是"狻猊"，相传是佛的坐骑，它们镇守在宫廷寓意皇帝掌握社稷，子嗣昌隆 。那么请问故宫中一共有几对铜狮？（6 对）

14. 故宫三大殿中，哪个殿是举行殿试的场所？并罗列出位列前三的称

谓。（保和殿是清朝每三年一次举行殿试的地方；殿试第一名称为状元，第二名是榜眼，第三名是探花）

15. 明朝万历年间第一位来到中国的意大利天主教耶稣会传教士是谁？（利玛窦）

16. 帝王在每年皇帝的生日、元旦、冬至三个日子在太和殿前广场举行国家仪式。历史上在此举行的最后一场国家仪式是什么？（抗日战争结束，华北战区正式受降仪式）

17. 紫禁城中唯一的一条河流是什么？（金水河）

18. 明代有名的"蟋蟀皇帝"是谁？（明宣宗朱瞻基）

19. 紫禁城里有一座西洋建筑吗？（东六宫之一的延禧宫，宫中称为"水晶宫"）

"故宫斗拱"项目式学习总结①

斗拱是中国特有的建筑结构，一般总是出现在较大型的建筑物上，它的产生和发展有着非常悠久的历史，后来逐渐成为等级、身份的一种建筑文化符号，表现了我国建筑民族风格。斗拱的造型体现了建筑受力构件与造型艺术的有机结合，它与屋顶独特的连接方法使其成为世界建筑中的一朵奇葩，对我国现代民族化建筑有重要意义。

这次斗拱模型制作课程的主要目的是通过动手操作的方式来加强我们学生对空间的认识以及制作模型的能力，锻炼到我们做事情的耐性，让我们明白细心理解模型制作在设计中的重要性，进而掌握模型制作的基本工具、方法和过程，锻炼手的实践能力、完善设计知识和设计实践能力以及团队合作能力。

手工制作使我在极高的兴致中锻炼了自己的动手操作能力，好与坏先不说，至少我专心致志地去完成，过程虽然很辛苦，但我很有成就感。

收集资料。制作模型前需要收集资料，通过资料对模型制作有一定的了解，这样模型制作才能事半功倍。我们不仅要跟着老师的教学步骤来一步步了解，还要自己主动地去搜索相关资料，也可以跟同学们一起探讨。

质感。模型的每一个细节在材质上我们都需要精挑细选。颜色和肌理都要尽力还原出我们所做建筑的原有味道。选择正确的模型材料是制作模型的重要一步，所以我们要认真对待，力求完美。

技巧。由于斗拱是中国建筑的重要结构，在制作过程中也要模仿榫卯结构等中国建筑的古典技巧，这对我们来说是十分困难的，但我们通过查阅资

---

① 本篇由北京市第六十五中学 2017 级高二（1）班孙世豪同学提供。

料、模仿等方式来进行制作，也成功制作出了"故宫斗拱"的模型。

通过本学期的斗拱模型的学习，我们对中国文化和中国传统木质结构建筑有了更深刻的理解。作为一个中国人，继承优秀传统文化，对祖先的智慧应时刻保有一颗敬畏之心，学习并传承祖先的劳动成果，并将其发扬光大是十分重要的。

关于校本课程"故宫双语导游"的几点思考①

为适应时代的发展、教育的需求，我校开设了一系列的校本课程。作为其中一门课"故宫双语导游"的任课教师，在教授该课的过程中，我从一个新的角度思考了课程的设置、跨学科教学、课堂管理以及校外实践课等相关问题。

一、兴趣是最好的导师，实用是最大的动力

"故宫双语导游"这门课具有一定的难度，然而选修的同学并不少。究其原因，首先是该课程具有综合性，涉及面广，它所包含的诸多元素如故宫、历史、中文、英语或导游等至少会有一方面契合学生的兴趣点。其次，这门课符合学生的实际需求。一名同学反映，和亲戚朋友一起去故宫，他充当导游，进行讲解，给大家带来了很大的惊喜。部分学生则会遇到接待外国人的机会，带着外国朋友去故宫，用英文给他们讲解，更是自豪感与成就感并存。最后，今年东城区高一年级期末统考，英语作文题目是介绍我国的一处名胜古迹，两名选修了"故宫双语导游"的同学用专业的语言介绍了紫禁城，得了满分，这是上选修课的意外收获，大大激发了他们的学习热情。

二、以优势学科带动薄弱学科，形成跨学科能力

由于"故宫双语导游"这门课涉及多方面的学科知识，而每个学生又都会有自己的优势所在，因此在授课过程中，我会特意引导学生发挥其优势，带动弱势学科，形成跨学科的综合能力。

关于故宫的一些专业介绍，有时用词比较深奥，学生们学起来比较困难。我自己去参加一些艺术收藏品的展览，会有这样的经历，汉语看不明白，看了英文才理解。这并不是说自己的英语水平高，而是因为汉语有时为了追求高雅，遣词造句会比较深奥难懂。而英语的翻译大多采用意译法，且用词一般比较简单，所以一目了然。针对这种情况，我要求英语基础好的同学可以先学习英文导游词，然后再对应翻译成通俗易懂的中文。而对于中文较强的同学，则要求他们先研读中文材料再学习英文。一名同学说，"故宫双语导游"就像课外培训班，从不同方面提升了自己的中文、英文、历史水平。尤

---

① 本篇由北京市第六十五中学朱娟老师提供。

其是英文，平时学教科书上的文章，他觉得内容离自己的生活有点远，且有点难。而学习关于故宫的内容，由于是先学中文，再学英文，所以会觉得比较易懂，并且讲的内容是自己可以实地考察的，学起来兴趣会比较高。由此可见，学科间有相互促进的作用，若能充分发挥，可以增强学生的综合能力。

三、激发问题意识，成就课堂精彩

"故宫双语导游"采取的是"学生为主体、教师为主导"的授课方式。教师引导学生发现问题、提出问题、探究答案、展示成果等。学生很喜欢这种方式，因为这个课堂在给予他们自由的同时又给了他们充分展示自我的机会。在这里，任何与话题相关的问题都是被鼓励和受欢迎的，每节课都有提问环节，比如在讲到太和广场上的大缸时，就有学生问："冬天在缸底下烧火，怎么烧啊？是不是像农村那样下面挖个洞，上面放个缸？"我问了班里的其他同学，发现大家都没去过农村，也没注意观察过故宫的大缸下面烧火装置是什么样的。于是，我首先让学生们大胆猜测，然后让提问的同学介绍农村的烧火方式，随后教师简单讲解故宫大缸的烧火设置，最后要求他们下次去的时候认真观察。

有时遇到教师和学生都不太清楚的问题时，我会要求同学们现场上网查询，随后分享答案。在老师的鼓励下，学生们提出了大量的问题，如"什么是榫卯结构？""轩辕镜是一面镜子吗？"……也正是在这种随时可以提问的课堂中，师生的知识面得到了拓展，对故宫的了解也更加深入，再次去参观时才能够不仅仅欣赏其表面，而能够探测其内涵及蕴藏的智慧。

四、实地考察实践，意义深远

该课程的实践部分很受欢迎。每次去故宫的路上，学生们都欢呼雀跃，谈笑风生，喜悦之情溢于言表。故宫内的活动主要分为两项：欣赏和导游实践。欣赏时，同学们都很兴奋，言谈之中流露出了对故宫这一伟大文化遗产的惊叹之感与热爱之情。与此同时，他们会把所看到的实物和课堂上所学的内容联系在一起，进一步夯实了所学知识。充当小导游讲解员时，学生们也都热情高涨、竭尽全力完成工作。他们的讲解不时会引来游客的驻足倾听，有的游客甚至会问："你们是导游学校的吧？"学生们的自信心和使命感也会因游客的赞赏而增强。

也许，选修该门课的孩子们在讲解技巧、仪表仪态方面比不上专业的导游，但他们把故宫的相关内容当成课题来研究，站的角度和一般的导游不太一样，讲的内容也会更独特些。

总体上来说，"故宫双语导游"这门课给学生提供了一个自由的课堂。在这里，师生平等、人人平等，每个人都有机会展示自己的优点，大家相互学习、共同进步。通过多样化的学习方式，课内外相结合的原则，学生在提升了语文、英语、历史等学科知识水平的同时，又培养了合作探究能力、表达沟通能力等综合素养。更重要的是他们对我国优秀文化遗产有了更深入更全面的认识，并能为其传播做出应有的贡献。

第八章

故宫课程群领导

    故宫课程群作为国家课程的重要补充，成为学校开展传统文化教育的重要载体，也成为学校建设精品特色课程的重要突破口。作为学校层面的课程，如何更好地满足学生发展需求，符合学校办学理念和育人目标，如何不断改进、更新迭代，实现可持续发展等这些涉及故宫课程群宏观层面的一系列问题，都需要学校干部和教师具备课程领导力，进行科学有效的课程领导，这就是本章要讨论的核心议题。本章主要围绕故宫课程群领导的基本理论、如何进行故宫课程群领导、故宫课程群领导成效三个问题展开讨论。

第一节　故宫课程群领导的基本理论

    课程领导是指在既定的情境中（如在学校中），领导者通过一定的方式来影响组织成员，以期实现组织的课程目标或愿景的过程。① 课程领导概念的产生有其政策、理论和实践的背景。教育部 2001 年颁布《基础教育课程改革纲要（试行）》标志着我国基础教育第八次课程改革的开始，提出了三级课程管理体制，即国家课程、地方课程和校本课程。这就使得地方和学校拥有了一定的课程自主权，国家课程校本化和校本课程开发成为改革热点。教育理论界也开始探讨"课程管理"与"课程领导"的区别，基本认可了"课程领导"取代"课程管理"。在学校实践中，课程建设，尤其是校本课程特色化建设成为学校特色发展的重要途径。在学校特色建设中，如何进行课程规划、提升课程质量，都需要强有力的课程领导。

一、故宫课程群领导的内涵

    在理论研究上，课程领导的内涵随着课程改革的进展和研究的深入逐渐丰富。研究者们对课程领导的界定角度多种多样：课程领导的功能，课程领

---

① 李臣之. 校本课程开发［M］. 北京：北京师范大学出版社，2015：224.

导者的角色、任务，课程领导与课程管理的区别，课程领导是一种行为或活动，等等。综合这些不同的界定，结合实际，本书将故宫课程群领导的内涵主要归纳为以下几方面。

（一）故宫课程群领导是统领故宫课程群开发与实施所有活动的总称

故宫课程群是基于学校实际，依托故宫文化资源开发与实施的一类校本课程。课程群领导就是对课程群的规划、开发、实施、评价、改进等的统领和引导。组织动员参与课程开发与实施的教师团队和专家团队，在课程群价值理念的引领下，开展各项活动。故宫课程群领导的主体可以是个人，包括校长和教师；也可以是组织或团体，如某一门课程的开发团队。故宫课程群领导是学校课程领导的组成部分。在故宫课程群领导中也分为校长的课程领导和教师的课程领导。校长的课程领导强调校长在行政事务和课程事务这两方面的综合领导，通过行政领导平台，实施课程专业领导，关注平等、开放、民主的学校文化和课程领导组织的创建。而教师的课程领导主要是为了发挥教师参与故宫课程群开发与实施的主动性、积极性和创造性，为教师提升专业水平和能力，促进教师的专业发展。

（二）故宫课程群领导是运用领导和管理相关理论、方法和策略完成课程开发与实施任务的过程

故宫课程群领导是故宫课程群与领导两个范畴的结合。课程群领导者运用管理学、领导学的理论、方法和策略对故宫课程群的学生学习、教师专业发展、课程与教学、资源供给、学校课程文化等方面进行管理和领导。在学生学习方面，了解学生在故宫课程方面的需求，分析学生对故宫文化认识的现状，指导学生开展故宫游学活动和项目式学习，对学生故宫文化理解与传承能力等进行评估等。在教师专业发展上，开展故宫文化专题培训，组织课程目标及内容设计专业指导与交流，形成故宫课程开发与实施研究共同体等。在课程与教学上开展理论研究，采取行动研究方法，制定科学规范的课程与教学的管理规程和相关制度等。在资源供给上，统筹校内校外资源，构建故宫课程群资源体系，建立故宫课程群专家资源库、课程资源库、在线资源库等。在学校课程文化上，在课程群开发与实施的过程中建立团结协作、平等包容、民主开放的团队氛围，实施课程权力分享，课程开发教师参与课程决策。在课程评价中充分交流意见建议，形成改进提高、共建共享的课程文化。

（三）故宫课程群领导通过提升干部教师课程意识和课程组织领导力，培养儿童青少年故宫文化理解与传承能力，促进他们德智体美劳全面发展

故宫课程群领导主要通过对课程开发技术和课程文化的领导来实现。通过学习课程教学相关理论，转变更新教师陈旧的教学观、学生观、知识观、学习观，增强教师的课程意识，并能在实践中大胆尝试和运用，建立以故宫

课程为单元的研究型学习组织。故宫课程群教师团队的观念和行为能有效地迁移到平时教育教学工作中。同时，这一过程既提升了教师的课程意识，又逐渐规范了课程的开发与实施，还提升了学生对故宫文化的理解与传承能力。

总之，故宫课程群领导坚持人性化的组织管理观，故宫课程群开发与实施团队是一个合作性的协作系统，注重权力的分享而不是掌控，主张分布式领导，突出领导主体的多元化，尊重教师课程领导的主体地位，提升和发挥教师课程领导力。

二、故宫课程群领导的层次

从我国课程领导的层次看，有国家层次，其主体是国家教育行政部门；有地方层次，其主体是地方教育行政部门；有学校层次，其主体是学校行政部门和教师。其中学校层次还可以分为全校层次和班级层次。① 显然，故宫课程群课程领导的层次属于学校层次。但需要注意的是，在谈论故宫课程群领导的层次时，不能只关注学校层次，忽略其他层次，而需要考虑不同层次的不同分工与相互协调，发挥各自优势，形成一个整体，发挥课程领导的系统作用。作为三级课程领导体系中最低层级的学校课程领导的组成部分，故宫课程群领导要受制于国家课程领导和地方课程领导，从课程计划到课程实施上，故宫课程群的开发与实施都是在国家课程的大框架下进行。例如，故宫课程群目标制定的依据、内容的选择、课程的类型和实施的时间都要与国家课程领导要求相一致。同时，故宫课程群领导又具有相对的独立性，可以在一定的时间内，相对灵活地选择内容与方式。

从故宫课程群的领导层次看，可以分为故宫课程群全校层次和单一课程层次。全校层次是指对全校所有门类的故宫课程群进行课程领导，单一课程层次是指对具体一门课程的课程领导。这种层次的划分，是依据课程所属权限来划分，全校层次课程领导的主体主要是学校课程委员会，具体一门课程领导的主体就是这门课程的开发团队。故宫课程群领导层次不同于传统的学校行政领导层次，是扁平化分布式领导结构，突出课程开发教师和教师团队的领导权力，减少学校领导与教师之间的层级。故宫课程群开发与实施团队、学校校务委员会、课程委员会、教师发展中心、学生发展中心、学校发展中心之间可以直接互动，因此，在故宫课程群领导层级中实现校长与教师直接对话，课程委员会与课程开发教师平等交流。

---

① 王利. 学校课程领导研究［D］. 兰州：西北师范大学，2007.

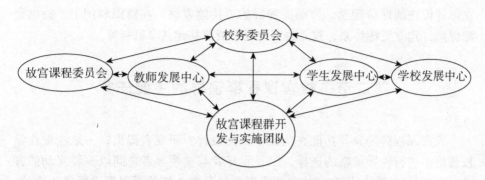

图 8-1 故宫课程群领导主体及相互作用

三、故宫课程群领导的角色与功能

（一）故宫课程群领导的角色

故宫课程群领导者在课程实践中扮演不同的角色。研究者们对课程群领导角色的研究主要集中在校长的领导角色和教师的领导角色上。故宫课程群在文献研究的基础上结合学校实际，提出校长的课程领导角色是引领者、服务者和促进者。引领者，主要是提出符合学校的办学理念和育人目标在故宫课程群中的理念，包括开发与实施各环节工作的价值取向。服务者，主要是为故宫课程群开发与实施提供学校层面的政策支持、制度保障和经费保障，为课程建设和教师发展提供服务。促进者，主要是对故宫课程群实施效果，组织力量开展诊断分析，调控开发与实施过程，促进课程创新，提高课程质量。教师的课程领导角色是实践者、合作者和创新者。实践者，主要是在课程理念的指引下，将学科知识与故宫文化相关联，确定故宫课程目标和内容，做好课程规划，研制课程方案和计划，开展故宫课堂教学与评价等。合作者，是指故宫课程仅靠教师个人力量难以完成，必须在课程群开发团队与专家团队的协作下才能完成。创新者，是指故宫课程群的开发与实施，对于教师来说是难度很大的一件课程创新工作，既需要对本学科和其他学科知识的整合能力，又需要对故宫文化进行深入研究，将故宫文化资源转化为课程资源。

（二）故宫课程群领导的功能

故宫课程群领导的功能主要体现在对故宫课程群的组织领导、课程规划、目标制定、内容选择、实施路径、分析评价等各个环节。课程领导对课程群发展的整个过程都起到重要的作用。在组织领导上，成立故宫课程委员会，负责课程规划和课程群的顶层设计，特别是要明确故宫课程群的目标定位和价值定位。在课程群实施上，课程领导的功能主要是建立教师间合作的团队文化，关注教师教育教学观念的更新、教学行为的改进，善于运用故宫文化资源创新教学方式，通过跨学科学习培养学生综合能力。在分析评价上，树立以评促建的评价理念，推动课程群的可持续发展。在资源利用上，提供资源保障，建立资源体系，建立故宫课程群资源共建共享机制等。

第二节 故宫课程群领导的主要任务

故宫课程群的领导功能在实践中如何发挥？研究者提出，一是注重在学校情境中进行领导策略的选择，二是领导者与被领导者之间以一种互动的方式形成领导实践。[①] 因此，故宫课程群领导是与学校的课程领导紧密相连的，需要考虑学校的文化传统、区位优势、教师队伍现状等。本节主要就如何进行故宫课程群领导进行探讨。

一、故宫课程群的规划与实施

故宫课程群的规划是指对故宫课程群的设计、实施、评价等进行全面规划。故宫课程群的规划分为如下几个步骤：第一，在分析学校情境基础上提出课程发展愿景；第二，制定故宫课程群相关政策；第三，故宫课程群方案的编制；第四，制定具体的行动方案，明确具体目标、工作进度、人员分工、条件保障等；第五，监控与评价，确保规划落地落实。下面以故宫课程群开发方案为例，说明课程群开发前期的课程领导任务。

故宫课程群开发方案（讨论稿）

一、指导思想

以"致知力行、和美共进"学校办学理念为指导，依托故宫博物院丰富的课程资源，建设"故宫"系列校本课程，形成学校校本课程特色。

二、工作目标

通过前期调研和专家指导，形成故宫系列校本课程的基本框架和体系，开发出系列校本课程，为全校学生提供校本必修课和选修课。

三、工作任务

（一）成立课程开发领导小组

由教学处牵头，教育处、教科研、课外办共同参与前期规划设计，形成具体的故宫系列校本课程方案和推进计划。

（二）成立开发小组

各学科教研组长、世界遗产教育课题组成员、学科指导组成员

---

① 李臣之. 校本课程开发 [M]. 北京：北京师范大学出版社，2015：240-241.

（三）研制课程方案

1. "故宫"系列校本课程目标

（1）总目标

全方位了解故宫博物院，体会中国古代劳动人民的智慧，树立保护人类优秀文化遗产的观念和可持续发展理念，传承优秀中华文化，成为中华文化的使者。

（2）具体目标

①以游客的视角了解故宫博物院，感知故宫博物院。

②从不同学科视角了解故宫博物院，在故宫博物院运用学科拓展性知识。

③培养学习探究能力，树立保护遗产、热爱遗产的意识。

④培养民族文化自豪感和自信心，提高文化国际交流意识。

2. "故宫"系列校本课程内容

系列课程主要是从三个方面来加以设置：第一方面是"故宫"基础课程，主要内容是介绍故宫的景观、历史等；第二方面是"故宫"拓展课程，主要内容是各个学科与故宫博物院相结合，比如"故宫双语导游""故宫中的楹联""故宫中的书法""故宫中的瓷器""故宫中的几何""故宫中的物理""故宫中的化学""故宫中的环保""故宫中的历史人物"等；第三方面是"故宫"综合课程，包括多个学科的综合，比如"故宫与中华文化""故宫与现代科技""故宫与世界文化遗产""故宫的保护与开发"等。

表8-1 "故宫"系列校本课程框架一览表（示例）

课程类型	课程名称	目标与内容	开发人员	适用年级
基础课程	1-1 走进故宫			
基础课程	1-2 我眼中的故宫			
基础课程	1-3 故宫游览			
拓展课程	2-1 故宫中的楹联			
拓展课程	2-2 故宫中的书法			
拓展课程	2-3 故宫中的匾额			
拓展课程	2-4 故宫中的数学美			
拓展课程	2-5 故宫中的几何			
拓展课程	2-6 故宫双语导游			
拓展课程	2-7 故宫中的物理			
拓展课程	2-8 故宫中的化学			

续表

课程类型	课程名称	目标与内容	开发人员	适用年级
拓展课程	2-9 故宫中的瓷器			
拓展课程	2-10 故宫中的国画			
拓展课程	2-11 故宫中的历史人物			
拓展课程	2-12 故宫中的封建等级制度			
综合课程	3-1 故宫与中华文化			
综合课程	3-2 故宫与现代科技			
综合课程	3-3 故宫与世界文化遗产			
综合课程	3-4 故宫的保护与开发			
综合课程	3-5 故宫的文化与宣传			

3. 课程实施

（1）课程开发程序

教学处公布开发方案→教师、备课组设计开发计划→教师或备课组申报开发计划→领导小组批准→教师编写→提交课程文本→评审教师开发课程→开课

（2）课程设计书内容提纲

①课程题目

②课程编写者姓名

③课程目标

④课程开设的重要意义

⑤课程课时

⑥课程内容提纲

⑦内容组织（单元结构、课时结构）

⑧已有课程资源简述

⑨学生兴趣预测

4. 课程评价

（1）对课程开发实施者的评价：学校课程开发领导小组在广泛征求教师意见的基础上，研究制定评价细则，形成开发者的最终综合评价。

（2）学生评价：按细则采用等级评价；各要素中主要以学生参与过程的评价为主，结果的评价为辅；开展多种形式的校内外学生成果展览，相关情况记入学生成长记录袋。

四、近期工作安排

根据工作目标，按照系列课程开发工作的整体安排，力争 2015 年 9 月份

在全校推出"故宫"系列校本课程。

表8-2 "故宫"系列校本课程开发工作推进表

序号	日期	工作内容
1	2015 年 4 月底	课程开发领导小组讨论开发方案,确定开发任务和进度
2	2015 年 5 月上旬	课程开发组任务布置会,解读方案,征集需求
3	2015 年 6 月中旬	课程开发第一次研讨会,邀请故宫博物院专家
4	2015 年 7 月中旬	课程开发第二次研讨会,研讨教师提交的课程设计书
5	2015 年 8 月中旬	课程开发第三次研讨会,确定 9 月需开设的系列课程
6	2015 年 9 月	开设故宫校本系列课程
7	2015 年 12 月	课程开发第四次研讨会,中期成果汇报研讨

从上面的故宫课程群开发方案可以看出,故宫课程群开发的指导思想明确,坚持学校办学理念和育人目标,工作目标具体,任务清晰,并且对近期工作做了详细安排,这样就使得故宫课程群的开发具有很强的可操作性,让课程开发团队很快就可以明确工作目标和任务,为下一步组建团队、开展故宫课程设计指明了方向。

二、故宫课程群开发的技术指导

在故宫课程群开发的技术指导上,主要是对故宫课程群开发与实施过程中的目标制定、内容选择与组织、课程实施、课程评价等关键环节进行技术指导和把关,审视课程开发的基本要求,实现课程开发与实施的规范化,逐渐建立健全故宫课程群开发与实施的相关制度,完善故宫课程群开发与实施机制。在实践中,将各种制度整理归纳,形成了《故宫课程群开发指南》《故宫课程群选课指南》等。

故宫课程开发与实施管理办法(试行)

一、故宫课程开发与实施管理

(一)组织管理

成立故宫课程委员会,校本课程开发与实施评价组。

(二)制度建设

制定《故宫课程群开发实施方案》《故宫课程开发指南》《故宫课程申报、审定表》《故宫课程选课指导手册》等。

（三）教学管理

1. 任课教师认真备好每一节课，按计划实施，教学处随机听课检查。

2. 教师必须有计划、有进度、有教案，有学生考勤记录。

3. 教师应按学校整体教学计划的要求，达到规定的课时与教学目标。

4. 教师应保存学生的作品、资料以及学生在活动、竞赛中取得的成绩资料。

5. 任课教师要认真写好教学反思，及时总结经验。

6. 每学期召开一次故宫课程研讨会，展示优秀教师的成功经验，解决存在的问题，及时总结故宫课程的实施情况。

（四）开发管理

1. 各教研组每年至少开发出高质量的校本课程 2 门，实施过程中由教研组长负责领导并组织。

2. 每位教师都要参加学校组织的校本课程开发方面相关知识的培训。每人要开发一门校本课程。三年内，至少有能力独立开发一门选修课校本教材。

3. 对开发出来的校本课程，学校校本课程委员会将负责评审，对优秀的校本课程整编成册。

4. 学校教学处将定期检查教师校本课程的实施情况，并做出评估。

二、校本课程开发与实施的评价

对故宫课程的有效性评价，以学校课程资源为基点，以开发与实施过程为主线，以学生发展为目的，既要评价校本课程开发的程序和内容，又要评价教师和学生在课程实施过程中的行为和体验，还要评价校本课程作为教育信息载体在学校教育中所起的作用。学校对校本课程的开发与实施进行全方位的评价。

（一）评价原则

1. 科学性原则：运用科学的评价方法进行课程评价，从而提高评价的准确性。

2. 可操作性原则：评价方法力求简单可行，可操作性强。

3. 合作性原则：能体现师生合作的效果。

4. 实用性原则：对课程评价要注重考查学生的收获，并能作为学生学分考核的依据。

5. 全面性原则：评价中体现教师对学生的评价，学生自我评价，学生对教师的评价。

（二）评价维度

1. 对课程的评价：包括对课程本身的评价和对课程开发方案的评价。

（1）对课程本身的评价

对课程本身的评价可从以下方面进行评价（具体根据课程纲要和学生

调查):

①目标定位是否准确

②方案设计是否具有可操作性

③内容实施是否具体生动

④方法选择是否多样合理

⑤时间安排是否恰当

⑥教学效果是否令人满意

(2) 对课程开发方案的评价

即评价教师的课程纲要和教材的科学性、合理性。

2. 对教师的评价

故宫课程以教师为课程开发的主体,在评价校本课程时,有必要考虑教师的态度、行为以及教师实际的收获。如:教师是否自觉自愿、积极主动地参与课程开发与实施;课程的受学生欢迎程度;教师在实践中是否发挥了自己的聪明才智、是否科学规范地从事课程开发与实践,如做调查、写反思、收集资料,编写课程纲要、撰写论文等;教师在参与课程开发中的实际收获,如有的教师在开发课程的同时使自己补充了知识、锻炼了能力,有的教师通过课程的开发实践形成了教育科研成果等。

3. 对学生的评价

对学生学业的评价采取过程性评价和终结性评价相结合的方法,结合学生的出勤、平时学习的认真程度、团结协作、学习成果、参与活动的态度、创新精神和实践能力的发展水平、终结性测评等情况进行评价。

(1) 学生上课出勤率评价。

(2) 教师根据每节课学生的活动表现 (学习态度、学习能力、学习效果、创新精神) 做出评价。

(3) 测验或考试评价。

三、校本课程开发与实施的保障

(一) 师资保障

加强教师培训,重视教师综合素质的提高,发挥教师在培训中的主体地位,努力构建有效的校本培训模式。

(二) 技术保障

聘请专家全程指导,为学校校本课程体系的建设提供有力的技术支撑。广泛争取市区教委、社会、故宫、家长的支持,充分发挥故宫文化资源的优势,为校本课程资源的开发夯实基础。

(三) 硬件保障

学校多对现有资源和设备进行整理、调配、使用,同时学校增加经费投入添置设备设施，充分利用远程教育资源和网络资源。

《故宫课程群开发与实施管理办法（试行）》是在文献研究和行动研究的基础上形成的，既符合理论上的要求，也与学校的实际、教师和学生的现状相符，具有学校特色。

故宫课程群开发采取项目管理方式，有教师团队联合专家团队申报课程开发项目，经课程委员会审核申报表和相关材料，审核通过后，教师团队开始故宫课程设计。故宫课程设计完成后，故宫课程委员会对故宫课程方案和内容等再次进行审核，通过后，可以成为学校选修课程资源库的备选课程。教师团队的教师可以申请在全校开设此门故宫课程。

表 8-3　故宫课程开发立项申报表

课程名称		开发团队	
课程领域		专家团队	
适合年级		课时数量	
课程目标			
课程内容			
教学计划			
故宫资源			
评价办法			
备注			

图 8-2　故宫课程教学管理流程

三、提供政策支持和条件保障

（一）组织保障

故宫课程群的建设是学校特色精品课程建设的重点任务。在实践中，以北京市教育科学"十二五"规划课题《故宫系列课程开发的实践研究》为重要载体，成立由课题负责人、副校长为组长的故宫课程开发领导小组和以各学科骨干教师为课题组成员的故宫课程开发小组，充分保障了课程群研究、开发与实施的有序推进。

（二）师资保障

在师资方面，以故宫课题组成员为主挖掘故宫博物院与学校课程的最佳结合点，各学科骨干教师参与其中，在教师团队中有故宫博物院志愿者，还有教育科研的骨干教师，这些为建设故宫课程群提供了有力的保障。

（三）专家保障

在建设故宫课程群的过程中，我们组建了故宫专家队伍和课程专家队伍。故宫专家包括故宫博物院一些展馆的专家和文物保护专家以及对故宫文化有深入研究的故宫志愿者。我们聘请了人民教育出版社、北京师范大学以及市、区课程部门的专家，他们对我们开展故宫课程开发与实施提供了专业上的支持和把关。

（四）经费保障

为了推进故宫课程群建设，市区教育部门对学校给予了大力支持。我们在"东城区课程改革专项经费""东城区文化传承2030工程专项经费""东城区优秀人才资助项目"等为学校开展课程群建设提供了经费保障。同时，我们在学校绩效奖励上对参与的教师给予项目奖励。

（五）制度保障

学校将故宫课程群纳入学校课程体系，按照学校课程建设方案和设置方案以及课程管理要求进行规范管理，在学分认定、课程评价、课程管理等方面执行学校课程制度。同时，我们将故宫课程群建设作为学校发展规划中课程建设的重点任务，通过建设以故宫课程为代表的人文课程促进学校特色发展。

第三节　故宫课程群开发与实施的成效

故宫课程群开发与实施的成效是通过对故宫课程群的实际效果来看的，

可以从课程开发的三个基本问题来看：为谁开发，谁来开发，怎样开发。① 具体而言，就是看故宫课程群是否真的符合学生故宫文化上的需要，是否真的促进了学生的文化的基础提升、自主发展和社会参与的发展，是否增强了学生对故宫文化的感悟力和理解力，等等。通过校长和学校的赋权增能，教师作为课程开发的主体，在此过程中是否提高了故宫文化的理解与传承能力，是否提高了故宫课程领导力。在开发与实施过程中，积累了哪些经验，形成了何种开发模式，在故宫文化资源转化为课程资源上有哪些可资借鉴的经验和方法。

一、提升了学生对故宫文化的理解力，培养了学生的综合能力

在故宫系列校本课程开发的过程中，学生既是参与者也是受益者。通过对故宫系列课程的学习，学生对故宫文化有了更加深入的了解，对中华优秀传统文化有了更深刻的认识。许多学生都在自己的课后总结中写到，上选修课前对故宫只是粗浅的认识，以前去故宫仅仅是游玩，欣赏一些表面的景观，而在学习后再次去故宫，能够细致观察、深入思考、联系历史，探索故宫珍宝背后的"匠人精神"，身临其境地体味它的美、它的沧桑、它深厚的文化底蕴，并为之感到自豪。这在潜移默化中增强了他们的民族文化自信。

故宫系列课程群结合了各个学科，教师在授课中不再是单纯地传授某一学科的知识，而是以故宫为载体，把理论和实践结合在一起，使得学科知识更贴近生活，更具有实践性。通过对这些课的学习，学生们增强了对相关学科的学习兴趣，更是提高了动手能力和实践能力。例如，"故宫历史"课上的学生觉得在故宫里边欣赏边学习，使得他们对历史变迁、等级制度等历史知识理解得更加深刻、透彻。"故宫双语导游"的学生们认为自己在传播故宫文化知识的同时，增加了英语的翻译能力以及口语表达能力。

该课程群的多样化、综合性为学生提供了更多、更广阔的平台，促进了他们个性化的发展。比如"故宫中的色彩"课上的学生陈宇飞、田芳已参加故宫博物院举办的"画蝶成寿"美术实践活动，获得好评。"来自故宫的礼物"课上的学生王一菲、王硕、汪鑫磊在北京市首届中小学生技术创意设计现场展示活动中，展示了故宫脊兽的制作，获得了优秀奖。"故宫经典结构赏析"课上的学生王曼晴、李帅制作的故宫凉亭分别在东城区社会大课堂学习成果展示中获得一等奖、第三届北京市中小学生社会大课堂学习成果展示中获得二等奖。"故宫双语导游"课的学生石淼参加了第二十五届北京国际图书

---

① 李臣之. 校本课程开发的三个基本问题 ［J］. 课程·教材·教法, 2012, 32（05）: 8-14.

博览会的"一带一路少年讲堂"，为来自中外的与会者用英文介绍了故宫与世界其他四大宫殿的不同，她精湛的英文水平及清晰透彻的讲解得到了大家的好评。通过对学生们的问卷调查，我们了解到由于故宫课程注重培养学生的学习方法与能力，学生在学习了这些课程后，不仅知识面得到了拓展，自信心、表达能力、动手能力、钻研能力也都得到了显著提高。

二、拓宽了教师的研究视野，提升了教师的课程领导力

经过这几年的课程建设，我们培养了一大批在故宫课程开发与实施上有想法、有做法的优秀教师。他们在课程建设过程中得到了锻炼，不断更新教育观念，改进教学行为，专业素养得到了极大提升。实验教师在实践研究中总结经验撰写论文共40余篇，并有多篇在全国或全市的论文征集活动中获奖。

在开发和实施故宫系列课程群的同时，教师们的知识面得到了拓展，课程领导力也随之增强。课题组的蔡蔺老师、李政老师应邀参加全国中小学数字化教学研讨会，他们分享的课例均获得特等奖。张戍敏老师利用工作之余的时间将故宫里每一块导览牌上的文字录入电脑，结合学科的内容，用到故宫的校本课程里。范海铮老师因教授"故宫珍宝"这门选修课，更加了解、喜欢故宫，参加了故宫志愿者的招募活动，并在众多候选者中脱颖而出，成为故宫博物院志愿者，他把当志愿者的经历与收获又融入自己的教学之中。

实践研究带动了教师们开展文化自信教育的积极性。他们在教育教学工作中自觉地把自己所教学科的内容与故宫中的代表中华优秀传统文化的经典内容相结合，并应用到自己的课堂教学中。近年来，学校涌现了一批"故宫研究专家"，教师们对故宫文化的认识更加深刻，逐步找到了培养学生文化自信的一些规律和方法。

三、形成了学校的课程特色，促进了学校的特色发展

故宫课程群的建设为学校的特色发展增添了亮色。经过多年的努力，我们逐渐形成了"三层次、四领域"的和美课程体系，并实现了"国家课程校本化，校本课程特色化，特色课程精品化"的课程规划。在这一过程中，故宫系列课程群起到了很大的促进作用。经过10多年的努力，我们积累了近20门受学生欢迎、质量较高、具有学校特色的故宫系列校本课程。在这些课程中，我们把数学、英语、语文、历史、地理等文化课融入其中，让学生在独特的情境中学习这些课程，使得国家课程校本化。

故宫课程群中的"故宫脊兽""故宫凉亭""故宫3D打印"等已逐渐成为学校的精品课程。此外，还编写了《品阅故宫》《我们的世界遗产》《故宫

双语导游》《故宫文化》《故宫科学》这 5 本故宫系列课程实验读本。校本读物对故宫课程群的成果起到了固化和传播的作用，受到学生和其他学校老师们的喜爱。

在故宫课程的开发和实施过程中，我们制定了六十五中的课堂教学基本原则：学生能够自信表达、大胆质疑、积极参与；教师能够充分信任、有效激励、积极参与。而这些标准也适用于我们的日常教学，并成为我校的一项课堂常规，得到了广大师生的认可。

从 2015 年起，故宫系列校本课程连续四年被北师大中国教育创新研究院评为教育创新优秀成果，四次入选中国教育创新成果公益博览会。2015 年 6 月，亚太可持续发展教育专家会议在我校召开，我校故宫课程得到与会专家的高度评价。故宫课程的相关研究论文和报道多次在《现代教育报》《基础教育课程》《北京教育》《北京教育学院学报》《东城研修》刊载。这些成果提升了学校影响力。故宫课程已经成为学校的特色课程，故宫课程也正在成为学校发展的一大品牌。

四、深化了院校合作的内涵，提供了馆校合作的校本方案

学校积极与故宫博物院合作，形成良性互动，发挥学校教育和博物馆教育的各自优势：故宫博物院的专家对文物和历史有专业的研究，具有深厚的文化积淀和理解力；学校教师对学生的需求和学习规律有了清楚的了解，能够将故宫内容与学校课程内容有机融合。课程专家对学科课程内容有专业的把握。故宫课程开发与实施团队与故宫专家、课程专家定期召开联合教研活动，分享各自课程开发上的成果与经验，相互学习与交流，在合作中学校开发了独具特色的课程内容，可以说故宫课程群的开发与实践研究为馆校合作提供了一个典型方案。

（一）课程开发的开放性和多元性

故宫课程群的开发重在对故宫课程内容的选取上，在细致科学地梳理分析三级课程内容和研究挑选故宫博物院文物资源的基础上，实现了与国家课程内容的有效衔接、与故宫资源的有效衔接、与文化自信培养目标的有效衔接。另外，依托学校附近的故宫博物院教育资源开发具有学校特色的校本课程，我们在课程开发路径上充分发挥学生主体、教师主导、专家支持的合力，并且将这三方力量作为一个循环递进的系统，以此协调推进课程开发。这表明故宫课程的开发是一个学校、社会资源单位、相关专家学者多元主体共同参与的一个开放式的开发过程，而不是传统意义上国家课程和地方课程由专家学者为单一主体那种较为封闭的开发模式。所以故宫课程的开发也是一个多元主体共建、共享教育资源和教育成果的一个过程。

（二）课程内容的综合性与实践性

故宫课程群内容是以故宫博物院的资源为载体，依据中学课程标准，进行各学科内容的整合、拓展的综合性设计。比如，"品阅故宫"是将故宫的历史、人文、地理、和故宫各个展馆的基本情况综合设计的。"故宫科学"涉及故宫中的数学、物理、化学、生物、信息技术、通用技术等相关内容，包含研究性学习和综合实践活动等。此外，课程内容强调实践性，故宫课程除了常规的理论知识学习以外，更为重要的是让学生参与动手实践、亲身体验、参观考察、研究观察、采访导游等多种实践活动，在实践活动中学习知识，锻炼能力，提升素养。

（三）课程实施的多样性与自主性

故宫课程群以培养中学生文化自信和核心素养为目的，在实施中遵循文化自信培养的实践逻辑"致知、激情、诚意、力行"，达到"知情意行"的和谐统一，在此基础上通过场馆学习等多种实施路径，引导学生经历"故宫之学、故宫之问、故宫之思、故宫之辨、故宫之行"的学习环节，完成了学生从文化认知到文化自信的内化过程。故宫课程群尊重学生的自主选择，不同学段和不同爱好的同学都可以在故宫课程群中加深对故宫的理解，增强文化自信和价值认同。

五、产生了积极的社会影响，推动了传统文化教育

（一）成果的展示与交流

故宫课程连续三年入选中国教育创新成果公益博览会，每次都引起了大家的广泛关注，影响力较大，起到了非常好的效应。

2017年8月20—22日，课题组参加了第三届中国教育创新成果公益博览会。举办了"故宫系列校本课程开发的实践研究"沙龙，师生围绕故宫课程做了精彩的展示，分别展示了"故宫双语导游""故宫的建筑""故宫的特色工艺品"。

2018年10月故宫课程入选第四届中国教育创新成果公益博览会。北师大中国教育创新研究院郑琰副院长认为，六十五中开发故宫课程是在寻文化之根，找到了我们血脉里的文化基因。在与故宫博物院的合作交流中，故宫博物院宣教部教育培训科姜倩倩科长在交流时谈到，参加这次活动感到欣喜，看到学校开发故宫课程为故宫感到自豪。通过学生展示感到惊喜，学校不仅有常见的博物馆课程还有与现代技术相结合的故宫课程，比如"故宫虚拟现实""故宫3D打印"。范海铮老师还就故宫课程以及故宫志愿者等方面做了精彩的介绍，沙龙取得了良好的反响。我校还举办了工作坊，与参加工作坊的同行们进行了深层次的交流和沟通，对交流双方以后的工作起到了启发和推进作用。

2017年1月11日，我校故宫课题组成员赴故宫参观学习，并与故宫宣教部针对馆校合作教育问题进行了课例交流分享，我校带去的课例受到了故宫方面的认可与好评。

2017年5月，课题组进行了中期成果汇报和交流，邀请到了市区课程专家和课题组指导专家进行中期评估和指导。课题组取得的中期成果有：确立了故宫课程目标，构建了故宫课程结构，编写了5本课程读本，创新了课程实施方式，提升了教师团队研究水平，促进了学校办学特色提升。

从2018年4月开始，我校分别召开课题组研讨总结会，与市区教委领导专家交流研讨，总结故宫课程实施三年多以来的经验和成果，研究故宫课程成果总结的呈现方式，研讨故宫课程读本的呈现方式，研究开发故宫课程资源库等故宫课程进一步开发的问题。

2018年12月21日下午，六十五中申请的北京市教育规划"十二五"课题《故宫系列校本课程开发的实践研究》成果公开报告会召开。与会专家认为，六十五中故宫课程日趋完善，课程开发与育人相结合，课程目标呈现的是育人的目标，这就是我们需要探索的一条有价值的路径。文化在深层次上是挖掘其内部的核心，我们要将继承创新中华优秀传统文化更好地融入教育创新之中。

（二）期刊、媒体报道、现场会

在开展故宫课程群建设过程中，我们及时总结经验，在教育期刊和专业杂志上发表相关研究论文。比如，论文《中学阶段开展中华优秀传统文化教育的研究与实践》发表在《新课程评论》2017年第1期，主要论述学校开展中华优秀传统文化的实践经验，其中重点介绍了故宫课程群建设的经验和效果。论文《场馆学习在学校教育中的应用——以北京市第六十五中学故宫系列课程为例》发表在由教育部基础教育课程教材中心主办的《基础教育课程》2017年第5期，主要论述了学校以故宫博物院的课程资源为依托，开发故宫课程的做法与经验，为场馆学习提供借鉴。论文《故宫里的课堂》发表在《北京教育》2017年第11期，主要介绍了学校开展故宫内容的学科渗透，将部分学科教学内容与故宫实践活动有机结合的实践案例进行展示。论文《依托世界文化遗产资源优势，开发故宫系列校本课程研究》发表在《北京教育学院学报》2018年增刊上，主要论述了学校依托世界文化遗产资源进行故宫课程开发与实施的实践研究成果与经验。

近几年来，教育媒体对故宫课程群也进行了广泛的报道，如《北京晚报》在2016年1月18日以《中学生3D"打印"出故宫青铜器》一文报道了我校故宫系列课程中的《故宫3D打印》的学生作品。2017年9月25日，《新东城报》报道《故宫文化与留学生亲密接触》，介绍了六十五中国际部学生在故宫上体验课的情况。2018 年 12 月 24 日，"中国教育在线"报道《北京市第六十五中学：用故宫课程弘扬优秀文化育时代新人》。2018 年 12 月 26 日，《现代教育报》的新闻《上课了！故宫》，报道了北京六十五中故宫课程升级到了3.0 版本。2019 年 1 月 23 日，《中国教师报》以《故宫课程揭秘"宫"中秘密》为题，介绍了我校开展故宫课程的情况。2019 年 1 月 30 日，《中国教育报》对故宫课程建设进行了报道，介绍了"三层次、四领域"的故宫课程群结构和内容。

在市区的教育大会和教育研讨会上，故宫课程也多次进行了大会交流。2018 年 10 月，"东城区课程领导力结业仪式"市级现场会在六十五中召开，六十五中做了题为"和美课程培育和美少年"的发言，卜海燕校长在大会现场介绍了学校故宫课程开发的情况。在传统文化分论坛中展示了"故宫脊兽"课程。2018 年 11 月，在中国可持续发展教育第十三次国家讲习班暨中国可持续发展教育二十周年总结大会的专题沙龙上，卜海燕校长做了"故宫文化校本课程体系的整体构建"专题报告，得到了教育同仁的一致好评。2018 年 11 月，在北京市综合实践活动成果展示大会上，卜海燕校长做了题为"致知力行，在实践中培育和美少年"的交流发言，向参会领导和各级代表详细介绍了我校综合社会实践的活动成果，其中包括故宫课程的学生成果。这些交流活动都极大地提高了故宫课程群的社会影响力。

（三）课程辐射情况

故宫课程群建设取得的成果在市区乃至全国其他学校和教育机构引起了广泛关注。比如，学校在接待全国各地教育专家和校长教师参观考察时，他们都对故宫课程非常感兴趣，故宫课程群的校本读物和相关论文材料成为他们学习的材料。在连续四年的中国教育创新成果公益博览会上，故宫课程都受到了与会老师和专家的极大关注，故宫课程的理念和开发经验传播到其他地区和学校。故宫课程成果还受到中国教育国际交流中心的关注，受邀参加在故宫举办的中华优秀传统文化教育研讨会，他们希望故宫课程能够为中外文化交流做出贡献。

由于课程群的影响力，许多学校纷纷来我校交流学习基础课程的创新实施方案，尤其是我们的故宫课程群选修课，他们走进实际课堂参观学习。2018 年 3 月 23 日，湖北教育代表团来我校参观学习。2018 年 4 月 18 日，福建校长班来校访问学习。2018 年 6 月 20 日，欧盟和佐治亚州教育官员来校交流学习。2018 年 6 月 21 日，肯塔基州教育官员来我校交流学习。2018 年 11 月 12—16 日，成都校长来校交流学习。2018 年 11 月 19—23 日，无锡校长来校交流学习。2018 年 11 月 28 日，湖北校长来校交流学习。2018 年 12 月 27

日，莆田名师工作室来校交流学习。

随着教育现代化的深入推进，北京市作为全国文化中心和国际交流中心的地位将会更进一步凸显。故宫课程群有责任为北京市"四个中心"的文化中心和国际交往中心以及为培养学生具有"四个自信"的文化自信贡献自己的力量。故宫课程群将在更多的学校和地区实现共建、共享、共发展，我们相信必有更多的学生了解故宫、热爱故宫、研究故宫，成为有文化自信的中国人，成为以故宫文化为代表的中华优秀传统文化的传习者、传承者和传播者。

第九章

故宫课程群的反思与展望

经过十多年的开发与实施，故宫课程群渐趋完善，也取得了可喜的成果：一是促进了学生对故宫文化和中华优秀传统文化的理解。故宫社团的同学毕业之后，在大学里继续组织同学成立故宫社团，部分同学毕业后从事自己热爱的故宫文化相关工作。二是培养了一支热爱故宫、研究故宫的教师团队。三是促进了学校办学特色和精品课程的形成。四是提供了开发学校周边资源的校本方案。五是助推了高中育人方式的变革。多年来，教育部、文化和旅游部、故宫博物院、中国教育科学研究院、人民教育出版社、北京师范大学、首都师范大学、北京教育科学研究院、北京教育学院、东城区教育科学研究院、东城区非物质文化遗产中心 10 余家单位共 30 余位专家对故宫课程群的开发与实施给予了大量的指导。东城区、北京市以及全国部分中小学、幼儿园、职业学校等师生共 1000 多人次观摩交流故宫课程群的开发与实施。课程群四次入选中国教育创新成果博览会，并被评为优秀成果。《中国教育报》《中国教师报》《北京晚报》《现代教育报》等都对故宫课程群进行了相关报道，产生了较大的社会影响。但是，故宫课程群作为从学校实践中生发出来的课程，在理论基础、成果凝练、实践推广等方面还需要深入研究。

第一节　博物馆课程资源开发思路与策略

近几年，国家多个部门陆续出台鼓励博物馆教育的相关政策文件，学校、博物馆和社会教育机构都积极响应，挖掘和开发博物馆课程资源，博物馆研学旅行、博物馆综合实践活动等成为当前教育和文化领域的一种新潮流，发展势头迅猛。但在实践过程中也出现一些不容忽视的问题：学校开发博物馆课程资源只关注博物馆特色资源，缺少与国家课程的有机联系；在学习方式上仅停留在参观层面，缺少学生的体验学习；每学期学校组织几次固定活动，其余时间缺少规划设计；馆校合作机制不健全，双方各自开发，因人因事开展合作较多，缺乏长期深入合作动力。这些问题的存在，一方面影响博物馆教育的实际效果，另一方面也影响博物馆课程资源利用率，因此，有必要从课程资源开发的角度廓清其思路和原则，并结合实际经验提出具体策略，最大化发挥好博物馆教育功能，为学校教育提供有力支撑。

一、博物馆课程资源开发思路

拉尔夫·泰勒指出，以往的教育和课程理论，往往只重视学生在学校里的学习，忽视了对学生校外学习的研究和利用。① 虽然这一现状已经得到了很大改善，但是学校教育要想开发校外课程资源，尤其是开发遍布城市的各种博物馆资源并克服上述问题，就有必要从思路上理清博物馆课程资源开发的一些基本理论问题。

（一）从学生实际需求出发，符合学生的年龄特点和认知规律

这是博物馆课程资源"为谁开发"的问题。大家似乎都能认识到博物馆课程资源开发是为了学生的发展，但在实际工作中却不尽然。最常见的现象是学校集体组织全年级甚至是全校学生集中半天或一天时间参观博物馆。试想，在这样的组织活动中学校发挥了什么样的作用？是不是也就是"组织"了一下，换成其他机构是不是也可以组织，考虑没考虑，或者考虑了多少学生的实际需求？可以说，这种参观博物馆的方式基本上是没有对博物馆课程资源进行开发的，仅仅是学校为学生提供了一次参观的机会而已。还有一种情况是学校有主动开发的意识和行为，但没有注意到学生年龄不同、学段不同，全校或全年级使用同样的"任务单"或学习材料，导致学生到博物馆学习就变成了一种"放松休息"或"只游不学"。产生这些问题的原因在于课程资源开发者没有真正认识到博物馆课程资源开发"为了谁"，没有了解学生的实际需求。所以，在开发博物馆课程资源前必须要深入了解本校学生对博物馆里的展品、活动有哪些需求，如果资源开发人员摸清了学生对博物馆这个"第二课堂"有哪些期待和好奇，那么课程资源的开发就有针对性，就符合学生们的"胃口"。比如，开发人员要了解学生对博物馆课程培养侧重于知识或者信息，实验或者操作还是感受或者体验，再有，学生对博物馆课程资源内容的选择是历史、艺术、还是自然、科技等。② 显然，不同年龄段的学生需求是不一样的，针对不同的博物馆，学生的需求也是不一样的。因此，从学生的需求出发是博物馆课程资源开发的前提和基础。

---

① 拉尔夫·泰勒. 课程与教学的基本原理［M］. 施良方，译. 北京：人民教育出版社，1994：29.

② 黄琛，冯喆颖. 北京市青少年博物馆教育需求调查报告［J］. 中国博物馆，2016（03）：70-84.

（二）紧扣课程方案和课程标准，坚持课程资源的教育属性

这是博物馆课程资源"依据什么开发"的问题。学校教育是青少年教育的主要阵地，课程是学校教育最重要的载体。国家通过课程方案和课程标准将国家意志、教育方针、育人目标转化为教育内容，使其具备教育属性，最终完成立德树人的根本任务。课程方案和课程标准是学校开展教育教学活动的依据和指南，博物馆课程资源是学校教育的重要资源，所以其开发的依据就是现行国家课程方案和各学科课程标准。博物馆课程资源是学校课程资源的重要补充，而学校的核心课程是国家课程，因此博物馆课程资源主要是为学生学习国家课程提供丰富、便利的实践体验机会。这一点，在国家课程方案和各学科课程方案中都有明确的要求。比如《普通高中物理课程标准（2017 年版 2020 年修订）》中提出："充分利用社会资源，为课程标准的落实、学生物理学科核心素养的达成做出贡献。教材编写中……充分利用科技馆、博物馆……等资源。要积极探索利用与开发来自科技馆、博物馆……等的物理资源，……逐步建立将校外资源转化为课程资源的有效机制。要组织学生参观科技馆、博物馆，并积极与博物馆和科技馆合作，让学生带着问题与任务参观，既拓展知识，又探索问题。"《普通高中思想政治课程标准（2017 年版 2020 年修订）》中也提出："采取多种方式，加强课程资源建设。学校要发挥教师课程资源建设的主体作用，鼓励和支持教师根据当地实际，充分挖掘并有效利用一切可以利用的课程资源，为学生学习和教师教学的有效实施创造有利条件。"这些都为博物馆课程资源开发指明了方向，提供了依据。博物馆课程资源开发人员必须依据课程方案和课程标准，坚持课程资源的教育属性，否则与博物馆相关的教育活动就流于形式，其教育功能大打折扣。

（三）协同多方力量有序开发，发挥学校课程领导力主导作用

这是博物馆课程资源"谁来开发"的问题。这一问题涉及博物馆教育与学校教育之间关系。博物馆的教育功能随着社会发展越来越受到重视，为公众提供知识与教育服务，它既具有教育的一般属性，又具有与学校教育不一样的特性，如，博物馆教育更加注重"实物"的教育，场景和情境比学校更加真实和丰富，但知识的系统性和整体性不如学校。从各自课程资源开发人员来看，也有很大差异，学校教师是教育专业人员，对学生的认知规律、学科知识体系和教学技能等方面比博物馆里从事社教的人员要更专业，但在对博物馆里的展品、情境，特别是博物馆馆藏的了解和研究方面不及博物馆里负责教育的工作人员。正是由于有这样的差异，博物馆课程资源的开发主体就要包括学校和博物馆的双方人员，甚至在涉及某些专业问题时还需要相关专业的研究人员参与进来，包括课程专家和教学专家等。但需要注意的是，

学校和学校教师要发挥课程领导力的主导作用，因为课程资源最终是为学生发展服务，是要依据课程方案和课程标准来开发，而这些都是与学校和学校教师紧紧联系在一起的。在这方面有成功的案例，比如在 2008 年北京市政府、教育行政部门联合北京市十几家委办局共同推动，整合北京市丰富的人文和自然资源，包括众多的博物馆资源，搭建起一个服务学校课程、教师和学生的校外社会实践平台——北京市中小学社会大课堂。[①] 社会大课堂的开设，既很好地协同了各方力量，又使得学校教师发挥了课程领导力的主导作用。

（四）系统规划课程资源开发应用，提高课程资源的利用率

这是博物馆课程资源"如何开发"的问题。博物馆课程资源的开发与应用不是某一个学科的需要，也不仅是在某一个时间点上的需要。因此，作为学校这一资源开发主体来说，首先要在校内统筹各部门力量，对课程资源开发进行整体规划设计，比如教学部门要组织各学科教师开展课程资源需求和周边博物馆情况调研，学生发展部门要组织学生开展学生需求调研，科研部门组织教师开展课程资源开发相关课题研究，等等。其次要立足学校实际，尤其是学校课程实际，如建设什么样的特色课程需要什么样的博物馆课程资源，以及学校如何进行教学安排，合理地规划不同年级、不同课程，组织学生到博物馆学习以及应用博物馆课程资源的时间和频率等。再次就是要关注博物馆的工作规律和特色，博物馆一般都有常设展览活动，也有临时展览或其他活动，这就需要教师及时关注并做好课程资源的开发。不仅要关注规模较大的博物馆，而且要关注那些有专业特色的中小型博物馆或民办博物馆，这样使得博物馆课程资源都能开发并应用起来。最后是要建立博物馆课程资源开发应用评估机制，比如，每学期通过对学生、家长和教师进行博物馆课程资源应用情况问卷调查和访谈，对博物馆资源应用情况进行数据统计，通过综合素质评价和学业水平考试等方式考查学生对博物馆课程资源的应用效果等。在评估基础上总结博物馆资源开发的经验和不足，提高博物馆资源的利用率。

二、博物馆课程资源开发原则

（一）以生为本

博物馆课程资源开发的最终目的是促进学生全面发展。在开发之前要根据学生需求和年龄特点及认知水平合理选择博物馆资源。在开发过程中，要

---

① 贾美华. 社会大课堂课程教学活动资源开发的实践研究［J］. 课程·教材·教法，2010，30（06）：62-67.

根据课程方案和课程标准开发与国家课程相融合的博物馆资源。在开发后的应用中，要结合博物馆课程资源特点，采取体验式、探究式、项目式等学习方式，提升学生发展核心素养。

（二）因地制宜

博物馆课程资源开发是将校外资源转化为校内资源的过程。学校应注重挖掘和开发学校周边的博物馆资源，因地制宜，抓住周边博物馆的教育特色和独特优势，这样既能为师生与博物馆之间的合作交流提供更加便利的条件，又能开发出具有地域特色的课程资源，有利于形成学校课程特色。

（三）共建共享

博物馆课程资源开发需要协同多方力量共同来完成。学校教育需要与博物馆教育在内的社会教育以及家庭教育协同起来，共同为学生成长提供条件和保障。教育系统内部中学校、科研、行政等开展联合开发，教育系统内外也可以互相配合，支持博物馆课程资源开发，并将资源进行共享，既避免了重复开发，又能相互借鉴启发，提高开发效益。

三、博物馆课程资源开发策略

博物馆课程资源开发是一项系统工程，在科学思路的引领下，还需要有开发策略。从实践上来看，博物馆课程资源开发还处在自发阶段，因此有必要从理论上进行梳理总结，引导博物馆课程资源开发进入自觉阶段。

（一）明确开发目标，提升学生核心素养

在深入了解学生需求的前提下，根据学校育人目标和课程理念，结合所要开发的博物馆的功能特色，确定开发目标。在"文化基础"上，充分挖掘博物馆中在文物、历史、艺术、科技等知识领域的藏品、展品、模型、图片、仪器等，以此来拓宽学生知识视野。在"自主发展"上，通过博物馆大量的实物和场景，开发可供选择的自主探究、小组合作、项目式学习等问题情境，引导学生独立思考、乐于探究的思维品质。在"社会参与"上，结合博物馆面向公众的特点，让学生通过志愿服务、义务讲解、公益活动等方式参与博物馆活动，逐步树立良好的道德规范和行为准则，增强团队意识和社会责任感。[1] 比如，北京市东城区史家胡同小学秉承"无边界"的课程理念，拓宽课程存在场域，创新课程开发模式，从中华优秀传统文化中汲取课程营养，与中国国家博物馆联合进行了"中华优秀传统文化·博悟课程"的研发与实

---

①　陈慰.博物馆教育课程设计的理论与实践［J］.中国博物馆，2020（04）：18-21.

践，在博物馆资源开发目标设置上，更加注重学生真实的学习体验和素养生成。① 再如，首都博物馆开发"读城"课程资源，目标是让学生们通过学习，了解北京城的历史演变，亲身感受北京城市文化，增强文化自信，成长为北京文化的宣传者和中华文明的"文化使者"。② 故宫博物院开发的"藏品阅读"课程，是将博物馆的专业培训课程资源转变为学校课程资源，创新课程形式，以发现和体验为核心的教育参与，培养学生的综合能力，如文物保护意识、个人表达和团队合作能力、创造力、综合学习能力等。③ 这些课程资源开发的目标都十分明确，都突破了"学科本位"和"知识本位"，指向了学生的正确价值观、关键能力和必备品格。

（二）丰富开发内容，促进多学科知识融合

根据课程资源开发目标，选择适合学生发展需要的资源内容是课程资源开发的重点。由于学生年龄特点和认知规律不同，选择的内容需要体现层次性和可选择性，最终形成一个框架结构。一般来讲，在构建内容体系中有两条路径，一条是以学科课程来分类，由学科教师来进行资源内容的选择，比如历史学科教师结合国家课程和教材内容开发故宫博物院课程资源，通过博物馆资源和课程教材内容地有机融合，为学生学习提供了更为丰富的内容。另一条是以主题（项目）来分类，通过不同主题进行跨学科（多学科）联合开发资源内容。比如"故宫脊兽"课程就是以故宫里的脊兽为主题来开发课程资源，学生了解故宫屋檐上的脊兽的名称及其蕴含的意义还有它所代表的建筑等级，并运用劳动技术知识和方法，动手制作脊兽的浮雕画，体现了美术、劳动技术、历史等多学科的融合。"故宫花窗"课程主要以故宫里的花窗为主题来开发课程资源，学生到故宫观察收集分类窗户的样式，认识到不同的窗户代表不同的含义和等级，再运用物理电学和美术以及劳动技术的知识，设计出以故宫花窗为样式的投影灯。

（三）创新学习方式，发挥课程资源独特优势

由于博物馆资源具有综合性和情境性特点，所以课程资源的利用也有其综合性、探究性的特点。与传统课堂不同，学生学习的场景发生了变化，"代入感"更强，同时，对教师和博物馆工作人员的要求更高，需要提前对课程资源和学习活动进行科学设计。博物馆也需要由"教育环境"向"学习环

---

① 郭志滨，金少良. 中华优秀传统文化·博悟课程开发与实践 [J]. 中国教育学刊，2018（S2）：14-21.

② 陈雨蕉. 首都博物馆"读城"系列研学项目的策划与解读 [J]. 中国博物馆，2021（01）：70-74.

③ 范雪纯. 藏品阅读：教育参与中的学生综合能力培养 [J]. 中国博物馆，2018（02）：104-110.

境"转变，应从由上而下的灌输性教育机构逐渐变成主动参与互动的一个学习场所，博物馆与观众的关系也应从施教者与受教育者的关系逐步转化为一种平等互动的关系①。比如，北京自然博物馆在暑期推出"博物馆之夜"活动，学生在暑假以自主探究的方式进行学习，既增长了见识，又激发了求知欲和好奇心。此外，信息技术极大地拓宽了学习的时间和空间，博物馆线上资源越来越丰富，学校要发挥信息技术的作用，开展线上课程资源开发并组织学生参与线上学习和互动，既能充分利用博物馆网络资源，又能提高学生的信息素养。比如北京市第六十五中学"我爱故宫"的在线课程是在"故宫课程"的基础上，精选优秀课程资源，按照课程内在逻辑体系，以文字图片和视频的方式在微信公众平台上发布并推送给全校师生和社会的一种在线学习课程。② 因此，在开发博物馆课程资源过程中必须要将内容设计与学生学习变革联系起来，发挥博物馆课程资源的独特优势，实现学生学习方式的转变。

（四）建立协同机制，推动资源开发健康发展

博物馆课程资源开发离不开馆校合作。学校要积极主动与博物馆联系，达成在教育理念、教育方式、利益诉求等方面的共识，形成教育合力。教育行政部门联合其他部门为学校和教师搭建与博物馆合作交流的平台，在资源开发、教师培训、学生活动、家校合作等方面发挥各自优势，形成优势互补、资源共建共享，推动博物馆教育与学校教育深度融合。博物馆方面要加强博物馆教育规范管理，坚持博物馆和教育的公益属性，在开展公众教育的同时积极与学校教育合作，为青少年课外活动和课后服务提供课程资源支持。比如，北京四中与国家博物馆合作开发中华优秀传统文化养成教育——中学全学科博物馆综合实践课程。这些课程的开发增强了博物馆和学校之间的有效衔接和联动机制，学校教师与博物馆教育人员通过"双师"教育模式，共同进行探讨，针对课程的开发、设计、实施相互交流，使课程主题、步骤和方法等更具可操作性和实效性。③ 中国科技馆以学校、老师、学生需求为导向，以科技馆教育理念为根本，整合双方资源，梳理并固化服务方式，提出"馆校师生课"五大类服务，力求全方位、个性化地服务于学校科学教育；尝试探索馆校合作向幼儿园及大学延伸，启动教育活动课程体系建设。④ 博物馆资

① 杨畦. 内外兼修：突破中小型博物馆教育工作困境［J］. 中国博物馆，2021（02）：81-85.

② 占德杰. 融合信息技术的中华优秀传统文化教育实践路径与策略［J］. 中小学数字化教学，2021（10）：70-73.

③ 贺华. 基于研学语境下的博物馆教育课程探析［J］. 中国博物馆，2020（04）：27-31.

④ 廖红. 中国科学技术馆馆校合作的实践与思考［J］. 科普研究，2019，14（02）：48-52，107-108.

源开发协同开发还需要建立科学的评估机制，推动考试评价和招生制度改革，发挥考试"指挥棒"导向作用，引导学校和博物馆更加注重课程资源的内涵质量提升。同时，要加强对博物馆课程资源开发的政策和资金投入，尽快出台博物馆课程资源开发指南，指导学校、博物馆科学开发，规范第三方博物馆课程资源的开发行为，确保教育的公益属性，推动博物馆课程资源开发高质量发展。

第二节　为教师课程领导力赋权增能

1986 年，莱特福特（Lightfoot）在《论学校教育中的善：赋权增能的主题》中第一次使用赋权增能理论。"教师赋权增能"是当时教育界最为响亮的声音，教育的管理层被要求赋予教师应有的权利与权力，以提高教师的专业能力与自我发展。随着我国深化教育领域综合改革的推进，在学校课程建设中为教师课程领导赋权增能逐渐成为大家关心的问题。如何将故宫这座中华文明宝库变成学校教育资源的宝库，并且在这一过程中如何为教师课程领导力赋权增能一直是我们的一个重要课题。

一、为教师课程领导力赋权增能的背景
（一）课程改革的政策要求

为教师课程领导力赋权增能是课程改革深入推进的必然产物。早在 2000 年启动素质教育的核心工程"国家基础教育课程改革"项目时，就提出要进行课程管理体制的改革，确立了国家、地方、学校三级课程管理模式，学校在课程上有了部分的决策自主权。到 2020 年《关于进一步激发中小学办学活力的若干意见》指出，要强化学校课程实施主体责任，严格落实国家课程方案和课程标准，结合实际科学构建基于学校办学理念和特色的校本课程。这些都是从政策上要求学校对课程实施负有主体责任，也赋予了学校开发校本课程的自主权。

（二）课程改革的现实需求

随着课程改革的深入，立德树人作为教育的根本任务越来越明确，"构建德智体美劳"五育并举的育人体系，成为当前深化教育教学改革的重要内容。学校课程建设正在新课程方案和课程标准的指引下更加聚焦内容的整合和结构的优化。在这样的现实背景下，无论是学校的管理者还是一线教师都需要重新审视课程的结构与内容，这是学校为教师课程领导赋权增能的现实需要。

（三）学生、教师、学校发展诉求

在新的形势下，如何更加体现五育并举，如何更好地培育学生发展核心

素养，如何体现育人方式变革，这些都需要学校为教师课程领导力赋权增能，从而满足学生、教师和学校发展的诉求。同时，为教师课程领导力赋权增能也是提升学校治理能力和水平的重要举措。

二、为教师课程领导力赋权增能的实践探索

（一）为教师的课程领导力赋权

1. 课程目标制定的参与权

课程目标是课程的灵魂。对于学校自主开发的课程来说，它的课程目标不仅仅要落实立德树人的根本任务，还要立足学校传统、资源优势、办学理念等，因此课程目标的制定必须要有教师本人的参与，教师要有制定目标的参与权，实际上这也是教师对学校办学理念、育人目标的价值认同，反映的是这门课程的价值定位和价值导向。在故宫课程群研发的初始阶段，教师们了解到虽然我们的学生大部分都生活在皇城脚下，但对故宫的了解远远不够，往往还有很多从影视作品得来的错误认知。在研发教师的参与下，我们根据学生的现状和需求，以及学生发展核心素养的要求，确定了故宫课程群四个方面的目标：第一是了解故宫博物院，感知故宫博物院；第二是传承中华优秀传统文化，具有人文底蕴和责任担当；第三是培养学习探究能力，树立保护遗产的意识；第四是培养民族文化自豪感和自信心，提高文化国际交流意识。多年来，我们正是在这一目标的引领下才确保故宫课程群的不断丰富和完善。

2. 课程设置的建议权

为了实现既定的课程目标，我们充分发挥故宫课程群研发团队教师的集体智慧，赋予教师课程设置的建议权，由于研发团队成员涵盖各学科教师，老师们从本学科出发，结合学校"三层次、四领域"和美课程体系，提出了"三层次、四领域"故宫课程群结构。三层次类似于故宫太和殿的三层台基，最底层的是基础课程，中间的是拓展课程，上面的是提升课程。四领域是指我们将现有学校课程的四个领域与故宫博物院的丰富资源进行分类和整合，形成人文与社会、科学与技术、艺术与审美、生活与健康四个领域。目前，故宫课程群共包括"故宫历史""故宫陶瓷""故宫文创""故宫双语导游"等23门课程。故宫课程群面向初高中学生，以学科课程为生长点，以故宫资源为载体，彼此之间相互关联、有序衔接、依次递进。

3. 课程内容的决定权

故宫课程群的内容完全由研发教师自主决定，最终经学校课程委员会审定通过就可以实施。这样一来，每位教师都可以从自己所教学科出发，结合故宫博物院的丰富资源，找到内在的契合点，设计出立足学科核心素养、超

越学科边界、蕴含人文价值的课程内容。比如"故宫历史"，学生通过了解北京 3000 多年的建城史，1000 多年的建都史，还有 600 年的紫禁城，从而更加热爱北京这个城市。"故宫之美"是由美术教师开发的一门课程，当我们走进故宫，首先感受到的就是建筑之美，大家都熟知的三大殿，建筑大小不同、屋顶样式不同，从这里我们可以感受到故宫的大气、厚重、和谐之美。"故宫数学"课程里有故宫日晷的内容，古人通过实践总结出用太阳的投影来计时，数学老师带领学生探究如何用高中数学和地理的知识来计算出日晷平面与地平面的夹角。在"故宫物理"课程里，同学们探究故宫建筑里流线型的屋檐，令人惊叹的是古人的智慧和 300 多年前牛顿发现的最速曲线有着异曲同工之处。

4. 课程实施与评价的主导权

课程实施是由"领悟课程"到"经验课程"的重要环节。在这一环节中，教师发挥主导作用，具有主导权。经过多年的实践，故宫课程群的实施按照分段式、渐进式的原则，遵循文化自信提升的"致知、激情、诚意、力行"的实践逻辑，采取场馆式学习、项目式学习等多种路径。课程群指引学生沿着"故宫之学、故宫之问、故宫之思、故宫之辨、故宫之行"的学习路线，走向"知情意行"的和谐统一，最终将文化自信内化于心，外化于行，成为有文化自信的中国人。

疫情的发生加速了我们在故宫课程群开发上的信息化进程。从 3 月份开始，我们组织老师们设计和录制了故宫微课，开设了"我爱故宫"微信公众号，内容包括"故宫之美""故宫历史""故宫珍宝""故宫建筑""故宫数学""故宫语文""故宫英语""故宫文创""故宫科创""我讲故宫"10 个系列。从故宫课程群的评价上，我们坚持科学性、全面性和可操作性的原则。教师注重学生学习成果的展示，把展示作为评价的重要内容，比如，在公众号上有大量的学生作品，其中"我讲故宫"系列就是学生作品展示的系列。

(二) 为教师课程领导力增能

1. 强化学校文化认同感

学校基于"和美教育"理念，让教师融入"和美教育"文化的"和美课程"创建过程之中。通过系统性制度建设构建"和美教育"体系，让教师真正成为教育的核心力量，通过让教师发挥课程领导的核心作用来提升教师文化认同。

2. 提升课程规划与实施能力

学校根据办学实际和培养目标，优化故宫课程群的课程结构，增强故宫课程群的适应性，满足学生多样化发展的需求。教师对学校的历史传统、周边资源、学生实际需求等方面进行调研分析，并结合课程改革的形势和中高考改革要求，在课程结构的规划设计上提出了纵向衔接、横向贯通的立体框架。

3. 转变课程理念与意识

为教师赋权增能后，教师的课程理念与意识有了显著的提升。比如，英语教师在开设"故宫双语导游"课后谈到，这门课给学生提供了一个自由的课堂。在这里，师生平等、人人平等，每个人都有机会展示自己的优点，大家相互学习、共同进步。通过多样化的学习方式，课内外相结合的原则，学生在提升了语文、英语、历史等学科知识水平的同时，又培养了合作探究能力、表达沟通能力等综合素养。更重要的是他们对我国优秀文化遗产有了更深入更全面的认识，并能为其传播做出应有的贡献。

三、教师课程领导力的提升促进学校发展

从故宫课程群建设过程中为教师课程领导力赋权增能的实践来看，教师在课程开发中的参与权、建议权、决定权和主导权得到了显著增强，教师工作的主动性和积极性也被激发起来。与此同时，教师专业发展的自主权也得到了加强，教师个人教学特色和风格逐渐形成。例如，在故宫课程建设过程中我校一位历史教师经历重重考核成为故宫珍宝馆志愿讲解员，另一位教师在 2019 年被区域内其他学校和单位多次邀请讲解故宫历史和文化，还有一位教师在带领学生设计开发故宫文创等方面的成绩突出；等等。

为教师课程领导力赋权增能的过程是学校进行课程治理的一种内在机理。故宫课程群的建设不是在传统的学校层级式管理下进行的，而是以北京市教育科学规划课题为依托，扁平化、分布式地进行。课题组的成员包括学校领导、一线教师、校外专家等，成员之间平等开放、交流共享的研究氛围促进了赋权增能转化为教师课程领导力，课题组的组织形式也为教师赋权增能提供了组织上的保障。因此，这种依托课题研究为教师赋权增能的方式对于提升学校治理水平和能力具有重要借鉴意义。

四、问题与思考

一方面，赋权增能需要在一定的组织框架和制度保障下进行。学校管理层不是简单地赋权了事，而是要在确保课程目标、课程标准、价值导向等方面不偏离的条件下，通过放权来赋予教师在课程开发、实施、管理、评价中更多的话语权和决策权，增强教师课程领导的主体地位。因此，赋权不是简单地下放权力。

另一方面，教师课程领导力的提升，更需要加强教师培训，不断提升教师的课程开发意识、开发能力及课程哲学理解力，进而不断提升教师的自主

学习和终身学习能力。只有这样，赋权与增能才能相得益彰，实现课程管理
到课程领导的飞跃。

第三节　融合信息技术的传统文化教育实践路径与策略

一、智能时代传统文化教育面临的挑战

加强中华优秀传统文化教育，是培育和践行社会主义核心价值观、落实
立德树人根本任务的重要基础。从 2000 年到 2019 年 12 月，中共中央、国务
院及各部、委、办共颁发了 43 个与中华优秀传统文化相关的政策文件，[①] 中
华优秀传统文化教育受到全社会的高度关注。与此同时，伴随着信息技术的
发展，我国教育信息化事业也取得了快速发展。在构建教育信息化应用模式、
建立全社会参与的推进机制、探索符合国情的教育信息化发展路子上实现了
"三大突破"，为新时代教育信息化的进一步发展奠定了坚实的基础。[②] 信息
技术与教育的深度融合使得理论与实践研究成果丰富。

但我们也应该看到，智能时代中华优秀传统文化教育面临很多挑战：一
是中华优秀传统文化教育本身面临的挑战，这些挑战的突破需要借助信息技
术的力量来破解，比如，课程内容不成体系、高水平师资缺乏、教学方式单
一、重知识内容传授而缺乏学生体验，本节在如何运用信息技术破解这些实
践瓶颈方面做了一些思考和探索；二是信息技术赋能中华优秀传统文化教育
过程中面临的挑战，在信息技术与中华优秀传统文化教育融合方面，当前的
一些实践探索还存在不足和问题，比如浅层化应用、两张皮现象，重形式轻
目标等。总之，智能时代中华优秀传统文化教育在教育目标、内容、方式等
方面需要从功利化转向人文化、碎片化转向体系化、单一化转向多样化。本
节针对这些问题进行思考和探索，总结经验并进行展望。

二、以智慧教育理论指导信息技术与传统文化教育相融合

在信息技术与教育的融合过程中，逐步形成了具有中国特色的教育信息
化理论研究成果，例如：以信息技术与课程深层次整合理论和"主导与主体

[①] 张滢. 21 世纪中华优秀传统文化教育政策发展研究——从"三进"的角度考察［J］.
湖南师范大学教育科学学报，2020，19（05）：8-15，25.

[②] 教育部关于印发《教育信息化 2.0 行动计划》的通知［J］. 中华人民共和国教育部公
报，2018（04）：118-125.

相结合"的教学结构理论为代表的信息化教学理论①；对智慧教育、智慧环境、智慧学习的基本关系进行梳理，并提出智慧教育理解图式的智慧教育理论②。目前，我国教育信息化发展已经进入融合创新阶段。以大数据、云计算、深度学习等新一代智能信息技术在教育中的融合应用为标志，这一阶段技术与教育形成"双向融合"的关系，包含实体空间和虚拟空间的融合，形成"技术无处不在而又难以察觉"的技术协同、技术沉浸、信息无缝流转的教育信息生态。③ 在实践研究方面，"三通两平台"建设与应用快速推进，教师信息技术应用能力明显提升，信息化技术水平显著提高，新冠肺炎疫情使得在线教育成为新常态，2021年1月，教育部等五部门发布了《关于大力加强中小学线上教育教学资源建设与应用的意见》等。这些理论和实践探索为推进信息技术与中华优秀传统文化教育深度融合打下了理论和实践基础。

在借鉴信息化教学理论和智慧教育理论的基础上，本研究认为信息技术融合下的中华优秀传统文化教育的内涵是指：通过创设不同学习情景下的多样智慧学习环境，体现交互式学习等数字化学习特点的教与学方式变革，关注文化理解与传承，推动中华优秀传统文化创造性转化与创新性发展的中华优秀传统文化教育活动。因此，信息技术融合下的传统文化教育可以遵循"创设智慧学习环境—变革数字化教与学方式—推动传统文化创造性转化和创新性发展"这样一条路径，采取将传统文化作为信息技术素材或将信息技术作为传统文化教育工具的"单向融合"策略，也可以采取将传统文化与信息技术纳入同一学习主题的"双向融合"策略。

三、融合信息技术的传统文化教育策略与案例

信息技术融合下的中华优秀传统文化教育是在智慧学习环境下完成的。在具体操作上，既可以将中华优秀传统文化教育的内容作为信息技术学习和应用中的一种素材，也可以把信息技术作为一种工具来辅助支持中华优秀传统文化教育，还可以在同一个学习主题下将技术与传统文化双向融合。

（一）单向融合：将中华优秀传统文化作为信息技术应用对象

信息技术教育需要一些素材和对象，中华优秀传统文化是非常好的素材。作为互联网的"原住民"，青少年在学习掌握信息技术原理和方法的过程中，可以依托中华优秀传统文化的素材，以传统文化为应用对象，完成信息技术

---

① 何克抗.论教育信息化发展新阶段［M］.北京：北京师范大学出版社，2016.
② 祝智庭，贺斌.智慧教育：教育信息化的新境界［J］.电化教育研究，2012，33（12）：5-13.
③ 胡钦太，张晓梅.教育信息化2.0的内涵解读、思维模式和系统性变革［J］.现代远程教育研究，2018（6）：12-20.

教育任务，同时在这一过程中潜移默化地中华优秀传统文化的理解和传承。在这种策略下，信息技术与传统文化教育的融合是一种"单向融合"，它是将传统文化教育融入信息技术。换句话说，这是将传统文化作为智慧学习环境的一种要素，在智慧教育过程中，以传统文化为研究或应用对象，把传统文化知识和精神的探究内嵌在信息技术学习和运用的过程之中。

比如，"故宫科创"课程，其课程目标是学生了解故宫的相关文物知识，并能够使用 VR 设备和 3D 打印机设计和制作相关作品；学生能够独立使用现代技术设备，将自己的创意变为现实，提升自身的核心素养和文化自信。教师带领学生学习 3D 打印技术，故宫博物院青铜器馆里的一尊小方鼎就成为"素材"，为了"复制"方鼎，在三维建模的过程中，学生就需要了解方鼎的尺寸、历史、纹饰、铭文等。当学生完成作品时，他们收获的不仅是如何使用现代技术设备，还有对传统文化的一份热爱，以及对各学科知识的深入学习。

在这一"单向融合"的过程中，传统文化不是教师的单向输出，而是作为一种"素材"供学生主动探究，这种方式将传统文化"植入"学科课程学习之中，"在做中学"激发了学生对传统文化的兴趣，也使得信息技术融合下中华优秀传统文化教育具有了现代气息。此外，信息技术学科教师可以系统化梳理本学科与传统文化知识的结合点，在教学实践过程中不断整理和完善传统文化知识教育体系，从而形成信息技术与传统文化教育的知识体系。

（二）单向融合：将信息技术作为中华优秀传统文化教育的工具

教育信息化的重要体现是学习环境的信息化，而不是信息技术与教育的简单叠加。有学者就认为当前在线教学只是披上了一件现代信息技术和网络环境的外衣，其内在结构与功能并未发生实质性改变，是传统课堂教学的翻版。① 为此，信息技术融合下的中华优秀传统文化教育的另一种策略就是将信息技术作为传统文化教育的工具，实现学习环境信息化，创设智慧学习环境。所谓智慧学习环境是一种能感知学习情景、识别学习者特征、提供合适的学习资源与便利的互动工具、自动记录学习过程和测评学习成果，以促进学习者的有效学习。② 在这种"单向融合"的策略下，信息技术发挥的是工具性作用，为传统文化教育提供技术支撑，但需要注意的是，信息技术不是简单地将"课堂"从线下搬到线上，而是提供支持"个人自学""研讨性学习""在做中学""课堂学习"等不同学习情景下的智慧学习环境。在这样的环境

---

① 刘振天，刘强. 在线教学如何助力高校课堂革命？——疫情之下大规模在线教学行动的理性认知［J］. 华东师范大学学报（教育科学版），2020，38（07）：31-41.

② 黄荣怀，杨俊锋，胡永斌. 从数字学习环境到智慧学习环境——学习环境的变革与趋势［J］. 开放教育研究，2012，18（01）：75-84.

里，教育内在结构与功能发生转变，泛在化、智能化、个性化、交互式等数字化学习的教与学方式得以出现。

比如，"我爱故宫"在线课程是在北京市第六十五中学特色课程"故宫课程"的基础上，精选优秀课程资源，按照课程内在逻辑体系，以文字图片和视频的方式在微信公众平台上发布并推送给全校师生和社会的一种在线学习课程。课程设计以"学习者为中心"为教育理念，优化原有的课程内容，进行多学科整合，根据师生互动需求设计最佳场景，每节线上课程视频 10 分钟左右，围绕一个主题模块，学生可以有选择性地进行学习，还可以与老师进行线上互动。在线课程还设有学生微课作品系列，目的是通过信息技术创设学生参与式和个性化的智慧学习环境，实现互动式、个性化的数字化学习方式。学生经过一段时间学习后，在线课程系统发布问卷调查和在线测评，了解学生学习情况，并通过网络平台反馈到学生和教师本人。因此，"我爱故宫"在线课程不仅是一门线上课程，而且是一个以信息技术为工具创设的传统文化教育的智慧学习环境系统。

在这种"单向融合"中，信息技术为中华优秀传统文化教育创设了智慧学习环境，而且使得教学流程得以再造，教学资源供给方式由学习者来驱动，以学习为中心，以学生为主体，关注文化理解与传承的数字化教与学方式变革成为"融合"的显著标志。个性化学习、自适应学习、沉浸式学习、人机互动、远程交互式学习等数字化学习方式成为信息技术融合下的中华优秀传统文化教育的主要学习方式，传统文化教育方式从单一化走向多样化。

（三）双向融合：促进中华优秀传统文化创造性转化和创新性发展

除了前面所提的两种单向的融合方式，还有一种方式是双向融合，就是将信息技术与中华优秀传统文化的纳入同一个主题学习或课程之中，传统文化既是"素材"，又是学习内容，目的是推进中华优秀传统文化的创造性转化和创新性发展。信息技术融合下的中华优秀传统文化教育本身就是将传统与现代、经典与时尚相融合的活动，无论是传统文化的经典文本、文化知识，还是技能技艺，在信息技术的"转化"下，都更能为青少年接受。同时，中华优秀传统文化在这一过程中也会融入现代元素，客观上完成了对传统文化的解读、传播和弘扬。

比如，"皇城根儿"课程，围绕皇城根遗址公园开展研究性学习，学生通过学习理解并传承北京丰富的历史文化内涵，学习信息技术知识和技能，通过网络分享的方式，如博客、微视频等，把加工好的素材上传到网上，获得网址，并制作生成二维码。在这一过程中，传统文化与信息技术互为目的和手段、双向融合，增强了学生的社会责任感和现代文明意识。再比如，项目式学习课程"成语新说"，学生在查字典、猜成语、参加演讲比赛、写剧本、做动画、当配音、模拟音效的各个环节中动手、动脑、动口，最终将古代成语转变成学生喜欢的动画上传到网络上，并分享给家人、朋友和社会。这种古为今用，不仅让看似枯燥的学习活动变得有趣，而且让学生在有趣的活动中了解了成语背后的故事，理解了其中蕴含的道理以及其在现代社会的意义。

"双向融合"策略更加强调综合性，这种综合性既包括学习内容的综合性，也包括学习方式的综合性；更加突出教育的创新性，这也正是传统文化教育的价值所在，即实现中华优秀传统文化的创造性转化与创新性发展。无论教师还是学生，他们经历的传统文化的教与学过程都是对传统文化进行新的解读与传播的过程，某种程度上来说也是一种创造性转化与创新性发展的过程。因此，信息技术与传统文化教育"双向融合"将促进教育价值从功利化转向人文化，也会为传统文化的"两创"提供更多便利的条件。

四、信息技术融合下的传统文化教育思考与建议

随着教育信息化理论和实践的发展以及传统文化教育研究的深入，信息技术融合中华优秀传统文化教育将有新的进展。在价值导向上，要继续坚持中华优秀传统文化、革命文化和社会主义先进文化三位一体，把它们作为青少年培根铸魂的重要内容，发挥其育人功能，坚定青少年文化自信和价值自信。在内容体系上，要参照《中华优秀传统文化进中小学课程教材指南》和《中小学传统文化教育指导标准》，进一步梳理传统文化教育内容，形成大中小一体化设计，构建传统文化教育内容体系。在教育方式上，要创设不同学习情景下的多样智慧化学习环境，变革教与学的方式，探索信息技术与传统文化教育的单向融合与双向融合路径，开展数字化学习模式研究等。在资源建设上，要发挥信息技术优势，编写开发中华优秀传统文化教育数字教材，开发基于数字教材的系统平台，整合传统文化教育网络资源，建设传统文化教育数字资源库和数字学习社区。在保障措施上，要统筹学校、家庭、社会三方教育力量，坚持开放合作、交流共享的原则，形成合力，协同推进中华优秀传统文化教育持续健康发展。

第四节　校本课程群的育人价值与策略

随着我国基础教育课程改革的不断深入和新一版课程方案、课程标准的发布，课程理论和实践研究进入一个新的阶段。新一轮课程修订凸显了"课程育人"的主题，其制度安排和实践策略充分体现了育人为本的素养导向，将会推动中小学校育人方式的变革，最终实现新时代育人目标。① 其中最突出的就是，各学科课程标准都依据学段的培养目标，凝练学科核心素养，体现课程独特的育人价值，形成了清晰、有序、可评的课程目标。这就从理论上回答了国家课程有何育人价值以及如何实现育人价值这一重大问题。然而，作为基础教育课程类别之一的校本课程，它有何育人价值以及如何实现育人价值的问题在课程方案和课程标准中只有笼统的表述，没有像学科课程标准中那样有具体明确的阐述。因此，校本课程有何育人价值以及如何实现育人价值就成为落实新课程方案、实现课程育人的一个亟须研究的问题。本研究从校本课程的一种新形式——校本课程群的角度，论述其育人价值及其育人策略，试图回答这一问题，以期为校本课程育人价值研究和校本课程开发提供借鉴。

一、对课程育人价值理论与实践的考察

课程是教育思想、目标和内容的主要载体，是学校教育教学活动的基本依据。从原始课程到古代学校课程再到现代学校课程，影响课程发展的最基本因素是知识、儿童和社会。从课程目标看，学科、学生和社会是课程目标形成的三大来源。在课程实践中，人们制定课程目标，分析课程价值时，往往只强调其中一个因素，形成不同的课程目标价值取向。例如，强调学科固有价值，突出学科的学术性和知识价值，体现课程的知识本位价值取向；强调课程促进学生个体成长的价值，突出以学生发展为中心，体现课程的学生本位价值取向；强调课程的社会性价值，突出课程要适应并服务社会，体现课程的社会本位价值取向。通过考察课程的育人价值相关研究发现，课程育人的价值主要体现在课程设计、课程建构、课程实施等方面。

（一）课程的育人价值体现在课程设计依据上，追求以人为本

在课程发展史上，课程设计受到三种不同思想观点的影响，即知识中心论、学生中心论和社会中心论。以杜威、泰勒等为代表的课程论专家强调要将三个因素结合起来进行课程设计。"三结合论"虽然力求在课程设计中调和社会、学生、知识之间的矛盾，做到三者兼顾，但其分析仅停留于表面，并未做深层次的探讨，也没能找到三者统一的基石。② 因此，它并没有解决课程设计的依据问题。张天宝从人与社会的关系，课程的育人价值和社会价值的关系等角度论述了育人是课程设计之本。③ 廖哲勋从课程发展规律的探究中得出，中小学课程设计不能以"三因素"中的任何一个因素为中心，而应以受

① 杨明全.新一轮义务教育课程修订基本精神［J］.教育研究，2022，43（08）：77-84.
② 张天宝.论育人是课程设计之本［J］.教育研究与实验，1995（02）：21-24.
③ 张天宝.论育人是课程设计之本［J］.教育研究与实验，1995（02）：21-24.

教育者的各项基本素质全面而有特色的发展为中心，课程设计人员应树立育人为本的课程设计观。① 可以看出，这些研究进一步阐述了学科、知识和学生三因素之间的相互关系，确立了学生的突出地位，把育人作为课程设计的根本依据，也就是把课程的育人价值作为课程的第一价值。

（二）课程的育人价值体现在课程建构方式上，突出整体融合

课程的育人价值是客观存在的，具体表现为课程发挥育人的功能。在课程育人价值的理论研究中，有学者认为，课程必须关注学生作为"整体的人"的发展、回归学生的生活世界和寻求个人理解的知识构建，以探究课程的整体性，从而提出课程整体育人的价值取向。② 课程整体育人的价值取向超越单一学科课程，从课程整体的高度培养人的整体，这是对课程育人价值理论的一种深化。还有学者从课程结构与内容的角度来论述课程的育人价值，提出课程融合育人的价值取向。③ 课程融合育人强调打破学科壁垒，通过课程融合增强学科间的联系，实现各学科课程的有机融合，构建融合育人的课程体系，完成课程育人功能。因此，课程育人不仅是一种教育理念，也具有实践意义，在课程建构过程中，通过课程整体或课程融合等多种方式，突出课程的育人价值。

（三）课程的育人价值体现在课程实施过程中，关注育人策略

课程的育人价值体现在课程设计、构建与实施的全过程。在课程实施过程中，有学者从课程的社会属性角度论述课程社会育人价值。④ 课程社会育人价值是将学生学习与社会实际生活紧密相连，从而实现社会对学生的育人功能，其价值主要体现为能推动知识学习的社会化、促进学生课程履历的有效生成和实现学生的社会自适应发展。在课程的育人价值实践研究上，经历21世纪初的新一轮课程改革之后的广大中小学校在课程实践中从"学科教学"转向"学科育人""课程育人"。例如，中学音乐教学的育人价值体现在情感价值、教育价值和德育价值上，通过积极营造良好的音乐学习环境，精选中学音乐教材，激发情感共鸣，创新教学方式，提高音乐教学的有效性，正确认知中学音乐教学的育人价值等具体策略，实现音乐课程的独特育人价值。

---

① 廖哲勋. 课程发展规律与育人为本的课程设计观［J］. 课程·教材·教法，1999（05）：2-6.
② 杨德军，江峰. 课程整体育人的价值取向与实践路径［J］. 课程·教材·教法，2021，41（06）：21-28.
③ 李红梅，罗晓航，罗生全. 课程融合育人：理论、结构、实践三重逻辑撖论［J］. 中国教育科学（中英文），2021，4（06）：90-98.
④ 伍远岳，余乐. 论课程的社会育人功能及其条件［J］. 教育科学研究，2021（11）：66-71.

类似这样从某一具体学科课程或综合课程的实施过程中总结提炼课程的育人价值及策略是当前课程育人价值实践研究的主要内容。

总之，课程的育人价值是伴随课程发展的一个与理论和实践都紧密相连的重大命题。在理论上，课程的育人价值突出了学生在课程中的主体地位，将人全面而有个性的发展置于课程设计、建构和实施等环节的中心。在实践上，课程的育人价值体现在课程育人这一过程，具体反映在学生发展核心素养和各学科核心素养上。通过学校课程实践，落实立德树人的根本任务，追求课程育人的实效性。

二、校本课程群的育人价值

校本课程是学校在实施好国家课程和地方课程的前提下，自己开发的适合本校实际的、具有学校自身特点的课程。① 校本课程强调差异，关注每个学生的不同需求，给学生一个自由发展的空间，把学生的个性发展作为校本课程开发的终极追求。② 在我国，课程群这一概念最初是在 20 世纪 90 年代高等教育中出现的，它与单门课程相对。所谓课程群，是指为完善同一施教对象的认知结构而将本专业或跨专业培养方案中若干门在知识、方法、问题等方面有逻辑联系的课程加以整合而成的课程体系。③ 2001 年基础教育课程改革实施三级课程管理政策以来，中小学校本课程建设与研究蓬勃发展。近些年来，中小学校本课程群的理论与实践研究越来越多。比较有代表性的是，王凯等研究者对基础教育阶段的学科课程群和综合课程群等进行了概念辨析和设计模式的研究④⑤，综合这些研究成果发现，中小学校本课程群建设是学校在运用课程自主权进行三级课程整合、解决学科课程割裂、破解学校课程建设"只加不减"、加强学校特色课程建设等现实问题的背景下，对校本课程建设的一种新的探索。校本课程群除了具有校本课程的差异性、补充性、选择性等特性外，还具有关联性和整体性。这些特性决定了校本课程群在促进跨学科人才早期培养、创新素养培育、责任担当养成等方面的独特育人价值。

（一）突破学科壁垒，促进跨学科人才早期培养

校本课程群是具有内在关联的课程群体，突破学科壁垒，促进学生对学

---

① 许洁英. 国家课程、地方课程和校本课程的含义、目的及地位 [J]. 教育研究，2005 (08)：32-35，57.

② 傅建明. 校本课程开发的价值追求 [J]. 课程·教材·教法，2002 (07)：21-24.

③ 李慧仙. 论高校课程群建设 [J]. 江苏高教，2006 (06)：73-75.

④ 王凯，郭蒙蒙. 学科课程群：概念辨析、类别梳理与系统设计 [J]. 课程·教材·教法，2020，40 (11)：4-12.

⑤ 王凯，郭蒙蒙. 综合课程群：概念辨析、设计模式与案例分析 [J]. 课程·教材·教法，2022，42 (04)：17-23.

科知识的融合。由于研究问题的复杂性，跨学科研究与跨学科人才培养成为教育领域研究的重要内容。"跨学科"概念在20世纪20年代由国外学者首次提出，直到20世纪80年代才被传入我国，学界一般认为跨学科指的是超越一个已知学科边界而进行的涉及两个或两个以上学科的研究领域①，也称为交叉学科。开设跨学科课程是进行跨学科人才培养的重要途径。2022年义务教育课程方案提出，原则上各门课程用不少于10%的课时设计跨学科主题学习。② 虽然中小学语境中的"跨学科"与学界所指的"跨学科""跨学科研究"内涵不尽相同，但突破学科壁垒、强调学科融合的意蕴是相通的。因此，在以分科课程为主体的基础教育阶段开展跨学科主题学习，对于跨学科人才的早期培养具有重要意义。校本课程群可以作为基础教育阶段开展跨学科教育的重要载体和内容，具有多学科课程内容关联性和整合性，它不同于传统的分科课程，在课程内容设计上将不同学科内容、思想方法进行有机整合，形成具有内在关联、基于跨学科实际问题的课程体系。学生通过校本课程群的学习，将获得与国家课程的分科课程不同的经验和能力，特别是跨学科思维能力，为学生的终身发展打下宽厚的跨学科知识基础。

（二）引导自主选择，促进创新素养培育

校本课程群是国家课程的拓展补充，服务学生个性化学习需求，促进学生个性发展。作为21世纪人才核心素养之一的创新素养具有创新人格、创新思维、创新实践三大要素。③ 首先，校本课程群引导学生对课程学习的自主选择有利于激发学生的好奇心，培养学生对事情能够形成自己的观点，具有独立性和自主性。学生学习自主选择的选修课程，更自信开放，更有内驱力。而好奇心、开放的心态、勇于冒险和挑战、独立自信、自我驱动等人格特点正是创新人格的重要特质。校本课程群的选择性为培养学生创新人格提供了条件。其次，校本课程群的内容与实施相比于国家课程更加丰富和灵活，更加注重学习情境、活动任务的设计。在教学过程中，教学时长和教学方式的灵活性有助于培养学生的发散思维、聚合思维、批判性思维等。校本课程群的整体性和关联性促进学生创新思维的培养。再次，校本课程群立足学校实际，为学生提供更多创新实践活动。学生在校本课程群的学习过程中结识更多同学，相互交流学习，开展综合实践、研究性学习、项目式学习等创新实践活动。总之，校本课程群是学生自主发展的重要载体和内容，促进学生在创新人格、创新思维和创新实践等为要素的创新素养的养成。

---

① 章成志，吴小兰. 跨学科研究综述［J］. 情报学报，2017，36（05）：523-535.
② 义务教育课程方案（2022年版）［J］. 基础教育课程，2022（09）：72-80.
③ 甘秋玲，白新文，刘坚，等. 创新素养：21世纪核心素养5C模型之三［J］. 华东师范大学学报（教育科学版），2020，38（02）：57-70.

（三）体现学校特色，促进责任担当养成

校本课程群是立足学校实际的课程群，与学生生活实际、社区及区域文化环境联系紧密，促进学生基于真实情境进行"真实学习"。义务教育和高中新课程方案在培养目标里都强调使学生成为有理想、有本领、有担当的社会主义建设者和接班人。责任担当作为学生发展六大核心素养之一，具有社会性、时代性和主动性。[①] 从校本课程群的校本性来看，校本课程群是从学校的办学理念和育人目标出发，结合学校和当地教育资源优势或特色开发而形成的。这种带有学校特色的课程内容和学校情境对学生而言是一种当地人文社会的教育，有利于学生了解所在区域的风土人情、历史古迹、文化遗产等，增强学生的社会责任意识。从校本课程群的差异性来看，校本课程群不仅是国家课程的拓展补充，而且能更好地适应社会发展变化，满足社会发展需要，及时更新课程内容和灵活选择问题情境。学生通过校本课程群的学习将对社会变化有更好的感知，在国家认同和国际理解等方面形成积极的态度情感和正确的价值取向，更加自觉地践行社会主义核心价值观。从校本课程群整体性看，校本课程群强调整体育人，课程群内的每一门课程都有明确具体的目标，同时课程群整体也有目标，体现课程群的整体性质和理念，指向人的全面发展。因此，通过校本课程群的实施，学生能够主动处理好自我与社会的关系，增强社会责任感，成长为有理想信念、敢于担当的人。

三、校本课程群的育人策略

校本课程群在基础教育课程体系中的独特地位和作用决定了其独特的育人价值。在全面落实新课程方案和课程标准的实践中，还需加强对校本课程群的精准定位，做好课程内容设计，提高课程治理能力，以此进一步提高校本课程群的育人价值。

（一）准确把握校本课程群的性质和目标，提升特色育人价值

校本课程群是对校本课程的升级优化，通过横向联合或纵向衔接等方式将多门课程整合成一个新的课程群组。这就表明校本课程群不仅具有校本课程的性质，而且具有更强的关联性、整合性，更能体现学校特色。从学校课程建设角度看，要在顶层设计上准确把握校本课程群在学校课程中的地位和作用。首先，校本课程群是国家课程的拓展补充。从课时比例看，义务教育校本课程课时与劳动、综合实践活动、班级团队活动、地方课程课时统筹使用，占总课时的 14%～18%，其中，劳动、综合实践活动均每周不少于 1 课

---

① 郅广武. 学生发展核心素养中的责任担当意识探析［J］. 中国教育学刊, 2017（S1）: 225-228.

时，班级团队活动原则上每周不少于 1 课时。经过测算，校本课程大约每周 1 课时，如果与上述课程课时统筹使用，校本课程每周最多 3 课时。这与每周 30 课时相比，校本课程课时占总课时数不超过 10%。高中课程方案明确学生毕业学分最低要求为 144 学分，其中选修课程 14 学分，占总学分的 9.7%，换成课时是每周 2~3 课时。因此，基础教育阶段校本课程课时占学校总体课时最多 10%，每周最多 3 课时，这就要求学校既不能认为校本课程可有可无、无足轻重，也不能过于关注校本课程而忽视国家课程的落实，而是按照课程方案的要求，发挥校本课程群的育人价值。其次，立足校情、学情开发校本课程群。从校本课程到校本课程群，就是在学校课程建设上不做"加法"，善于做"减法"，通过课程整合，调整优化，依据学校办学理念、育人目标、资源优势，将校本课程群定位在致力于学生个性化发展，建设成为学校的特色课程目标上，成为学校特色的重要标志，进而提升校本课程群的特色育人价值。

（二）科学设计校本课程群结构和内容，提升整体育人价值

在明确校本课程群的性质和目标的基础上，校本课程群建设的重点就是如何设计校本课程群的框架结构和具体内容。依据学生个性发展，特别是跨学科人才的早期培养、创新素养培育、责任担当养成等育人价值如何转化为课程的育人功能来规划设计校本课程群的结构和内容，其基本思路分为以下四步：第一，梳理已有校本课程内容，分析其内在关联性，从学校整体课程结构和育人价值上考虑已有校本课程的必要性，客观评估每门课程对学校育人目标的贡献。第二，分析学校和区域资源特色和优势，将校本课程群的内容与学校所在区域的资源特色优势相结合，开发区域课程资源，融入校本课程群的内容。第三，选择课程内容组织方式，如以跨学科主题为统领，设计校本课程内容，形成课程群；或以区域资源为依托，拓展国家课程内容，整合多学科课程内容，形成课程群。第四，在课程实施和评价的基础上，不断修改完善课程群的框架和内容，更好地为课程目标服务，不断提升课程整体育人价值。

（三）创新校本课程群实施和评价，提升实践育人价值

由于校本课程群的内容具有关联性和整体性，所以校本课程群的实施需综合跨学科教学方式，体现跨学科特点。一是要基于课程标准的教学。虽然校本课程群没有国家统一的课程标准，但是校本课程群从设计到开发都必须与课程标准看齐。因此，校本课程群在实施过程中的教学目标源于课程标准、评估设计先于教学设计、指向学生学习结果的质量，以及如何设计基于课程

标准的教学，整体的思考标准、教材、教学与评价的一致性问题。① 这是确保校本课程群实施质量，实现课程育人价值的重要保证。二是要做好实践活动的设计和实施。新课程标准强调学科实践活动，并给出实践性活动的要求，通过"做中学"，经历发现问题，提出问题，分析问题和解决问题，建构知识、运用知识等过程，培养跨学科思维能力，提升问题解决能力，提升实践育人价值。三是要改进教育评价方式。在育人为本的理念下，创新校本课程群评价方式。通过观察、记录与分析学习过程，开展过程性、表现性评价。采取自我评价、小组评价、教师家长评价相结合的方式，全面评估学生学习效果。将评价融入教与学全过程，通过动手操作、作品展示、成果汇报等方式以评促学。同时，要全面评估校本课程群的实施情况，提升校本课程群的实践育人价值。

综上所述，校本课程群的育人策略是当前深化课程改革，推进育人方式改革的重要内容，就校本课程群而言，就是要发挥好其在学校整体课程体系中"少而精"的作用，实现其独特的育人价值。

第五节　故宫课程群的未来设想

历经十余年的故宫课程群开发与实施，我们探索出了学校结合当地文化资源开展传统文化教育的一条路径，加深了研究团队对故宫文化和课程教学的认识。更为重要的是在此过程中培养了学生的知识、技能和对以故宫文化为代表的中华优秀传统文化的热爱和自信。面对未来，故宫课程群的研究者们一直在思考和谋划故宫课程群的发展方向和战略，为推动文化复兴、坚定文化自信做出新的贡献。

一、儿童立场，讲好故宫故事

现代教育中的儿童立场包括：儿童是人，要承认童年期的独立价值；儿童是儿童，要尊重儿童的独特性；儿童是"未来人"，是理想社会的实现者。② 儿童立场是儿童青少年教育的基本立场，是以人为本的具体体现，是认识和发现儿童的基本观点。这些对于故宫课程群的改进具有重要的意义，是故宫课程群未来发展仍需坚持的课程哲学观。首先，在目标上要把儿童的当

① 崔允漷.课程实施的新取向：基于课程标准的教学［J］.教育研究，2009（01）：74-79，110.
② 章乐.儿童立场与传统文化教育——兼论小学道德与法治教材中的中华优秀传统文化教育［J］.课程·教材·教法，2018，38（08）：21-26.

下生活价值与教育的未来价值有机统一。故宫课程群摒弃教育功利，不仅是为儿童未来发展打下文化基础，而且为要儿童当下的生活赋予意义。要尊重儿童的人格与尊严，保护和发挥他们童年期的独立价值，让儿童在故宫课程中获得直接的乐趣和兴趣。要增加儿童对故宫和故宫文化的亲近感、认同感，使其拥有一个快乐体验故宫文化的幸福童年。其次，在内容上挖掘和增加故宫文化中的儿童因素，如故宫中的游戏、故宫人物故事、故宫中的皇子生活等贴近儿童生活的内容。同时，以积极内容为主，消极内容为辅，让儿童了解真实的故宫、真实的历史，逐渐认识、理解历史和生活中的是与非、善于恶、美与丑，树立起实事求是、客观辩证、理性包容、文化自信的能力和品格。最后，在实施上用儿童青少年喜欢的方式讲好故宫故事。从儿童青少年的生活、知识经验出发，通过绘本、童谣、歌曲、寓言、游戏、故事等富有童趣的多种形式，寓教于乐，启发童智，浸润童心。

二、育人为本，担当教育使命

故宫课程群以故宫为载体，教育为核心，承担着立德树人的使命责任。面向未来，依托故宫课程群，实现故宫文化全员、全程、全方位育人。全员，就是故宫课程群和故宫文化教育不仅是个别学校的校本课程，还可以成为更多地区和学校的校本课程，也还可以把故宫课程作为地方课程，使其成为特色课程，让更多儿童青少年在故宫课程群中了解故宫、研究故宫、热爱故宫。全程，就是在所有的学科的教学过程中，都可以融入故宫中的中华优秀传统文化元素。从学前教育到小学教育，从初中教育到高中教育和高等教育，都可以将故宫文化融入其中，实现故宫课程群和故宫文化教育大中小幼一体化。全方位，就是故宫课程群将与学校课程、活动、管理、文化等多方面深度融合，提升课程育人功能。搭建线上线下故宫课程群学习平台与空间，创新学习方式，形成泛在学习。以故宫课程群为桥梁和纽带，构建学校教育、家庭教育与社会教育的共同体。

三、开放胸怀，推动共建共享

故宫课程群是学校、博物馆、高校、科研院所等各方共同努力的成果。故宫居于世界五大宫殿之首，又是国内最大的博物馆。作为世界文化遗产和青少年爱国主义教育基地，加强故宫教育研究与合作具有重要的引领意义。围绕故宫文化教育，北京市中小学进行了卓有成效的探索，形成了在全市乃至全国层面有影响力的故宫课程群、中轴线课程、非物质文化遗产课程等系列成果。为了更好地整合各方力量和教育资源，发挥各自的教育优势，促进故宫文化教育的共商共建共享，形成故宫文化教育开放合作、协同发展的新模式，提升故宫教育在全社会的传播力和影响力，亟须构建故宫课程群共建共享的体制机制。以弘扬故宫文化、坚定文化自信为宗旨，在开放合作、交流共享、协同发展的理念指引下，开展故宫教育相关课程研发、师资建设、学生发展、课题研究、成果推广、社会服务等多方面的深度合作。建设故宫教育模块化、信息化、社会化新样态，共同探索故宫教育新模式，培养学生创新精神和实践能力，不断增强青少年文化自信。创建优秀博物馆青少年教育品牌，立足首都，辐射全国，面向世界，搭建交流平台，形成协同育人的新格局。

四、全球视野，坚定文化自信

故宫是中国的，也是世界的。作为中华优秀传统文化的象征和代表，在故宫课程群的推动下，故宫将成为儿童青少年的传统文化烙印。故宫课程群的开发与实施既要有中华文化发展的历史眼光，也要有人类文化遗产的全球视野。2022 年 5 月 27 日，中共中央政治局就深化中华文明探源工程进行第三十九次集体学习，习近平总书记在主持学习时强调："要立足中国大地，讲好中华文明故事，向世界展现可信、可爱、可敬的中国形象。要讲清楚中国人的宇宙观、天下观、社会观、道德观，展现中华文明的悠久历史和人文底蕴，促使世界读懂中国、读懂中国人民、读懂中国共产党、读懂中华民族。我们相信，在向世界讲好中国故事的过程中，故宫将发挥不可替代的作用。"故宫课程群的开发与实施，必将进一步让故宫的文物和文化遗产活起来，成为承载中华文化、中国精神的价值符号和文化产品，为儿童青少年热爱故宫文化、保护故宫遗产、弘扬优秀传统文化、增强历史自觉、坚定文化自信做出新的、更大的贡献。

主要参考文献

专著

［1］郑欣淼. 故宫与故宫学［M］. 北京：紫禁城出版社，2009.

［2］庞朴. 三生万物庞朴自选集［M］. 北京：首都师范大学出版社，2011.

［3］庄士敦. 暮色紫禁城［M］. 北京：华文出版社，2011.

［4］中国教育学会. 中小学传统文化教育指导标准［M］. 北京：北京师范大学出版社，2019.

［5］拉尔夫·泰勒. 课程与教学的基本原理［M］. 罗康，等译. 北京：中国轻工业出版社，2014.

［6］杨伯峻. 论语译注［M］. 北京：中华书局，2006.

［7］施良方. 课程理论：课程的基础、原理与问题［M］. 北京：教育科学出版社，1996.

［8］钟启泉. 课程与教学论［M］. 上海：华东师范大学出版社，2008.

［9］拉尔夫·泰勒. 课程与教学的基本原理［M］. 施良方，译. 北京：人民教育出版社，1994.

［10］廖哲勋. 课程学［M］. 武汉：华中师范大学出版社，1991.

［11］王本陆. 课程与教学论［M］. 北京：高等教育出版社，2017.

［12］顾明远. 教育大辞典：第1卷［M］. 上海：上海教育出版社，1990.

［13］靳玉乐. 校本课程开发的理念与策略［M］. 成都：四川教育出版社，2006.

［14］李臣之. 校本课程开发［M］. 北京：北京师范大学出版社，2015.

［15］何克抗. 论教育信息化发展新阶段［M］. 北京：北京师范大学出版社，2016.

［16］单士元. 故宫营造［M］. 北京：中华书局，2015.

［17］祝勇. 纸上的故宫［M］. 武汉：长江文艺出版社，2017.

［18］阎崇年. 故宫六百年［M］. 北京：华文出版社，2020.

［19］钱穆．中国历代政治得失［M］．北京：九州出版社，2014．

［20］爱智德．故宫儿童百科全书［M］．北京：故宫出版社，2021．

［21］美国巴克教育研究所．项目学习教师指南：21世纪的中学教学法第2版［M］．任伟，译．北京：教育科学出版社，2008．

期刊

［1］汤一介．论新轴心时代的文化建设［J］．探索与争鸣，2004（01）．

［2］核心素养研究课题组．中国学生发展核心素养［J］．中国教育学刊，2016（10）．

［3］郑欣淼．故宫的价值与故宫博物院的内涵［J］．故宫博物院院刊，2003（04）．

［4］王志标．传统文化资源产业化的路径分析［J］．河南大学学报（社会科学版），2012，52（02）．

［5］陈野．试论传统文化资源的当代产业转化——以浙江为案例的分析研究［J］．浙江学刊，2012（01）．

［6］侯仁之．论北京建城之始［J］．北京社会科学，1990（03）．

［7］孙冬虎．从燕都蓟城到人民首都［J］．前线，2017（02）．

［8］李肇豪．北京的建都开端——关于金中都定都的历史考察［J］．文物鉴定与鉴赏，2019（12）．

［9］侯仁之．元大都城与明清北京城［J］．故宫博物院院刊，1979（03）．

［10］王灿炽．谈元大都的城墙和城门［J］．故宫博物院院刊，1984（04）．

［11］李文彬．南都旧阙今犹在 南京明故宫遗址［J］．大众考古，2016（06）．

［12］于坚．故宫博物院的历史和发展［J］．故宫博物院院刊，1986（01）．

［13］郑欣淼．故宫博物院80年［J］．故宫博物院院刊，2005（06）．

［14］郑欣淼．故宫文物南迁及其意义［J］．华中师范大学学报（人文社会科学版），2010，49（05）．

［15］王旭东．使命与担当——故宫博物院95年的回顾与展望［J］．故宫博物院院刊，2020（10）．

［16］郑欣淼．关于故宫学的概念与对象［J］．江南大学学报（人文社会科学版），2017，16（01）．

［17］郑欣淼．国学新视野与故宫学［J］．故宫学刊，2013（02）．

[18] 郑欣淼. 故宫学的学科体系 [J]. 故宫学刊，2017 (01).

[19] 郑欣淼. 谈谈故宫学的学术要素 [J]. 辽宁大学学报（哲学社会科学版），2016，44 (03).

[20] 郑欣淼. 故宫学的活力 [J]. 故宫学刊，2021 (01).

[21] 果美侠. 方式决定成效：情境创设下的博物馆儿童教育 [J]. 东南文化，2012 (05).

[22] 陈俊旗，朱鸿文. 浅论博物馆教育功能的发挥 [J]. 故宫博物院院刊，2001 (03).

[23] 果美侠. 馆校合作之审视与反思：理念、实践及第三方 [J]. 博物院，2021 (01).

[24] 郑欣淼. 故宫、故宫文化与故宫学 [J]. 故宫学刊，2006 (01).

[25] 李学勤. 李学勤谈青铜器 青铜器入门之二 青铜器研究的五个方面 [J]. 紫禁城，2009 (02).

[26] 葛会英. 康熙孝道垂后裔 [J]. 档案，2006 (01).

[27] 秦素银. 蔡元培的博物馆理论与实践 [J]. 中国博物馆，2007 (04).

[28] 许静. 清代皇子教育对经筵的影响 [J]. 紫禁城，2019 (08).

[29] 杨业进. 明代经筵制度与内阁 [J]. 故宫博物院院刊，1990 (02).

[30] 刘亚东. 从《庭训格言》看康熙帝的治学理念 [J]. 西安文理学院学报（社会科学版），2021，24 (01).

[31] 占德杰，朱娟. 场馆学习在学校教育中的应用——以北京市第六十五中学故宫系列课程为例 [J]. 基础教育课程，2017 (09).

[32] 吴文涛. 传统文化如何走进学校？——论学校传统文化教育的实践逻辑 [J]. 中国教育学刊，2018 (03).

[33] 李红，刘兆吉. 儿童审美心理的发展 [J]. 西南师范大学学报（哲学社会科学版），2000 (02).

[34] 冀晓萍. 中办国办印发《关于实施中华优秀传统文化传承发展工程的意见》要求将中华优秀传统文化传承贯穿国民教育始终 [J]. 人民教育，2017 (Z1).

[35] 李金梅. 基于学生高阶思维能力培养的跨学科课程整合设计 [J]. 教育理论与实践，2021，41 (20).

[36] 钟志贤，徐洪建. 建构主义教学思想揽要 [J]. 中国电化教育，2000 (02).

[37] 张大均，余林. 试论教学策略的基本涵义及其制定的依据 [J]. 课

程·教材·教法，1996（09）.

[38] 刘璐，曾素林.国外中小学研学旅行课程实施的模式、特点及启示[J].课程·教材·教法，2018，38（04）.

[39] 周婧景.中国博物馆"研学旅行"研究发展述略——基于文献视角[J].中国博物馆，2020（03）.

[40] 刘景福，钟志贤.基于项目的学习（PBL）模式研究[J].外国教育研究，2002（11）.

[41] 王海澜.论作为学科学习框架的项目式学习[J].教育科学，2003（05）.

[42] 李松，张进宝，徐琤.在线学习活动设计研究[J].现代远程教育研究，2010（04）.

[43] 黄琛，冯喆颖.北京市青少年博物馆教育需求调查报告[J].中国博物馆，2016（03）.

[44] 贾美华.社会大课堂课程教学活动资源开发的实践研究[J].课程·教材·教法，2010，30（06）.

[45] 陈慰.博物馆教育课程设计的理论与实践[J].中国博物馆，2020（04）.

[46] 郭志滨，金少良.中华优秀传统文化·博悟课程开发与实践[J].中国教育学刊，2018（S2）.

[47] 陈雨蕉.首都博物馆"读城"系列研学项目的策划与解读[J].中国博物馆，2021（01）.

[48] 范雪纯.藏品阅读：教育参与中的学生综合能力培养[J].中国博物馆，2018（02）.

[49] 杨畦.内外兼修：突破中小型博物馆教育工作困境[J].中国博物馆，2021（02）.

[50] 占德杰.融合信息技术的中华优秀传统文化教育实践路径与策略[J].中小学数字化教学，2021（10）.

[51] 贺华.基于研学语境下的博物馆教育课程探析[J].中国博物馆，2020（04）.

[52] 廖红.中国科学技术馆馆校合作的实践与思考[J].科普研究，2019，14（02）.

[53] 张滢.21世纪中华优秀传统文化教育政策发展研究——从"三进"的角度考察[J].湖南师范大学教育科学学报，2020，19（05）.

[54] 祝智庭，贺斌.智慧教育：教育信息化的新境界[J].电化教育研究，2012，33（12）.

[55] 胡钦太，张晓梅. 教育信息化 2.0 的内涵解读、思维模式和系统性变革 [J]. 现代远程教育研究，2018（6）.

[56] 刘振天，刘强. 在线教学如何助力高校课堂革命？——疫情之下大规模在线教学行动的理性认知 [J]. 华东师范大学学报（教育科学版），2020，38（07）.

[57] 黄荣怀，杨俊锋，胡永斌. 从数字学习环境到智慧学习环境——学习环境的变革与趋势 [J]. 开放教育研究，2012，18（01）.

[58] 杨明全. 新一轮义务教育课程修订基本精神 [J]. 教育研究，2022，43（08）.

[59] 张天宝. 论育人是课程设计之本 [J]. 教育研究与实验，1995（02）.

[60] 廖哲勋. 课程发展规律与育人为本的课程设计观 [J]. 课程·教材·教法，1999（05）.

[61] 杨德军，江峰. 课程整体育人的价值取向与实践路径 [J]. 课程·教材·教法，2021，41（06）.

[62] 李红梅，罗晓航，罗生全. 课程融合育人：理论、结构、实践三重逻辑摭论 [J]. 中国教育科学（中英文），2021，4（06）.

[63] 伍远岳，余乐. 论课程的社会育人功能及其条件 [J]. 教育科学研究，2021（11）.

[64] 许洁英. 国家课程、地方课程和校本课程的含义、目的及地位 [J]. 教育研究，2005（08）.

[65] 傅建明. 校本课程开发的价值追求 [J]. 课程·教材·教法，2002（07）.

[66] 李慧仙. 论高校课程群建设 [J]. 江苏高教，2006（06）.

[67] 王凯，郭蒙蒙. 学科课程群：概念辨析、类别梳理与系统设计 [J]. 课程·教材·教法，2020，40（11）.

[68] 王凯，郭蒙蒙. 综合课程群：概念辨析、设计模式与案例分析 [J]. 课程·教材·教法，2022，42（04）.

[69] 章成志，吴小兰. 跨学科研究综述 [J]. 情报学报，2017，36（05）.

[70] 义务教育课程方案（2022 年版） [J]. 基础教育课程，2022（09）.

[71] 甘秋玲，白新文，刘坚，等. 创新素养：21 世纪核心素养 5C 模型之三 [J]. 华东师范大学学报（教育科学版），2020，38（02）.

[72] 郅广武. 学生发展核心素养中的责任担当意识探析 [J]. 中国教育

学刊，2017（S1）．

[73] 崔允漷．课程实施的新取向：基于课程标准的教学 [J]．教育研究，2009（01）．

[74] 章乐．儿童立场与传统文化教育——兼论小学道德与法治教材中的中华优秀传统文化教育 [J]．课程·教材·教法，2018，38（08）．

其他

[1] 马荣瑞，常河，郭如亮．未启用的都城 不断裂的变迁 [N]．光明日报，2022-04-08（009）

[2] 王利．学校课程领导研究 [D]．兰州：西北师范大学，2007.

后　记

本书在北京市教育科学"十二五"规划一般课题"故宫系列校本课程开发的实践研究"的成果基础上，从课程开发与实施的视角，通过对故宫文化资源的挖掘和转化，系统总结提炼了故宫课程群开发与实施的研究成果，帮助学校、教师和家长带领孩子们走进故宫、了解故宫、研究故宫。

虽然从开始动笔撰写到完成历时半年，但是在北京市第六十五中学多年的工作经验，特别是和老师们一起开展课题研究所积累的素材和成果，使得我的写作水到渠成。回想那段岁月，依然心情澎湃。我们凭借得天独厚的资源优势，团结奋进的教师队伍，英明开放的学校领导，一步一步将故宫这一最丰富的校外资源转化为学校教育资源。从课外活动到研究性学习，从校本课程到特色课程群，故宫课程群从东城区走向北京市，再走向全国，成为校本课程群的典型代表。故宫课程群建设历经十多年，共三次迭代升级，成效显著：增进了学生对故宫文化的理解，坚定了文化自信，探索了一条从文化认知到文化自信的培养路径；拓宽了教师的研究视野，提升了教师的课程领导力；促进了国家课程的更好落实，形成了学校的课程特色，促进了学校特色发展；深化了院校合作的内涵，提供了馆校合作的经典方案。

故宫课程群具有全员学习、全学科覆盖、全学段实践的特征，突破了三级课程的边界，融合了各自的优势，发挥了三级课程的整体性功能，体现了学校课程的结构创新，突出了课程育人的价值导向。课程群开发的开放性和多元性、内容的综合性与实践性、实施的多样性与自主性等特色鲜明。故宫课程群受到专家与领导的肯定。《基础教育课程》《新课程评论》《北京教育》《北京教育学院学报》等多家期刊介绍了故宫课程群的成果。《中国教育报》《中国教师报》《北京晚报》《现代教育报》等多个媒体对故宫课程群的成果进行了报道，成果在中国教育创新成果公益博览会和全国、市、区研讨会上进行了介绍与交流，在市区乃至全国其他学校和教育机构引起了广泛关注。

在本书即将出版之际，衷心感谢多年来学校历任领导对故宫课程群开发与实施的帮助和支持，感谢一起参与课题研究的老师们，尤其是为本书提供案例的老师和同学们。感谢北师大中国教育创新研究院、东城区教育科研院的各位领导和专家为我们的研究提供的专业指导和支持。最后还要特别感谢北京教育科研究院和光明日报出版社为本书的出版给予的大力支持。鉴于我的理论水平和实践经验有限，本书可能存在不足之处，恳请方家不吝赐教。

占德杰

2022 年 11 月 30 日于北京